31 중등수학교육

새로운 대안평가를 고려한

수학과 측정 · 평가

신현성 지음

KM 경문사

머리말

이 책은 학교수학에서 가장 관심있는 수학과의 평가에 대한 최근 각 나라에서 실험한 평가 이론 또는 이론가들에 의하여 완성한 학교평가 이론을 심도있게 논의한 것이다. 학교현장에서는 6차 수학과 교육과정까지는 새 수학 운동의 영향을 받은 평가이론을 실천하는데 많은 관심을 가져서, 종전의 학력고사 형태의 문항을 매우 선호했다. 그러나 7차 수학과 교육과정이 학교에 정착이 되면서 평가 및 지도에 변화가 일어나기 시작했다. 학생들에게 자주적 학습을 강조하고 수학적 개념의 구성과정을 수업의 가치로 삼아 개념적 탐구과정 또는 문제해결적 탐구과정을 매우 중요시했다. 문제해결에서도 종전의 추상문제해결의 일변도를 탈피하여 실생활 문제해결을 강조하고 활동을 강조하는 문제를 수업에 도입하기 시작했다. 원래 문제해결에서는 변형지식을 얻는 과정을 최고의 수업 목표로 삼는데, 특히 실생활 문제해결에서는 이 단어 의미가 각별하다. 이와 같이 수학과 교육과정이 복잡한 구조를 띠면서 이를 실천하는 학교의 수업방식과 평가도 훨씬 복잡해졌다. 평가분야만 해도 종전의 지필검사는 물론이고 수행평가, 면담 및 구두평가, 문제설정 평가, 관찰평가 등 평가방식도 다양해졌다. 또, PISA와 같은 국제평가시스템도 눈여겨보아야 한다. 이제는 이들 시스템이 단순히 국제간 학생들의 수학성취도를 비교분석한다는 수준을 넘어 각 나라의 수학교육과정의 설계와 평가 시스템의 보완에 많은 영향을 준다. 이들 시스템이 지향하는 문항설정의 특색과 철학은 이미 각 나라의 측정·평가에 지대한 영향을 주고 있다. 현재 시행 중인 특수 목적을 가진 올림피아드와 같은 국제 수학 콘테스트는 초중등수학과 교육과정을 설계하고 실천하는데 영향을 주지 못하지만, 각 나라의 초중고 학생들의 일반적인 성취도 비교를 대상으로 하는 국제평가 시스템은 자기 나라의 교육과정의 약점을 이해하는데 도움이 되기 때문에, 각 나라에서는 그들의 분석 자료와 발표를 소중하게 생각한다. 여러 자료 중 계산기를 활용한 평가 시스템, 실생활 문제해결의 평가 시스템, 수학 수업을 돕는 진정한 대안 평가 시스템 등 우리 학교 성취도 측정·평가를 보완해주는 연구가 활발하게 일어나야 한다.

이 책은 최근에 개발된 평가이론 및 각 나라에서 실험한 평가결과를 우리 평가방식에 비교한 책으로 크게 변하는 학교평가를 위한 일종의 지침서이다. 따라서 이 책은 다음과 같은 측정·평가의 설계를 매우 중요시 했다.

첫째는 측정·평가하기 쉬운 것이 아닌 중요한 무엇을 측정·평가한다.

둘째는 수학적 성취의 일부분만 보지 말고 전체를 보는 측정·평가를 한다.

셋째는 어떻게 수학적으로 생각하는가를 아는 것, 수학의 학습을 촉진하는 것을 측정·평가한다.

넷째는 테스트는 학생들의 다양한 수학적 정보를 제공해야 한다.

다섯째는 현행 교육과정의 지도와 평가의 약점을 계산기(또는 컴퓨터)를 통하여 개선할 수 있다. 계산기는 칠판수업에서 할 수 없는 이해 생성과 수준 높은 문제해결(사고교육)을 창조한다.

여섯째는 실생활 문제해결 또는 실세계 활용을 강조한 평가 그리고 지도는 새로운 수학교육의 세계를 열어준다.

끝으로 이 책이 나오기까지 적극적인 후원을 해주신 박문규 사장님과 편집과정에서 온갖 정성을 아끼지 않은 편집부에게 심심한 감사 말씀을 드린다.

2011년

저자

차 례

제 1 장

측정 · 평가 이론변화

1.1 교실의 수업변화

(1) 교실의 수업변화

교수학습 – 교실의 교수학습은 시간 흐름에 따라 뒷받침해주는 이론이 변한다. 새 수학 운동이 일어났던 70년대 초의 교수학습은 높은 수준의 수학내용을 가녜(R. M. Gagné) 등이 주장한 과제분석과 위계설정의 방식으로 교육과정에 소개되었다. 이때, 교실에서는 수학내용의 엄격한 연결성을 수학지도의 가장 큰 가치로 생각하였다. 이러한 교실 분위기는 6차 수학과 교육과정까지 지속되었으나 국내외 교수학습의 이론변화를 2000년 이후에 맞이하게 되면서 수학적 개념과 문제해결에 대한 구성이론이 교육과정에 영향을 주었다. 이들 변화를 비교하면 다음과 같다. 먼저 4~6차 수학과 교육과정에서 강조한 일차함수 지도를 기억해 보자.

수학과 교육과정 4차, 5차, 6차 수정기에 나온 교과서를 검토하여 일차함수 $y = ax + b$를 어떻게 지도하였는지 조사하여라.

함수 $y = ax + b$

(1) 이 함수를 교과서에서 어떻게 정의했는가? 기울기를 어떻게 지도했는가? 그래프 그리기는 어떻게 지도했는가?

(2) 문자 a, b는 어떻게 지도했는가? 방정식 $y = ax + b$와 함수 $y = ax + b$의 그래프는 어떤 차이가 있는가?

(3) 일차함수의 활용문제를 하나 제시하여라.

위 일차함수의 지도에 관한 질문에 답한 다음에 어떤 개념, 계산, 문제해결을 했는지 알아보아라.

위 일차함수에 관한 간단한 질문은 그 당시에 유행했던 교실의 수업 분위기를 대변한다. 즉, 용어의 정의가 정확해야 하고 일차함수에 관련된 선행학습과 일차함수에 연결된 후속학습은 중요시 되었으나 일차함수의 활용은 그리 강조될 수 없었다.

교사는 칠판에서 용어의 정의를 명확하게 쓰고, 이에 대한 보기를 1~2개 제시하기 때문에 자연스럽게 교사 설명이 수업활동의 중심이 되었다. 학생들은 설명을 잘 듣고 이해하여 머릿속에 오래 기억하는 것이 중요했다. 같은 내용을 7차 교육과정에서 수업을 하면 아래와 같은 순서를 생각할 수 있다.

다음은 함수 $y = ax + b$를 정의에서 출발하지 않고 구성하는 과정을 보인 것이고, 이 구성의 특징은 학생들이 친근하게 느끼는 실생활 소재 또는 자연현상의 소재에서 함수 아이디어를 꺼냈다는 점이며, 이것이 종전의 구조관점의 함수의 학습과 다르다. 왜 구성 과정에서 실생활 소재를 도입했느냐 하는 질문은 함수개념의 이해와 밀접한 관련이 있다. 학생들은 열린형태의 수학적 상황에서 질문과 탐구활동을 이용하여 수학적 장면으로 들어가는 동안 의사소통을 좋아하고 스스로 발견하는 재미를 가진다.

바쁜 농사철에는 밭을 가꾸는 일을 전문 경작자에게 맡긴다. 김씨는 635천원에 작은 트렉터를 전세내어 일정한 단위의 넓이를 갈아준다. 한 번 갈아엎는데 11천원의 비용을 받고 연료비 0.4천원의 비용을 지불한다. 다음 표에 땅의 단위수가 1씩 증가함에 김씨가 지불하는 비용(총비용)을 써라.

단위의 수	총비용(천원)
0	635
1	635.4
⋮	

(1) 땅의 단위수(x)가 1씩 증가할 때 총비용(y)는 얼마씩 증가하는가?
(2) 그래프를 그려라.
(3) x에 대한 y의 식을 세워라. 이 그래프가 y축에 만나는 지점을 말하여라. 어떤 의미가 있는가? 또, x의 값은 어떤 의미가 있는가?

마찬가지로 1씩 증가하는 단위넓이의 수에 따라 총매출의 변화를 표에 완성하여라.

단위의 수(x)	총매출(y)
0	11
1	22
2	( )
⋮	⋮
100	( )

(1) 그래프를 그리고 y의 식을 세워라.

(2) 이익은 총매출에서 비용을 뺀 값으로 하자. 이익 y를 x(단위수)에 관한 식으로 나타내어라. 그리고 세 함수식을 한 좌표평면에 그려라.

(3) x축의 한 점을 정하여라. 이를 테면, $x = 10$ 그리고 이 점에서 두 개의 y값을 비교하여라. 김씨에게 어떤 의미가 있는가?

위의 두 직선이 한 좌표평면에 있는 그림을 보고 다음에 답하여라.

(1) 이익을 나타내는 선과 비용을 나타내는 선이 만난 교점은 어떤 의미가 있는가?

(2) 1000천원의 이익을 얻기 위해서는 몇 개 단위의 땅을 갈아야 하는가?

(3) 김씨는 이 사업을 계속할 가치가 있는가?

두 연습과정을 비교해보면 상당히 다름을 알 수 있다. 앞의 연습은 교사의 권위 있는 설명이 있고 학생들은 열심히 듣고 연습한다. 이때, 교사는 일차함수에서 가르친 수학능력은 다른 과목의 연습에 일정부문 전이가 될 것으로 예측한다. 그러나 후자의 지도를 선택한 교사는 기울기, 일차함수식, y축 교점 등 중요한 개념을 구체적인 비즈니스 상황을 도입하여 학생 스스로 의미를 부여하면서 구성해보도록 노력했다. 전이도 극소적으로 보아 아마도 이 수업에서 얻은 능력은 다른 소재 이를테면 기하영역에 전이가 잘되지 않을 것이라고 생각한다. 이 둘의 관계를 요약하면 다음과 같다.

가. [전통적] 모든 학습현장에 적용 가능한 법칙이 있고, 이를 관찰에 의해 증명할 수 있다. 한 예를 들면, A교사의 분수지도는 교실의 거의 모든 학생이 이해할 수 있는 우수한 지도방법 (참)이라 생각한다.
[구성적] A교사의 지도방법은 상대적이어서 일부 학생에게는 좋은 지도이지만, 다른 학생에게는 좋은 방법이 아닐 수 있다고 생각한다.

나. [전통적] 수학지식과 그것의 가치는 서로 독립적이다.
[구성적] 서로 내적인 종속관계이다.

다. [전통적] 문제를 푸는 일은 교육과정의 모든 영역에 응용이 되는 학습이다.
[구성적] 문제를 푸는 일은 단지 극소적인 응용일 뿐이다. 이러한 두 관점은 전이를 다르게 보는 중요한 시각이다.

이러한 구성주의 이론은 일반화를 가정했던 새 수학보다 주어진 수학내용의 극소적 응용에 대단한 관심을 가지기 때문에 학교에서는 약간 혼동할 수 있다.

구성주의 이론이 본격적으로 교실에 도입되기 전에 프로이덴탈(1983)의 "실제적 수학이론"이 수학지도에 많이 소개되었는데 두 이론은 상당히 비슷한 면이 있으나 근본적인 차이점도 있다. 실제적 수학이론은 교실에서 다양한 실세계 문제(또는 과제)를 학생들이 경험하여 그들이 수학내용을 구성 또는 재조직하는 이론이고 구성주의는 단순히 수학에 국한된 이론이 아닌 일반적인 성격을 띠고 있다. 이를 점진적인 형식화 또는 수학화라고 하며, 학생들은 자기 수준과 속도에 알맞게 개념형성의 과정(Concept building proces)으로 들어간다. 이때 추상화, 형식화, 일반화가 학생들의 생각 속에 형성이 되는데 모든 학생들에게 꼭 형성되는 것은 아니다. 그러면 두 생각 사이에 어떤 것이 변했는가? 를 알아보자.

변화하는 내용 – 컴퓨터가 교실에 도입되면서 종전에 가르치던 수학내용이 변화를 겪는다. 아직은 컴퓨터가 교실의 주 도구로 활용이 되지 않지만 실생활의 중요한 수단이 되기 때문에 피할 수 없는 선택이다. 종전에 칠판이나 종이로 표현할 수 없는 개념의 형성과정, 문제해결의 과정을 그림 또는 영상으로 나타낼 수 있기 때문에 공간 도형, 증명과정 등에 많은 변화가 생긴다. 이산수학의 내용도 전보다 중·고등학교의 교육과정에 컴퓨터를 도구로 한 새로운 모습으로 나올 수 있으며, 미적분의 도입도 더 활발해진다. 아울러 이들 도구의 도움을 받아 추론과 문제해결, 개념의 연결성(계통성) 등이 새로운 차원으로 교실에 나타난다. 추론에는 귀납적, 연역적 추론활동이 따르며, 전자에는 수학적인 창의성 또는 발명, 발견과 밀접한 관련이 있고, 후자는 주어진 정보를 논리적으로 이용하는 사고와 문제해결의 과정에 연결되어 있다. 이와 함께 문제해결도 새로운 모습으로 교실에 들어 올 수 있다. 학생들이 문제해결의 활동에 들어가려면 문제 장면(situation)에 노출되어야 한다. 이 문제 장면 속에서 학생들은 동기유발과 정보의 활용 및 지식의 재창조과정이 일어난다. 학생들은 매일 보는 신문을 통해 문제해결을 시작하면서 통계의 기본개념이 학생들 안에서 창조된다. 통계에서 나오는 공식을 활용하는 교실을 떠나서 통계가 우리 생활과 얼마나 밀접하게 관련되어 있는지를 생생하게 경험할 수 있다. 문제해결 속에서 학생들은 주어진 자료로부터 문제를 모델링하고 데이터를 해석하여 자기가 만든 가설을 증명한다. 이 과정에서 컴퓨터나 계산기가 유용하게 사용됨을 알 수 있다. 이러한 도구가 개념형성에 얼마나 도움이 되는지 알아보기 위해 계산기 또는 컴퓨터를 이용해 다음 문제해결을 해보자.

두 점 사이에 한 점 p를 놓을 때 이상적인 점 p를 놓기 위해 $TSD = (p_1 - p)^2 + (p_2 - p)^2$ $-p_1$, p_2는 두 점 위치 $-$의 값이 최소가 되는 점 p를 선택한다. 즉, 일직선상의 두 학생 p_1, p_2가 위치해 있는 두 점 사이에 위치 p를 선택하여 학교버스 정거장을 설치하려 한다. 이 경우 앞의 방식을 이용하여 수직선에서

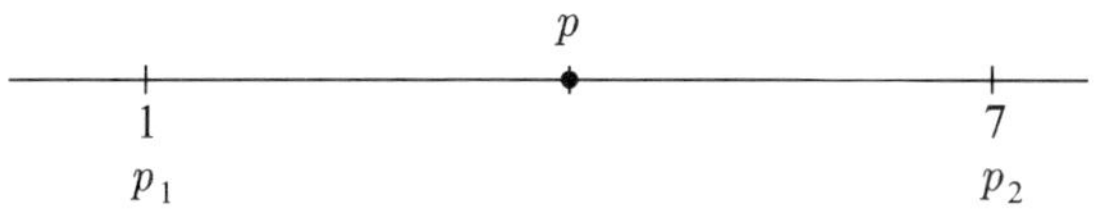

$TSD = (1-p)^2 + (7-p)^2$을 계산한다.

p가 3인 지점에 있다면 $TSD = (1-3)^2 + (7-3)^2 = 20$이다. 이 문제는 TSD가 최소가 되는 점 p를 선택하는 것이다.

(1) 계산기 또는 컴퓨터를 이용하여 TSD가 최소가 하는 p의 위치를 선택하여라.

(2) 계산기 또는 컴퓨터로 p와 학생의 위치 $x = 2,\ 3,\ 4,\ \cdots,\ 9$일 때 TSD를 계산하고 그래프를 그려라. 어떤 모양의 그래프인가?

p	$(1-p)^2$	$(7-p)^2$	합
2	1	25	26
⋮			
9			

(3) 이번에는 세 점 p_1, p_2, p_3가 세 집이라 하고, TSD가 최소가 되는 점 p를 정하여라.

(4) n개의 집이 일직선 도로에 기준점에서 거리 $x_1,\ x_2,\ \cdots,\ x_n$에 위치해 있다면

$$TSD = (x_1 - p)^2 + \cdots + (x_n - p)^2$$

이다. 좀더 정리하면

$$TSD = np^2 - 2(x_1 + x_2 + \cdots + x_n) + x_1^2 + x_2^2 + \cdots + x_n^2$$

즉 p에 관한 2차식이다. 이 식에서 TSD가 최소가 되는 지점을 유도하여라.

앞의 연습을 종이와 연필로 한다면 많은 시간과 노력이 들어간다. 아마 현행 학교체제에서 이 수업은 원만하게 진행되지 않을 것이고, 수업을 진행한 교사에게 많은 비판이 가해질 수 있다. 그러나 수학 수업에서 이 수업은 매우 중요한 의미를 준다. 즉, 학생들에게 구체적이고 귀납적인 활동을 준 다음에 수학의 일반화를 경험하게 하는 실생활 소재이다.

마지막으로 교실에서 연결성(계통성)을 통합적으로 보는 눈이 필요하다. 수와 연산과 계산, 함수, 대수, 통계와 확률, 기하, 측정 등이 통합이 된 통합 문제해결을 경험하면 이들 내용이 더욱 의미있게 들어온다. 내적 연결성이 교실에서 기하와 통계, 확률 간에 어떻게 이루어지는지 실험을 한 결과를 보면 학생들은 기하문제에 있는 고유한 용어, 풀이방법, 내용진술 등을 통계, 확률 문제 속으로 연결하면서 그 과정을 보여주었다. 이러한 통합적인 연결은 우리가 실세계를 살아가는 데 좋은 경험을 제공한다. 토목공사를 하는 엔지니어들은 항상 실세계의 기하, 통계와 확률, 대수에서 많은 정보를 얻어 이들을 통합한다. 뿐만 아니라 수학과 비즈니스, 음악, 과학 등과 연결성도 매우 중요시한다. 또 연결성은 수학을 점진적으로 형식화하는 과정에서도 엿볼 수 있다. 즉 프로이덴탈(1983)의 수학화, 즉 점진적 형식화는 이미 교과서에 활용되고 있는 아이디어이며 여기에서 추상화, 형식화, 일반화를 경험할 수 있다.

- 다음 그래프는 4개의 사업에서 총비용 그래프를 나타낸 것이다. 즉, x축(가로축)은 단위의 수, y축(세로축)은 비용을 나타낸다.

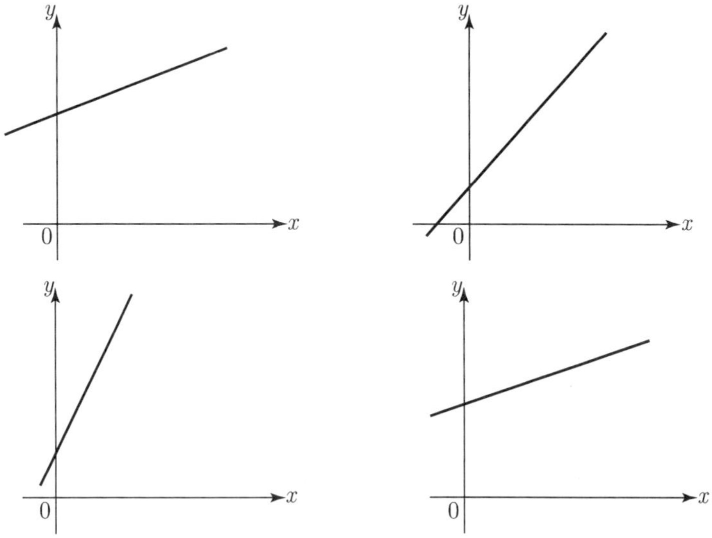

(1) 그래프에서 y축의 교점은 무슨 의미인가? 설명하여라.

(2) 4개의 사업 중 어느 사업의 고정된 비용(앞의 트렉터를 산 값)이 가장 큰가?

(3) 어느 사업이 1단위당 비용이 가장 적게 들어가는가?

(4) 다음 좌표평면에 두 개의 함수 그래프를 그려라(고정비용이 가장 높고 단위비용이 작은 그래프와 고정비용이 낮고 단위비용이 높은 그래프).

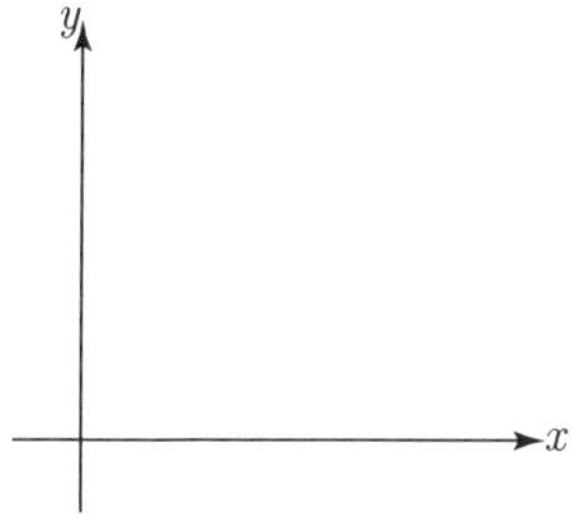

• 매출액 y를 x에 관한 함수로 앞에서 표현했다. 여기서 x는 판매되는 물건의 개수를 나타낸다. 다음 4개의 그래프는 매출액을 y로 했을 때 4개 사업의 매출액 추이를 나타내는 그림이다.

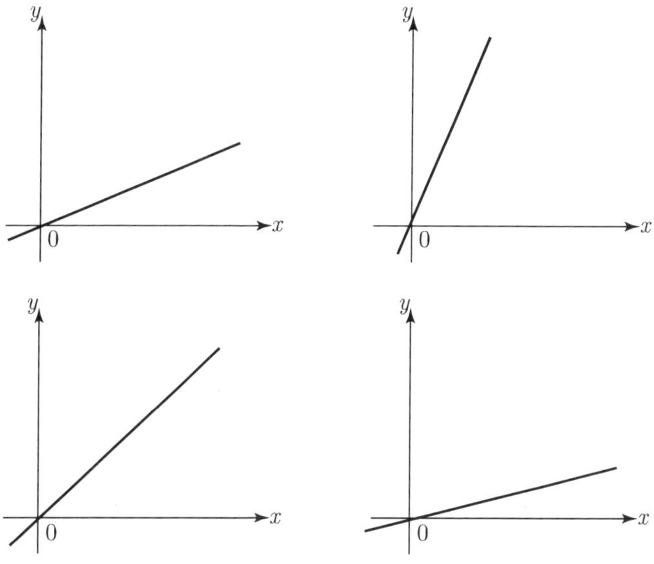

(1) 위의 그림에서 4개 그래프 모두 원점을 지나는가?

(2) 각 그래프에서 직선의 기울기는 무엇을 의미하는가?

(3) 어느 그래프가 단위당(x축) 가장 높은 액수를 나타내는가? 그 의미는 무엇인가?

• 다음 세 개 표를 보고 각각은 비용함수, 매출함수, 이익함수 중 어느 것인지 지적하여라. 또, 적당한 함수식을 세워라.

x	y	x	y	x	y
0	−150	0	0	0	150
10	−137.5	10	18.5	10	156
20	−125	20	37	20	162
30	−112.5	30	55.5	30	168

위의 연습에서 우리는 위의 연습에서 수학개념들이 내적, 외적으로 다른 개념들과 연결이 되면서 구조관점의 수업에서 볼 수 없는 새로운 교실 환경을 느낀다. 다시 말하면 수학내용인 일차함수 $y = ax + b\ (a \neq 0)$가 외부환경인 매출, 이익, 비용과 결합하여 새로운 교수요목으로 자리를 잡았다. 이러한 연결을 강조하는 수업은 학생들이 인공적으로 조성된 학교 환경을 벗어나 미래에 활동할 실세계를 경험하는 기회를 제공한다.

수학과 타 학문과의 연결은 여전히 학교 수학에 새로운 동기를 준다. 지리학을 하는 교사들로부터 비율, 비례, 닮음 등에 대한 의견을 교환할 수 있고 유전학을 담당하는 교사들로부터 확률에 대한 의견을 들을 수 있다. 물리학, 화학 등의 분야에서 활용되는 수학을 학생들이 접하면서 생동감 있는 수학과 타학문의 연결성을 직접 확인할 수 있고, 이는 질문, 조사, 태도 등에서 학생들에게 큰 동기를 부여해 준다.

측정·평가의 변화 – 교실에서는 오랫동안 표준화된 테스트 또는 전문가 집단이 만든 성취도 측정을 강조하는 테스트(학기 중간, 기말, 모의)를 실시했다. 백분율로 나타내는 성취도로 학생의 능력, 지식의 획득, 학부형과의 의사소통을 위한 중요한 자료로 사용하였다. 그러나 이러한 접근은 다양해지는 사회 속에서 한 학생의 능력을 판단하기에는 매우 부족한 데이터이다.

또 수학의 성취를 간단한 테스트 몇 번으로 잰다는 것은 더욱 알맞지 않다. Ernest(1988)는 수학의 본질을 내적으로 연결된 아이디어로 보면서 "역동적이고 계속해서 확장하는 인간의 창조성, 물리적인 산출"로 보았다. 물론 이러한 수학본질을 측정·평가하려는 움직임이 국내외에 있다. 이를테면, 미국 NCTM의 "표준(1989)"은 수학적인 파워를 "새롭고 복합적인 구조를 가진 문제를 효과적으로 푸는 방법을 알 뿐 아니라 논리적으로 추론하고 탐구하는 능력"으로 정의한다. 따라서 학생들이 “수학을 한다”는 것은 증명, 센스 만들기, 탐구하기 등과 같은 활동을 통합적이면서 역동적으로 처리하는 것을 의미한다. 학교에서 실시하는 성취도 검사로는 위에서 언급한 수학의 동적인 측면을 측정할 수 없다는 견해이다. 또, 측정의 변화를 요구하는 수학교육의 움직임도 생각해야 한다.

물론 우리나라는 교실에서 수학의 구성(construction)을 본격적으로 지도·평가 등에 반영하고 있지 않지만 교과서나 만들어진 자료를 보면 구성적 측면을 크게 강조하고 있다. 이러한 교실의 변화에 맞추어 국내에서도 많은 연구가 이루어지고 있다. 신현성(2005)은 학생들의 이해를 종전의 관점으로 보지 않고 새로운 측정 방법으로 이해의 복합성과 이해 문항의 다양한 문맥 형식을 중요시했다. 다시 말하면 다면적인 측정방법을 생각했다.

다음은 종전의 표준화 테스트에서 흔히 볼 수 있는 문항이고, 그 다음은 비교적 새로운 측정 방식을 택한 문항이다.

---

n이 실수일 때 연립방정식

$$\begin{cases} nx + y = 1 \\ ny + z = 1 \\ x + nz = 1 \end{cases}$$

이 해를 가지지 않을 필요충분조건은 n이 다음 어느 것과 같아야 하는가?

① -1　　② 0

③ 1　　④ 0 또는 1

⑤ $950\frac{1}{2}$

○○컨설턴트에서는 일정 금액을 투자하려는 고객에게 △△회사의 경영상태, 즉 총비용, 매출액, 이익에 관한 현황을 그래프로 나타내었다.

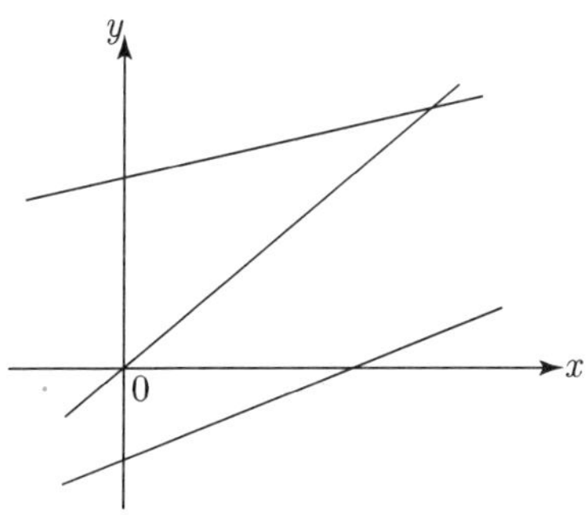

(1) 어느 직선이 총비용, 총매출, 총이익을 나타내는 것인지 설명하여라.

(2) △△회사는 많은 정보를 제공하지 않는다. 다만, 순서쌍 (0, 350)이 위 그래프 중 하나에 있다고 한다. 이 회사는 어떤 그래프를 말하고 있는가? 그 그래프가 의미하는 바를 설명하여라.

(3) 그림에서 두 직선의 교점이 (140, 665)라 한다. 매출액을 나타내는 직선의 방정식과 비용을 나타내는 직선의 방정식을 구하여라.
한 품목(한 개의 물건)을 얼마에 팔았는가? 한 개의 물건의 비용은?

위의 두 문항은 확연하게 대조되는 문항이며 변화하는 측정방식으로 이해할 수 있다. 두 번째 문항에 비해 처음의 연립방정식 문항은 그 성격상 크게 다름을 알 수 있다.

이와같은 연립방정식에 관한 문항 유형은 새수학 또는 그 수정기에 알맞은 문항으로 여겨졌고, 이는 새로운 경향의 교육과정에 맞지 않다고 비판해왔다. 따라서 학교에서 실시하는 '성취도 테스트'는 이러한 문항들에 의존해서는 안 된다. 종전의 성취도 테스트는 전통적으로 학생들이 배운 수학내용을 잘 기억하는 능력과 기억한 것을 빨리 끄집어내는 능력에 의존하였다. 기억 용량이 큰 학생일수록 학교에서 요구하는 성취도는 높을 수밖에 없었다. 처음 문항을 해결하기 위해서는 연립방정식을 풀어서 $n \neq -1$일 때

$$x = y = z = \frac{1}{n+1}$$

을 얻고, $n = -1$일 때 방정식은 $0 = 3$이 되어 모순이 생긴다는 것을 기억해야 한다. 또 다른 방법으로는 행렬식

$$\begin{vmatrix} n & 1 & 0 \\ 0 & n & 1 \\ 1 & 0 & n \end{vmatrix} = n^3 + 1$$

을 기억하면 답이 나온다. 그러나 이 문항은 성취도 테스트의 의미, 즉 학습한 기능과 실생활 또는 복합적인 문제 속에서 발전시킨 개념적 이해를 실증하는 능력에는 훨씬 못 미치는 테스트 문항이다. 다음 문항도 어떤 개념의 이해를 새로운 측정방식으로 묻는 문항이다.

학생 A는 학교에서 수학시험을 보기 때문에 집에서 자가용으로 출발하여 학

교에 갔다. 걸린 시간(분)에 따라 간 거리를 km로 나타내면 다음 그림과 같다.

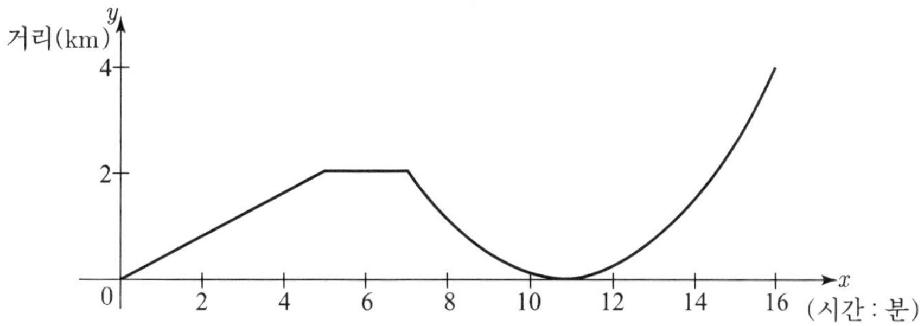

(1) 출발한지 몇 분 후에 계산기를 가져오는 것을 잊어 집으로 다시 돌아갔는가? 어림하여라.

(2) 몇 분 동안 신호등(빨간불)에 걸려 정지했는가? 어림하여라.

(3) 차의 속력을 상수(항등속력)로 했는가?

현행 수학과 교육과정도 이러한 변화를 담고 있기 때문에 4지선다형 문제를 모두 풀었다 해서 이해했다고 보는 시각을 버리고, 복합적인 문제해결 속에서 이해, 계산, 문제해결의 성취를 측정해야 한다. 이 성취를 어떻게 측정해야 하는지는 수학교사들의 숙제이다. 또, 점수를 학생들의 서열을 결정하는데 사용하지 말고 학생의 개별적 정보를 알려주는 데 활용하여야 한다.

(2) 수학적 성취도 의미와 평가

수학테스트를 교실에서 실시할 때 먼저 수학적 성취가 무엇인지 궁금해 한다. 수학이 아닌 과학, 사회, 음악 등도 문항을 만들기 전에 성취가 무엇인지를 먼저 정의하려 한다.

교실에 있는 모든 학생이 졸업 후 수학자나 물리학자가 되지는 않는다. 대부분의 초·중·고 학생들은 우선은 건전한 민주시민으로 변하는 실세계를 살아가면서 잘 적응하는 것을 중요한 목표로 삼는다. 이들이 실세계를 살아가면서 겪는 수학적인 에피소드를 들어보자.

(극장 푸드코드에서)

• 5명이 돈을 모으니 32,000원이다. 차림표를 보니 수많은 음식에다 가격도 5,000원에서 12,000원까지 다양하다. 이 돈으로 어떤 음식을 살까?

(일터에서)

• 시내 8차선 도로의 보도 옆에 있는 차선을 승용차 주차장으로 하려 한다. 도로 폭이 2.1m인데, 한 개 주차장의 길이를 2.4m로 하려 한다. 800m 길이의 도로에 몇 개의 주차장을 설치해야 할까?

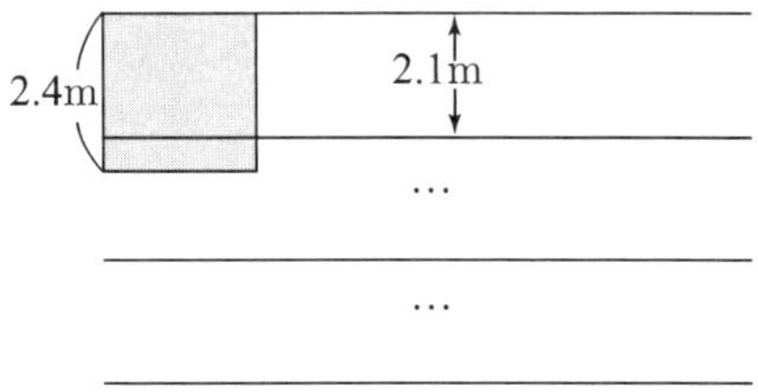

민주시민으로 살아가는데 위와 같은 문제는 집안이나 직장에서 흔히 겪는 문제이며, 이 문제를 풀기 위해서는 수학내용이 필요하다. 처음 문제는 초등학교에서 배운 사칙계산을 필요로 하고, 두 번째 문제는 고등학교에서 배운 삼각비, 삼각함수의 내용을 기억해야 한다.

이와 같이 수학지식이 꼭 필요한 일들이 많다. 이외에도 신문에서 공해문제, 경제문제, 교육문제 등 수학이 필요한 곳은 셀 수 없이 많다. 이들을 정리해보면 대략 다음과 같은 분야가 생긴다.

• 소수, 분수를 동반한 계산, 암산, 어림 장면
• 수학을 인식하고 수학적인 센스가 필요한 장면
• 수학적 환경을 일반화하는 장면
• 함수를 활용하는 장면
• 대수를 필요로 하는 장면
• 기하와 측정을 활용하여 상황을 분석, 인식하는 장면
• 통계·확률을 사용하는 실생활의 장면

물론 이들 외에도 교통, 건축, 토목 현장 등 수학이 꼭 있어야 하는 곳이 많다. 다행히 오랫동안 학교에서 장래 훌륭한 민주시민의 교육을 위해 어떤 수학내용을 엄선해야 하는지 연구가 이루어졌다. 현재 학생들이 사용하는 수학과 교육과정도 그 중 하나이며, 대략 다음과 같이 이루어졌다.

[측정·평가를 위한 균형]

• 수학내용의 영역: 수와 연산, 대수, 함수, 통계·확률, 기하·공간 등 교육과정

에 제시된 내용

• 수학과정의 영역(수학사고): 문제해결과 의사소통, 추론과 증명, 실생활에서 공식 만들기, 일반화하기, 문제만들기, 비판적인 생각 등

이러한 두 가지 유형의 지식은 현행교육과정에 잘 스며들어 있다. 그런데 강조하는 수준은 좀 다르다는 것을 다음 중학교 일반목표와 이를 상세화한 단원목표(교수요목)를 보면 알 수 있다.

[일반목표]

기본적인 수학적 지식과 기능을 습득하고 수학적으로 사고하고 의사소통하는 능력을 길러, 사회나 자연의 현상과 문제를 수학적으로 고찰하고 합리적으로 해결하는 능력을 기르며, 수학에 대한 긍정적 태도를 가진다.

가. 사회현상이나 자연현상을 수학적으로 관찰, 분석, 조직하는 경험을 통하여 수학의 기본적인 개념, 원리, 법칙과 이들 사이의 관계를 이해하는 능력을 기른다.

나. 수학적으로 사고하고 의사소통하는 능력을 길러 수학의 가치를 이해하며 수학에 대한 긍정적 태도를 가진다.

다. 수학에 대한 관심과 흥미를 지속적으로 가지고, 수학의 가치를 이해하며 수학에 대한 긍정적 태도를 기른다.

위의 일반목표는 중학교 1, 2, 3학년과 고 1학년이 배워야 할 목표로 이 속에는 측정을 위한 균형에서 지적한 수학내용의 영역과 수학과정의 영역이 들어 있다. 수학내용은 (가)에 있고 수학과정은 (나), (다)에 있다. 그러나 일반목표를 상세화하여 나온 단원목표(교수요목)는 다음과 같이 온통 수학내용만 실려 있다.

[단원목표]

(유리수)

① 유리수의 개념을 이해한다.

② 유리수의 대소관계를 이해한다.

③ 유리수의 사칙계산의 원리를 이해하고, 그 계산을 할 수 있다.

이 단원목표는 일반목표(가)를 실천하기 위한 단원목표의 일부지만, 수학과정을 대표하는 목표를 설정하지 않았으며, 각급 교사들한테 그 실행을 위임했다.

다음 문제를 풀고 수학의 내용, 수학과정을 말하여라. 또, 이 문제와 유사한

문제를 한 문제 만들어라.

두 개의 그림 [1], [2]를 머릿속에 상상한다. 즉, 하나는 원 안에 내접한 정사각형의 그림 [1]이고, 다른 하나는 정사각형 안에 내접한 원의 그림 [2]이다. 그림 [1]의 비율, 내접한 사각형의 넓이／원의 넓이와 그림 [2]의 비율, 내접원의 넓이／정사각형의 넓이 중 어느 비율이 큰가?

만일 위 연습에서 답만 구하게 했다면 수학내용만 강조한 수업일 것이고, 답을 구하는 과정을 집단별로 토론하게 하고 풀이 과정을 발표하게 하면 수학과정을 경험하게 한 것이다. 또 교육과정을 분석하면 수학적 태도, 흥미, 가치에 관련된 목표를 볼 수 있으며, 전문가들 사이에는 메타인지(Meta Cognition)와 같은 요소를 추가하자고 한다. 그러나 우리 학교에서는 앞에서 언급한 측정·평가를 위한 균형의 두 가지 요소에만 집중한다. 둘 중에 첫 번째 "수학내용의 영역"을 더 중요시하는 경향이 있다. 특히, 수학 전문가들은 수학과 성취로 교육과정의 범위를 넘는 교수요목을 요구하기도 하여 엄밀한 정의, 수준 높은 응용, 심화된 추상문제해결 등을 강조한다. 수능시험측정·평가에서 다음과 같은 문항을 제시한 적이 있었다.

한 변의 길이가 4인 정사각형의 내부에 17개의 점을 어떻게 찍더라도 적어도 두 점이 있어 그들 사이의 거리가 $\sqrt{2}$ 이하임을 보여라.

수학 전문가들 사이에서는 중요한 수학적 아이디어가 들어있기 때문에 수학적으로 좋은 문항으로 평가를 했으나 교사와 학생쪽에서는 현행교육과정 아래서 큰 의미가 없다는 결론을 내렸다. 그렇다고 수능시험에서 모든 문항에 대해 두 집단이 다른 의견을 보인 것은 아니었다. 이를테면, 다음 문항이다.

정사각형 ABC의 한 변의 길이는 1이다. 정사각형의 내부에 임의의 점 P를 찍을 때 ΔABP가 예각삼각형일 확률을 구하여라.

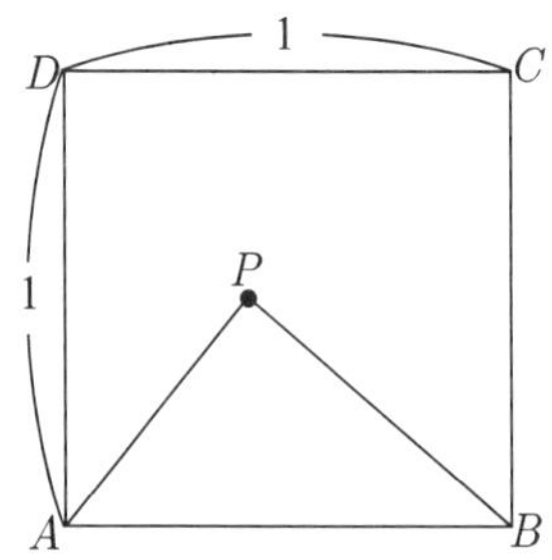

문항은 수학 및 수학교육에 관련된 모든 사람들이 좋아하는 것이었다. 이 문항은 평가에서 통합적 문항으로 분류되며, 학생들의 여러 개념을 통합하는 능력을 측정하는 것으로 수학과 성취도의 핵심으로 자리 잡았다. 또, 아직 전문가들 사이에 의견 일치를 보지 않는 것으로 "수학의 응용"에 대한 문항수준이다. 교과서에서 흔히 보는 다음과 같은 문항은 수학의 실세계에 대한 응용이 아니다.

원형으로 된 트랙을 두 학생 A, B가 같은 지점에서 출발하여 서로 반대방향으로 돈다. 그들의 속력은 각각 1초에 5m, 9m이다. 만일 같은 시간에 출발하여 출발지점에서 다시 만날 때 걷기를 중단한다면 출발과 끝나는 것을 제외하고 몇 번 만나는가? (답: 13번)

다만 용어와 문맥을 약간 바꾼 문제일 뿐이다. 앞에서 소개했던 주차장 문제가 실세계 응용에 가깝다고 말할 수 있다. 이러한 응용을 평가문항에 포함시킬 것인지 아직 수학교사들 사이에서 합의를 보지 못했다. 그러나 실세계에 대한 응용문제는 이미 교육과정에 교수요목으로 자리 잡은 지 오래되었다.

사실 초·중등학교에서 수학을 배우는 가장 중요한 목적은 실세계에 수학을 응용하는 것에 있다. 여기서 실세계는 학생들이 살아가는 세계, 졸업 후 직장을 다니면서 지역사회의 한 일원이 되고 건전한 사회생활을 하는 그 자체를 말한다. 현행 교육과정에 있는 수학시간의 활동 또는 수학적인 활동은 가만히 앉아서 책을 읽고 칠판에 주목하는 일이 아니고 민주시민으로서 사회에 적응하는 기술을 학습한다고 보아야 한다. 사실 높은 수준의 수학적 지식을 활용하지 않고 실세계를 살아가는 것은 어렵다. 단순한 예로 학생이 부모와 함께 백화점에 가서 냉장고를 살 때 부모님이

"혜린아, 냉장고의 용량이 전부 다르고 가격이 다르네. 품질은 같다고 하니 좀더 싼 냉장고를 고르고 싶은데. 어떻게 할까?"

와 같은 질문을 한다. 또, 어려운 수학의 활용으로 각종 자동차, 선박 등에 들어가는 엔진은 복잡한 미분방정식의 이론에 의해 설계된다. 복잡한 엔진을 설계하거나 조종하는 것은 과거에 했던 일과 전혀 다른 비정형적인 문제해결이다.

문제해결은 '대답이 바로 나오지 않는 새로운(또는 신선한) 아이디어를 요하는 활용'을 의미한다. 옛날 아날로그 TV 수리에 전문가인 A씨가 최근에 나오는 디지

털 TV를 수리하는 일은 전혀 다른 아이디어를 요구하는 상황이다. 이러한 문제해결은 문제설정과 강하게 연결되어 있다. 따라서 수학적 개념을 이해하고 적당한 언어와 기호를 구사하여 수학의 과정을 파악하는 문제설정을 통해서 문제해결을 이해해야 한다. 이러한 설정과정이 실생활 상황에 모아지면 더욱 좋다.

○○교실에서 두 학생이 수업 중에 다음과 같은 문제설정을 하였다. 문제를 풀어본 다음에 이 두 학생은 어떤 수학적 문제해결(비정형)에서 다른 학생보다 우월한 위치에 있으리라 예측하는가?

(학생 A) 방정식 $x^3+4x^2-7x-10=0$의 해가 $-5,\ -1,\ 2$이다.
방정식 $(x-3)^3+4(x-3)^2-7(x-3)-10=0$의 해는 무엇인가?

(학생 B) 직선 l이 선분 AB에 평행하다. 직선 l과 선분 AB 사이의 거리는 $\frac{1}{2}(\overline{AB})$이다. 선분 AB를 한 번으로 하는 이등변삼각형을 만드는데 꼭지점 C가 직선 l에 있게 하려 한다. 직선 l에 몇 개의 점 C가 올 수 있는가?

또, 이들 문제와 유사한 문제를 설정하여라.

문제해결은 "마음먹으면 되겠지"하는 성질의 것이 아니다. 이를테면, 초등학교 6학년 학생이 앞에서 본 '원형인 트랙을 걷기'와 같은 문제를 오랫동안 집중한다고 해서 우수한 문제해결자가 되는 것은 아니다. 아래 학년부터 수와 계산에 대해 많은 연습이 있어서 이 문제를 풀기 위한 기초지식을 자유롭게 활용할 수 있게 된 다음에 추상으로 들어가는 훈련을 한다. 말하자면 상황을 탐구한다. 이 트랙문제를 푸는데 대수라는 새로운 영역을 탐구해서 $\frac{9}{14}n$과 $\frac{5}{4}n$을 비교해서 $n=14$를 얻고, 출발점과 끝나는 점을 제외하므로 답은 13번임을 이해한다.

이들은 대수를 배우면서 기호, 식 등과 같은 용어와 친하게 되며, 이러한 추상(일반화)은 문제해결을 하는 강력한 도구가 된다. 여기서 원형트랙에 대한 과제에 집중했지만 기하, 확률 등도 비슷하게 상황탐구의 과정을 거쳐야 비로소 문제가 해결된다. 이 과정에서 빼놓을 수 없는 과정이 문제설정이다. 아침식사 시간에 식탁에서

"74m가 되는 철근망을 가지고 직사각형의 닭장을 효과적으로 만들 수 없을까?"

와 같은 상황을 어른들이 제시했다면, 중학교에 다니는 학생은 이 문제를 해결하

기 위하여 몇 가지 작은 문제로 나누어 생각한다.

첫째는 효과적인 수학적 용어로 어떻게 진술해야 할까? 아마도 최대넓이로 재진술할 것이다.

둘째는 둘레가 74m인 여러 직사각형을 그려보고 각 넓이를 그려본다. 그래서 넓이가 가장 큰 경우를 생각한다. 등등.

이와 같은 작은 질문(문제)을 만들어 원래 큰 문제를 명확히 정의한다. 이들 과정에서 꼭 필요한 지식이 앞서 말한 기초지식의 충분한 연습, 상황을 탐구하는 경험이다.

이러한 문제설정은 다음과 같은 단계로 이루어진다.

- 원래 과제(또는 문제)를 작은 부분으로 쪼개고, 각각을 정확한 수학적 용어, 기호, 문장으로 재 진술한다.
- 수학적인 풀이방법, 도구를 생각한다.
- 필요하면 수정 작업(계획)을 세운다.
- 원래 과제를 해결한다.
- 또 다른 응용을 한다.

지금까지 주장한 내용을 보면 현행 수학과 교육과정을 성공적으로 수행하기 위해서는 성취도 개념을 새롭게 정의할 필요를 느낀다. 현행 교육과정은 이미 종전의 백분율로 표현되는 점수, 수학과정(수학사고), 메타 지식, 태도 및 흥미와 같은 요소를 포함하고 있어 학생들이 이들 요소를 충분히 성취할 수 있을 때 교육과정을 이수했다고 말할 수 있다. 이제 전통적인 성취도 개념으로는 현행 수학과 교육과정을 논할 수 없다. 물론, 일부 수학교사들은 7차 수학과 교육과정을 학교에 적용한 후부터 학교의 측정·평가 방법을 개선하려는 노력을 하고 있다. 수행평가를 도입한 이유도 위에서 말한 새로운 성취도 개념을 고려했기 때문이다. 또는 학생들에게 실생활 속에서 일어나는 사건을 문제로 설정하여 발표하게 하고 이에 점수를 준다든지, 수학에 대한 좋은 가치관을 가졌거나 문제를 해결하는 올바른 태도를 가진 학생에게 점수를 준다든지 그들을 새롭게 평가하는 것은 새로운 개념의 성취도에 가까이 가는 교수활동이다. 그러면 다른 나라의 경우에 새로운 성취도 개념을 어떻게 이해할까? 다음 문항은 외국에서 학생평가에 자주 사용하는 것이다. 우리의 평가와 비교하여 보자.

다음 그림은 NCTM(1989)에서 소개한 상황탐구이다. 옆 사람과 문제를 설정하고 질문 (1), (2), (3)에 답하여라.

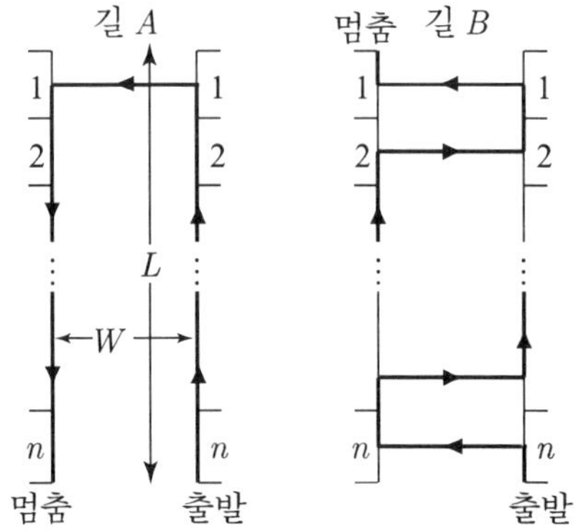

(1) 이 설정에 들어간 수학적 용어, 기호, 문장을 말하여라.

(2) 수학적인 해결 아이디어(문제해결의 전략)를 말하여라.

(3) 유사한 문제를 하나 더 설정하여라.

지금 현행 수학과 교육고정의 평가시스템 아래에서는 학교에서 학생평가를 위해 (2), (3)과 같은 문항을 공식적으로 사용할 수 없다. 이유는 전통적인 평가시스템 아래에서는 채점기준, 평가방법, 점수 활용면에서 개선해야 할 점이 많기 때문이다.

(3) 측정·평가의 설계

교육학분야 평가를 전공하는 전문가에게는 테스트 형식 등에 관한 설계가 있지만 여기에서는 수학 내에서 측정·평가할 때 평가문항 속에 있는 내용에 관련된 원칙을 논의한다.

무엇보다도 측정하기 쉬운 것이 아닌 중요한 그 무엇을 측정해야 한다. 가장 중요한 원칙이면서 어려운 일이다. 이를 위해서는 앞서 말한 수학적 성취도가 무엇을 말하는지, 어떤 성취가 학교(또는 지역)에서 중요한지 의사결정을 해야 한다.

다음 두 문제를 풀어보고 이것을 설정한 교사는 측정하기 쉬운 내용이 아닌 중요한 그 무엇(중요한 수학적 아이디어)을 측정했는가를 판단하여 보자.

• 다음 그림에서 원은 4개의 작은 정사각형의 중점을 통과한다. 원의 넓이를

구하여라.

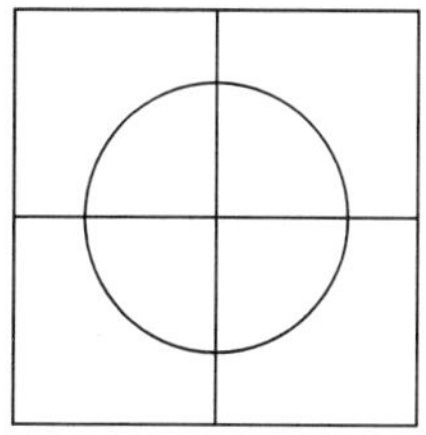

• 집을 지키는 개가 10×10인 정방형의 건물 코너에 길이 14인 줄로 매여 있다. 이 개가 건물 밖으로 활동할 수 있는 영역을 그리고 넓이를 계산하여라.

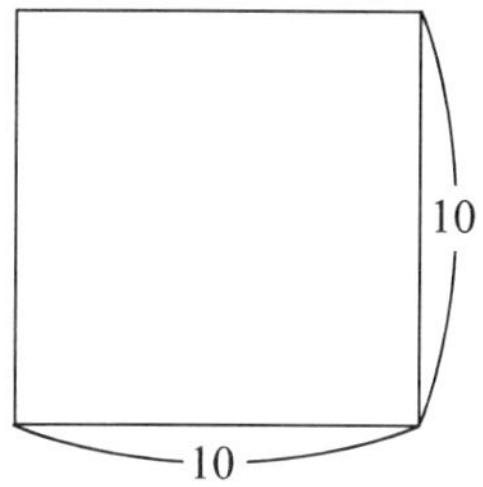

두 문제를 월말고사로 출제한 ○○교사는 상당한 고민을 한 것 같다. 무심하게 생각하면 원을 그리고 지름의 길이를 준 다음에 원의 넓이를 구하는 문제가 될 수 있으나 그는 측정·평가하기 쉬운 방법을 피하고 어떤 수학적 아이디어를 강조하기 위한 노력을 했다. 학생들은 필요하면 문자 a를 길이로 생각하고 문제 속에 있는 정보를 분석하여 해의 길을 찾을 것이다. 특히, 두 번째 건물 코너의 문제는 전통적인 평가문항의 기법을 탈피하여 새로운 문항 형식을 보여주었다. 즉, 학생들이 직접 영역을 그리고 그 속에서 넓이를 계산해야 하기 때문에 종전의 문항보다 활동에 의미를 둔다.

둘째는 수학적 성취의 일부분만 보지 말고 전체를 보는 측정을 해야 한다. 농구선수를 평가할 때 오로지 숫자만 가지고 그 선수를 평가할 수 없다. 마찬가지로 한 학생의 성취를 보기 위해 여러 부분을 생각하여 통합하는 방법이 필요하다.

국제 평가 시스템인 PISA에서는 이러한 원리를 잘 지킨다. 이곳에서는 위의 원리를 실현하는 방법으로 수학문장의 문맥과 내용 안에 세 요소를 강조한다. 즉 재생영역(계산, 단순문제, 단순개념적), 관계영역(문제해결, 개념연결), 반영영역(수학적 사고, 일반화와 추상, 복합적 문제해결의 기술)이다. 우리나라에서 잘 시행하지 않는 반영적 영역이 관심을 끈다. 이 영역은 앞에서 정의한 수학적 성취의 수학 과정에 해당하는 것으로 국제적인 측정·평가에서 이 영역을 택한 것이 특이하다.

원더랜드에서 이 나라의 1980년 국방부 예산은 30억 단위이었고, 총 예산은 500억 단위였다. 그 다음 해는 국방부 예산이 35억 단위이고 총예산은 605억 단위였다. 이 기간 동안 연 인플레이션은 10%였다.

(a) 당신은 복지사회를 지향하는 단체에 초청되어 국방예산이 감소했다고 연설을 하려 한다. 어떻게 할 것인지 말하여라.

(b) 당신은 육군사관학교에 초청이 되어 국방예산이 증가했다고 연설을 하려 한다. 어떻게 할 것인지 말하여라.

PISA의 문항을 소개한 이유는 현재 실시하고 있는 국제 성취도 평가의 경향을 논의하기 위한 것이다. 우리 평가시스템 아래에서는 교실에서 채점이 객관적이지 않기 때문에 금지했던 문항이고, 학교 입장에서도 문제 속에 어려운 수학내용이 없어 좋지 않은 문항으로 분류하기도 했다. 이 문항이 지향하는 것은 성취도 측정·평가는 지식의 균형을 강조한다는 점이다. 실제로 이 문항의 성취도는 10% 정도였으나 수학적으로 중요한 문장으로 분류하고 있다. 또, 성취도가 낮다는 이유로 국제적인 대집단 평가에 제외시키려는 다음 문항도 참고할 사항이 많다.

(맥박수)

병원에서는 사람의 바람직한 최대 맥박수와 나이관계를 다음 공식으로 제시한다.

$$\text{최대 맥박수} = 220 - \text{나이}$$

그러나 최근의 여러 의학 연구결과를 보면 공식을 약간 수정했음을 알 수 있다.

$$\text{최대 맥박수} = 280 - (0.7 \times \text{나이})$$

어느 일간 신문의 기사 내용을 보자.

> 이전 공식보다 새롭게 수정된 공식을 이용하면 젊은 사람에게는 1분 동안의 맥박수가 약간 구 모델에 의해 계산한 것보다 감소하고, 나이 많은 사람에게는 약간 증가한다.

(1) 새로운 공식에 의하여 계산한 최대 맥박수가 구 모델에 의해 계산한 결과보다 증가하는 나이를 말하여라.

(2) 운동생리학 쪽에서는 사람의 운동이 가장 효율적일 때는 최대 맥박수의 80%일 때라고 한다. 나이가 20, 40, 60일 때 운동이 가장 효율적인 맥박수를 말하여라. 이를 공식으로 말할 수 있는가?

이 문항은 PISA 문항 중에서도 뛰어난 측에 속한다. 문맥과 수학 내용간의 연결도 좋고, 비정형적이고, 사고전략도 꼭 필요한 문항이다. 그러나 실제 실험평가에서 10% 미만의 성취를 보여 이 문항을 테스트에 합류시킬 것인가에 대한 논란이 많았다. 학교수학을 전문적으로 해온 교사들은 어떤 판단을 내릴까? 우리는 이러한 문항을 삭제함으로 학생들로부터 얻을 수 있는 값진 정보를 포기한 셈이 아닐까?

셋째는 어떻게 생각하는가를 아는 것, 수학의 학습을 촉진하고 추진하는 것은 측정·평가의 중요한 요소이다.

실제로 많은 연구자들이 위의 아이디어를 측정·평가에 꼭 반영시켜야 한다고 주장한다. 그들의 피사문항에 대한 검토를 들어보자.

(막대문제)

원통 모양의 종이막대에 그림과 같이 실이 정확히 4번 감긴다.

원통의 둘레는 4cm이고 길이는 12cm이다.

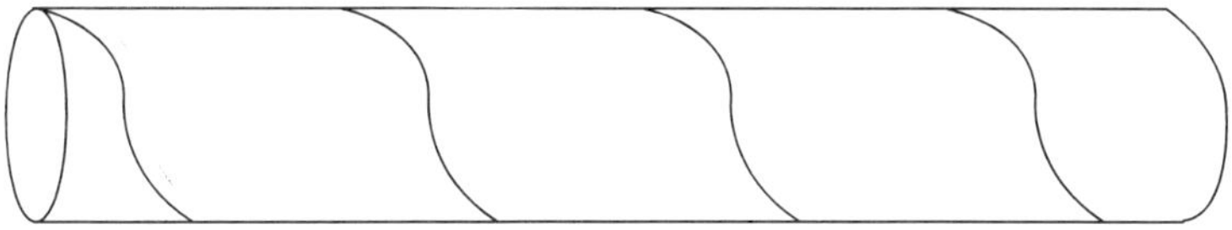

감긴 실의 길이는 몇 cm인가? 어떻게 계산했는지 풀이 과정을 설명하여라.

이 문제는 피타고라스 정리만 알면 풀 수 있는 문제지만 실험측정·평가에서 성취도가 10% 이하였다. 대부분 학생은 피타고라스 정리를 알고 있지만 원통형의 막대를 길이로 잘라서 펼친다는 생각을 하지 못했다. 문제에 적절한 사고 전략을 구사하는 능력이 우리 학생에게도 약하다. 앞에서 소개한 문항 "… ΔABP가 예각삼각형일 확률을 구하여라."에 대하여 춘천지역에서 중학교 3학년 2학기 학생을

대상으로 실험을 한 바 있다.

1차 시험이 끝난 후 정답을 발표하는 학생이 없어 힌트를 주었다.

교사 : 여러분이 지난주에 배운 원의 중심각과 원주각 성질이 생각나요?
학생 : 예. [모두 지난주에 배운 원주각과 중심각의 성질을 구두로 말한다.]

시간이 흐른 뒤 학생들은 원래 문제에 긍정적으로 접근했다. 물론 여러 학생이 정답을 추론했다. 현재 일부 수학교사들은 "어떻게 생각 하는가"를 지식으로 분류하여 교육을 시키자는 의견에 반대한다. 수학성취도는 수학내용(예 함수)을 이해하고 개념의 연결을 보이는 것을 측정하는 것만으로 충분하다고 보기 때문이다. 종전의 6차 수학과 교육과정까지는 그러한 주장이 타당했으나, 이제 측정은 전체로서의 수학을 관심대상으로 해야 한다는 것이다. 그러나 실제 문항을 만들 때는 이 기본전제가 언제고 소홀해진다. 우리 교육과정의 문제일까? 아니면 학교에서 교육과정을 실천하는 의지의 문제일까?

교사가 다음 문제를 학생들에게 풀도록 계획했을 때, 교사는 이 문제해결 속에 있는 무엇이 학생들의 다음 학습을 촉진시킬 수 있다고 볼까?

- 집합 $X=\{1, 2, 3, \cdots, 600\}$에서 3 또는 4의 배수 또는 동시에 양쪽 수의 배수가 되는 원소를 골라 집합 Y를 만들어라. 그리고 집합 Y에 있는 모든 원소의 합을 구하여라.

- 다음을 풀어라.
  $x^{\frac{1}{4}}+y^{\frac{1}{5}}=5$ $\quad$ $x^{\frac{3}{4}}+y^{\frac{3}{5}}=35$

위의 질문을 쉽게 풀어쓰면 학습자는 두 문제를 풀고 다른 문제를 계속 풀어갈 때 전이가 될 수 있는 요소(또는 능력)가 있는가 로 대신할 수 있다. 아무래도 처음 문제에서는 배수와 공배수의 개념이 집합과 수에 관련된 문제에 전이가 될 가능성이 있다. 여기서 경험한 배수와 공배수를 다루는 방법은 이들 개념이 적용되는 문제에서 강력한 학습촉진제가 될 수 있다. 두 번째 문제는 수학내용보다

$$x^{\frac{1}{4}}=4, \quad y^{\frac{1}{5}}=B$$

라 놓고 식을 변형하는 기술이 비슷한 유형의 문제풀이에서 강력한 학습촉진제가 될 수 있다. 이 조건은 교실에서 학생과 교사가 함께 푸는 보기 또는 예제 선택시 좋은 조건이 될 수 있다. 교사는 많은 문제를 학생들에게 모두 풀어 줄 수는 없기 때문에 전이효과가 가장 큰 기본문제를 풀고 나머지 문제는 숙제 또는 자율적인 문제풀이로 학습자에게 맡긴다. 마찬가지로 측정·평가도 학습으로 보기 때문에 평가문항에서 고민했던 사고유형, 수학내용은 다음 학습에서는 강력한 촉진제 역할을 할 수 있다. 학교에서 중간고사나 기말고사를 치르고 교사가 반복해서 문제를 풀어주는 것도 이러한 효과를 얻기 위한 것이다.

넷째는 테스트가 학생들의 다양한 수학적 정보를 제공해야 한다. 이는 교사의 전문지식의 증진은 학생들의 다양한 학습정보를 통해 가능해진다는 말이다.

다음은 초·중학교에서 중요한 수학적 개념, 비와 비례에 대한 학생들의 답변이다.

그림에서 탑의 높이를 구하여라.

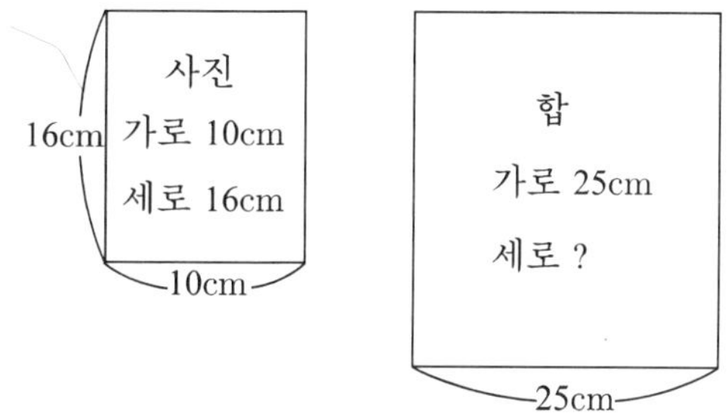

[답변] 가로가 15cm 커졌으니까 세로도 이 수만큼 더한다.

이 학생은 아직 비와 비례개념이 이해되고 있지 않다. 그런데 비와 비례개념을 이해하지 않으면 더 이상 중학교와 고등학교의 수학을 배우기 어렵다. 탑의 높이 문제는 학생들의 다양한 수학정보, 즉 인지구조, 오류, 이해가 어려운 용어, 문장 등등을 알려주지 않지만, 아주 중요한 수학적 정보를 제공한다. 이 학생이 비례적인 사고를 못하는 것은 피아제 관점의 인지발달이 이 학생 나이에 이루어지지 않다는 뜻이다. 교사가 무관심하면 학생들이 비례를 어떻게 인지하는지 오류 유형을 모르고 지나가는 경우가 많다. 만일 비례개념을 늦게 발달하는 학생은 함수에 관한 학습이 늦어진다. 이러한 정보는 교사가 수업을 하는데 참고해야 할 정보이다. 비례개념에 대한 한 실험에서 탑의 높이를 경험한 학생들에게 한참 지나서 다음과 같은 과제를 해결하도록 했다.

(어떤 학생의 과제물)

학생 A, B는 직사각형 잔디밭을 꾸민다.

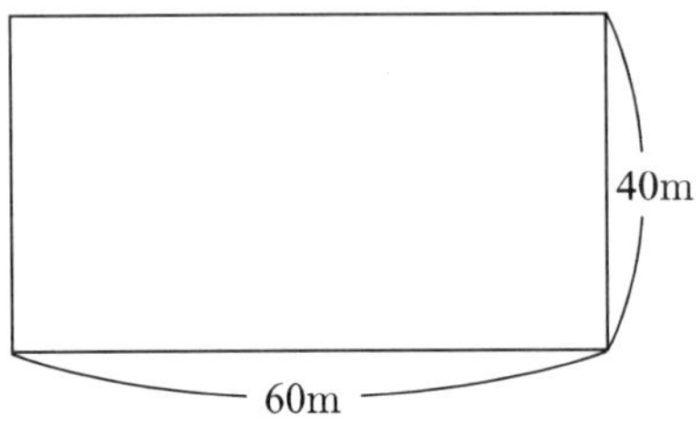

(1) 넓이는?

$$40\text{m} \times 60\text{m} = 2,400\text{m}$$

(2) 학생 A는 60분에 잔디를 모두 깎았다. 1분에 얼마를 깎는가?

$$\frac{2400}{60}\text{는 } \frac{40}{1\text{분}}\text{이다.}$$

(3) 학생 B는 40분에 잔디를 모두 깎는다. 1분에 얼마를 깎는가?

모두 2400에서 답 24분

(4) 어느 날 함께 깎는다. 몇 분이 걸리는가?

1분에 2400 − (40 + 60), 2300

2분에 2300 − (40 + 60), 2200

그런데 간단히 하면 100으로 나누어 24분이다.

두 번째 풀이에서는 비례개념이 어느 정도 들어왔다는 것을 알 수 있다. 다만 (3)에서 계산이 잘못되고 답의 정확한 단위를 모르긴 했으나 (4)에서는 학생의 정보처리능력도 보여주었다. 아마 학생들은 나누는 개념을 뺄셈으로 처리하는 경향이 있는 듯하다. 즉, 나눗셈보다 뺄셈을 훨씬 쉽게 생각한다.

이 학생은 처음에 비와 비례개념이 들어오지 않았으나 나중에는 그보다 어려운 과제를 잘 해결했다. 위 실험에 참여한 이 학생의 정보는 교사가 학생을 지도하는 데 소중한 자료가 된다.

규칙성을 인식하는 실험에서 영희는 회색타일과 흰색타일을 이용하여 다음과 같은 패턴을 만든다.

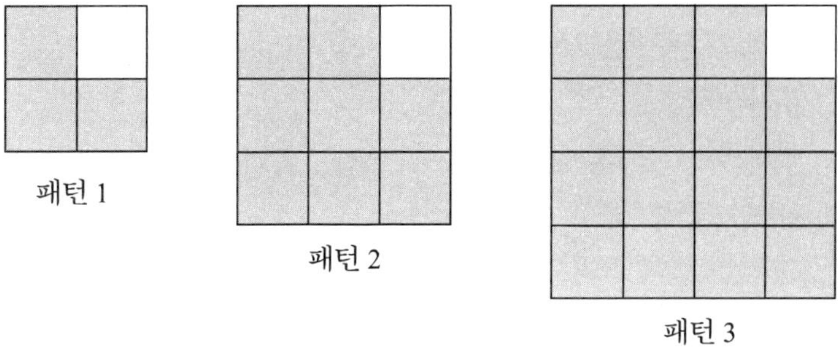

(1) 패턴 10을 만드는데 회색타일 몇 개가 필요한가? 답을 설명하여라.

패턴 1	패턴 2	패턴 3	…
4	9	16	…

그래서 공식을 이용하면

$$(p+1)^2-1$$

모두 120이다.

(2) 패턴 수를 p, 회색타일 수를 T로 해서 답을 구하는 공식을 만들어라.

$$(p+1)^2-1$$

이 문제는 인터뷰를 통해 학생들의 대답을 이끌었다. 인터뷰의 목적은 학생들이 얼마나 문자를 사용할 수 있는지를 알아보기 위한 것이었다.

세 번째 인터뷰에서는 훌륭하게 대수적 문제를 잘 해결하였음을 알 수 있다. 이 학생은 대수적 문제파악의 수준이 우수할 뿐 아니라 문자를 설정하여 문제의 문맥에 알맞게 공식을 세우는 놀라운 기법을 보였다. 비록 처음에는 비례개념이 더디게 형성되었지만 대수적 센스에서는 우수한 자질을 보였다. 교사로써는 '이 학생의 전 풀이과정에서 어떤 수학적 정보를 얻었을까?'와 같은 생각을 해야 한다. 이러한 관찰과 분석은 교사로 하여금 학생수준에 맞는 수업을 하게 한다.

다음 문제를 학생들에게 풀게 하고, 답이 나오지 않을 경우에는 인터뷰를 통해 유도하여라.

- 분수 $\frac{7}{8}$을 소수로 고치면 0.875이다. $\frac{7}{8}$은 다음과 같이 나타내었을 때

$$\frac{7}{8}=\frac{1}{2}+\frac{1}{4}+\frac{1}{8}$$

소수는 이진법으로 $0.111_{(2)}$와 같이 나타낸다. 위와 같이 $\frac{2}{3}$를 이진법의 소수로 나타내어라.

- 자전거 앞바퀴의 반경은 25cm이고 1분에 $\frac{5}{2}$바퀴 회전한다. 뒷바퀴는 지름 125cm이다. 1분에 몇 바퀴를 도는가?

다섯째는 현행 측정·평가의 약점을 개선하기 위해 계산기를 이용한 평가를 생각해야 한다. 계산기는 과거 칠판수업에서 연필과 종이로 할 수 없는 학습의 영역을 발전시켜 준다. 많은 학생들이 계산의 어려움 때문에 실제로 해야 할 수학적 이해, 탐구활동과 실험, 계획하고 발전시키기와 같은 아주 중요한 수학 학습을 소홀하게 한다.

이러한 현상은 고등학교 교실에서 자주 발견된다. 다음은 미분계수에 대한 수업의 일부이다.

$y=f(x)$의 $x=a$에서 미분계수는

$$f'(a)=\lim_{\Delta x\to 0}\frac{f(a+\Delta x)-f(a)}{\Delta x}$$

이다.

고등학교 수업의 핵심인 도함수의 정의는 평가의 중심에 있지만, 종이와 연필로 시험을 보아야 하기 때문에 다음과 같은 문제를 평가문항으로 선호한다.

함수 $f(x)=x^2+x$의 $x=2$에서의 미분계수를 구하여라.

이 문제에 알맞은 정답은 다음과 같은 풀이 과정을 요구한다.

$$f'(2)=\lim_{\Delta x\to 0}\frac{f(2+\Delta x)-f(2)}{\Delta x}=\lim_{\Delta x\to 0}\frac{(6+5\Delta x+(\Delta x)^2)-6}{\Delta x}$$

$$=\lim_{\Delta x\to 0}\frac{5\Delta x+(\Delta x)^2}{\Delta x}=\lim_{\Delta x\to 0}(5+\Delta x)=5$$

이 평가 문제를 해결한 학생에게 풀이 과정이 무엇을 의미하는지 설명해보라고 했을 때 많은 학생이 답은 맞았지만 설명을 못했다. 사실 위의 풀이는 교사가 원하는 것이지만, 학생은 자기 풀이 과정의 진정한 의미를 모른다. 만일 계산기를 허용하면 이 학생들은 훨씬 쉽게 개념의 의미를 설명했을 것이다.

$\Delta x = 0.1$일 때 $\dfrac{f(2+0.1)-f(2)}{0.1}$을 빨리 계산하고,

$\Delta x = 0.01$일 때 $\dfrac{f(2+0.01)-f(2)}{0.01}$을 계산하고,

$\Delta x = 0.001$, $\Delta x = 0.0001 \cdots$일 때 오른쪽 분수값을 소수로 계산하면 쉽게 수열의 극한값 5를 알 수 있다.

계산기를 통해 학생들은 개념의 이해를 구체적으로 했고, 수를 다루는 센스도 얻었다. 이러한 이해는 계산기 활동과 더불어 어려운 개념탐구를 성공적으로 이끌어 갈 수 있다.

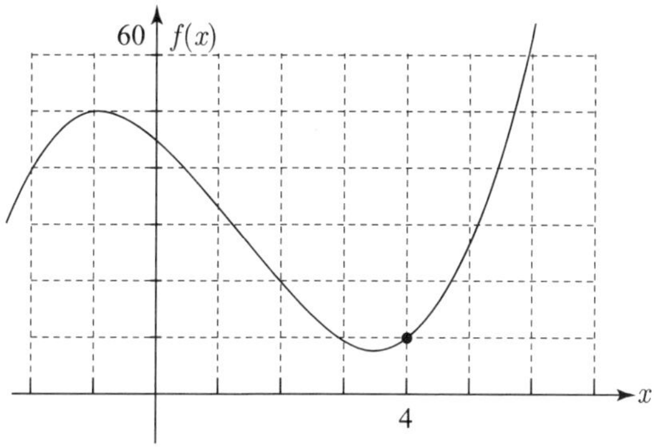

탐구 1. 어림으로 위 그래프를 나타낸 함수의 $x=1$에서 미분계수를 구하여라. 이를 위해 $x=1$에서 접선을 긋고 접선의 기울기를 어림한다.

탐구 2. 이 그래프의 식은 $f(x)=x^3-11x^2+34x-12$이다. $f'(1)$를 다음 식으로 구하고 그 값과 탐구 1의 답을 비교하여라. 어림이 정확했는가?

$$f'(1)=\frac{f(1.01)-f(0.99)}{0.02}=15.0001$$

탐구 3. $a=2,\ -1,\ 0,\ 1,\ 2,\ 3$에 대한 $f'(a)$값을 계산하고 결과를 직교좌표에 대입하여 그래프로 그려라. 이 그래프를 나타내는 함수식을 $f'(x)$라고 할 때 맞는 말인가?

일부 수학교사들은 위의 탐구 3이 너무 정확하지 않고 시간이 걸리는 활동이기 때문에 교과서대로 엄격한 정의를 이용해서 $f'(x)$를 구하면 된다는 의견을 제시한다. 바로 이 점이 탐구활동이 없는 너무 형식적인 학습활동으로 이어져 지루하고 재미없는 암기 위주의 수학학습이 된다. 문제는 이러한 탐구과정, 실험, 어려운 수학을 쉽게 만드는 수업기술을 외면하면 수학의 진짜 얼굴을 보지 못하고 학교생

활을 끝낸다는 것이다. 또, 교사의 입장에서도 계산기를 활용하면 수업을 훨씬 쉽게 진행할 수 있다. 연필과 종이를 주로 한 칠판수업의 시간을 대폭 감소시켜 남는 시간을 수학적 개념이해, 추론과 수의 센스, 수학의 활용에 투자할 수 있다.

연구에 의하면 수업시간에 계산기 활용은 모든 수준의 학생들에게 좋은 효과를 준다고 한다. 특히, 계산기를 이용한 수학 수업은 학생들에게 "왜"라는 지식탐구 방법을 교육시켜 준다고 한다. 뿐만 아니라 학생들의 긍정적인 수업 태도를 길러주고, 자신이 스스로 보기를 생성해보고 가설을 설정하는 경험을 많이 가지게 한다는 것이다. 외국의 ○○고등학교의 실험결과를 보면 개념 모델링이라는 새로운 경험도 가져 수학을 보는 가치관이 달라진다고 한다. 이를 테면, 다음 실생활의 상황에서 개념을 모델링하는 과정을 보자.

이삿짐을 운반하는 A, B 두 사람은 캐비넷을 방에 옮기는데 어려움을 겪고 있다. 그림처럼 방문 높이가 2m인데 캐비넷 높이는 3m이기 때문에 두 사람은 방바닥과 캐비넷 사이각 θ를 정해야 한다.

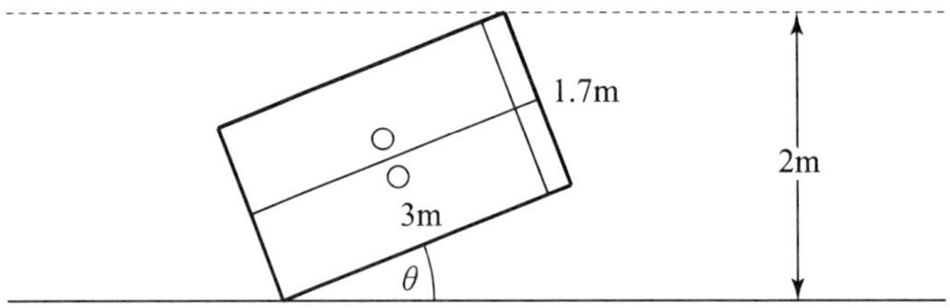

지금 그림에서 두 사람이 해야 할 일은 $3\sin\theta + 1.7\cos\theta \le 2$를 세우고 θ값을 계산기로 구해야 한다. 일부 교실에서는 계산기로 부등식을 만족하는 θ값을 어림할 수 있지만, 이보다 왼쪽 식을 $r\sin(\theta+\alpha)$로 바꾸어 $r\sin(\theta+\alpha) \le 2$로 대신하는 것이 수업의 목적이다. 여기서, $\alpha = \tan^{-1}\dfrac{1.7}{3}$이고 $r = \sqrt{3^2 + 1.7^2}$이기 때문에 계산기 없이는 새로운 모델에서 θ값을 어림하기 어렵다.

위의 실생활 상황을 도입한 모델 설정은 매우 어려운 내용이라 현행교육과정에서는 제외되었지만, 이와같은 고급 수학개념을 계산기로 더 쉽게 접근할 수 있다. 특히, 의사소통, 아이디어 교섭, 높은 수학적 사고가 들어가는 실생활 문제해결(또는 문제해결 모델링)은 계산기 없이는 교실에 도입할 수 없는 주제들이다. 그러나 암산은 계산기 활동에서도 항상 강조되는 활동이다.

여섯째는 실세계 문제해결 또는 실생활 소재를 이용한 개념이해의 측정·평가가 수학과 교육과정을 더욱 건실하게 만든다.

학교수학에서 실생활 문제해결은 독특한 교육적 의미가 있다. 현행 수렴적 사고를 주로 측정하는 평가제도는 너무 틀에 젖은 사고 또는 지도를 강조하기 때문에 통찰, 창의성을 중시하는 문제해결에는 알맞지 않다. 학습자가 흥미를 가지고 이해하기 위하여 탐구하고 열린형태의 문제해결에서 다양한 아이디어를 구사하고, 의사결정을 하는 기회를 자주 가져야 한다. 사실 문제해결의 진정한 목표는 변화하는 실세계에 자발적으로 적응할 수 있는 기회를 제공하는데 있다. 따라서 문제해결은 크게 두 가지로 분류할 수 있다.

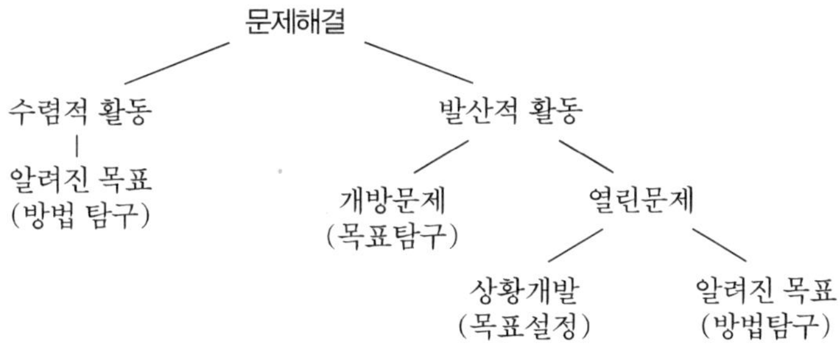

학력고사 또는 수능 중심 평가는 왼쪽 활동을 강조하는 대신 실생활 문제해결은 오른쪽 활동에 관련되어 있다. 현행교육과정이 오른쪽 활동을 강조하기 때문에 측정·평가에서 실생활 문제를 학교에서 선호하는 것은 당연하다. 다음과 같은 평가문항을 생각해보자.

(평가문항)

농촌의 대리 경작을 사업으로 회사를 운영하는 ○○씨는 400호가 살고 있는 A 마을에서 판촉을 하고 있다. 일정한 넓이의 논을 대리 경작하는 대신 1년에 한 가구당 275원(단위)을 걷으려 한다. 과거 경험에 의하면 100가구가 자기 회사에 계약한다는 사실을 잘 안다. 그는 더 많은 가구를 끌어들이기 위해서 다음과 같은 광고를 했다.

“100가구에서 한 가구가 더 참여할 때마다 계약한 각 가구에 1.50원(단위)을 감해준다.”

말하자면 102가구가 계약했다면 각 가구에 1.50×2원(단위)을 감한다.
이 계획에 의하면 사장은 큰 이익을 볼까?(15점)

이 문제상황은 완전한 문제가 아니기 때문에 학생들에게 “문제를 해결하라”라고 말할 수 없다. 이 상황을 평가하기 위하여 몇 가지 절차를 계획해야 한다.

(평가 1단계) 사장이 고민하는 사항을 수학적 질문으로 명확하게 나타내어라[3점]. "몇 가구를 계약하면 최대의 매출(이익)을 올리는가?"와 같은 질문을 생각할 수 있다.

(평가 2단계) 1단계에서 정확한 수학질문이 세워졌으면 이 질문에 맞는 수학모델을 정하여라[5점]. 여기에서는 계산기를 이용하기 때문에 다음과 같은 모델을 정하는 것이 정답이다.

가구수	각 가구당 경비	총매출(이익)
100	275	$275 \times 100 = 27500$
101	$275-(1.50\times 1)$	27623.50
102	$275-(1.50\times 2)$	27744
⋮	⋮	⋮
200	$275-(1.50\times 100)$	25000

(평가 3단계) 계산기로 최대 매출을 올리기 위해서는 총 몇 가구를 계약해야 하는가?[2점] 답은 142가구

(평가 4단계) 가구수를 x, 매출액을 y라고 하면 y를 x로 나타내어라.[5점]

답은 $y=\begin{cases} 275x, & 0\le x\le 100 \\ x(4.25-1.50x), & 100<x\le 400 \end{cases}$

이 문항은 학생들의 의사결정 능력을 측정하는 것으로 유연한 사고, 창의력 있는 사고를 묻는다. 그렇다고 매우 우수한 학생들만 해결하는 문항이 아니며, 보통 학생도 부분적으로 자기 생각을 충분히 표현할 수 있는 문항이다. 이러한 문항은 현행 평가시스템 아래에서는 학교평가문항으로 적당하지 않지만, 조금만 그 시스템을 보완하면 진정한 평가문항으로 대접받을 수 있다.

또, 다음 평가는 개념을 강조하면서 실생활 상황을 이용하여 개념구성과정을 묻는 문항이다.

(평가문항)

인천 앞 바다의 조류는 이 항구를 드나드는 배에게 매우 중요한 자료를 제공한다. 조류가 낮을 때 배는 접안이 불가능하고, 출항시에는 조류의 높이가 항상 말썽이다. 9월의 통계에 의하면 조류가 가장 높을 때 4.6m이고, 가장 낮을 때는 1.7m라 한다.

(질문 1) 조류의 주기는 12시간이라 한다. 조류가 가장 높은 시점을 시간 $t = 0$으로 하고 이 시점 전후 각 6시간 사이에 조류의 높이 h를 시간 t로 하는 그래프를 그려라.

(질문 2) 높이 h를 변수 t의 함수식으로 나타내어라.

다음은 같은 지역에서 조류의 속도와 관련된 데이타를 정리한 표이다.

가장 높은 조류 전 시간	5	4	3	2	1
조류의 속도	0.7	0.9	1.1	1.0	0.7

(질문 3) 조류가 가장 높은 시점의 전후 6시간에 해당하는 시간 t에 대한 조류속도 v의 그래프를 그려라.

(질문 4) 이 그래프와 질문 2의 그래프는 어떤 관계인가?

(4) 교실에서 측정·평가의 원리

앞에서는 교사의 입장에서 평가원리를 말했지만, 여기에서는 학생 입장에서 측정·평가원리를 말해보자.

우리는 교실에서 많은 테스트를 통해 학생들의 성취도를 알아본다. 그 종류도 사용되는 용도에 따라 월말고사, 모의고사, 기초능력고사, 퀴즈, 확인테스트 등 다양하다. 테스트들은 대부분 점수화를 하여 학생들의 학업성취도를 재는 역할을 하며, 때로는 교사의 수업의 질을 높이는데 사용한다. 테스트들을 통해 학생들은 학습경험을 쌓았고, 교사들은 학생들이 아는 것이 무엇인지, 그들이 부족한 점이 무엇인지를 경험한다. 여러 연구결과를 통해 학생들 관점에서 측정원리를 정리하면 다음과 같다.

가. 테스트는 학생 개인의 학습에 영향을 주는 다양한 자료(또는 지침)로 구성되어야 한다. 이 자료에는 여러가지 정보가 들어간다. 수학내용을 학생들이 어떻게 구조화하는가 는 물론이고, 그들의 과제에 대한 흥미도 포함한다. 사실 학생들은 수학적인 과제 또는 문제를 풀 때, 깊은 개념적 이해를 동반하면 그것에 대해 흥미를 느끼고 수학에 대한 가치를 느낀다. 또, 학생들이 좋아하는 과제 또는 토픽은 그들의 흥미, 참여정도를 높인다. 지필검사 한 가지만으로는 개인에게 충분한 정보를 제공해주지 않기 때문에 다양한 테스트(지필, 면담, 관찰 등) 방법을 동원해야 한다. 이러한 것들이 위에서 말한 다양한 자료를 의미한다. 한 예로 전통적인 교실에서는 학력고사에 나올 수

있는 전형적인 수학 문제를 취급한다. 이러한 이유로 수학내용의 기억과 내적활용에 대한 학생들의 정보만 얻을 수밖에 없다. 그러나 다음 평가 문제는 학생이 계산기를 이용하는 다른 면을 볼 수 있다.

수학적 모델링은 실세계에서 일어나는 현상을 수학적인 용어, 공식 등으로 표현하는 과정이다. 그림에서 캔의 반지름은 3.2이다.

(1) 원 모양의 (캔 넓이)/(직사각형의 전체 넓이)의 비율은 얼마인가?

(2) 캔의 반지름이 r일 때 그 비율은 얼마인가? (1)의 결과와 같은가?

앞에서 본 문제 "$x^{\frac{1}{4}}+y^{\frac{1}{5}}=5$, $x^{\frac{3}{4}}+y^{\frac{3}{5}}=35$"에서 학생들로부터 관찰할 수 있는 사실을 알아보았다. 이제 학생 입장에서 두 문제를 풀 때 어떤 이익이 돌아갈까? 어떤 교사는 수학적인 문제설정을 매우 긍정적으로 볼 것이고, 다른 교사는 실생활에서 자주 볼 수 있는 캔에 관한 물체가 유익하다고 생각할 것이다. 나라별로 보면 한국, 대만, 중국에서는 x, y값을 구하는 수학적인 문제를 문제해결의 중요한 가치로 보는 반면 북미, 영국에서는 캔의 문제를 좋은 테스트 문항으로 본다.

나. 테스트는 학생들에게 의미 있는 순수한 수학적 아이디어(또는 과제)와 응용적인 측면을 가진 과제를 다루어야 한다. 이들 소재를 통해 학생들은 반영적 생각과 조직하는 과정, 모델, 표현, 논쟁(토론)하는 과정을 경험해야 한다. 다음은 중학교 1학년 또는 초등학교 6학년 학생이 연속적으로 풀 수 있는 과정이다. 이러한 과정을 수학에서 일반화하고 조직하는 순수한 수학적 아이디어를 제공한다.

위의 패킹문제에서 이번에는 9개 또는 8개의 캔을 정사각형 또는 직사각형 모양으로 배열하여라.

(1) 캔의 반지름을 r이라 하고 다음 비율을 계산하여라.

$$\frac{\text{원 모양의 캔의 넓이의 합}}{\text{직사각형의 넓이}}$$

(2) 캔의 수가 12, 9, 8개로 변하여도 (1)에서 계산한 비율은 일정한가?

사실 순수한 수학적 아이디어 중에 가장 가치 있는 것은 일반화(조직), 추론, 연역, 추상화 등을 들 수 있다.

다. 테스트는 측정과제(문제)에 알맞게 점수체계를 갖추어야 하며, 교사의 지도가 얼마나 증진되었느냐하는 데이터를 담도록 평가되어야 한다.

다음은 7개의 캔을 원 모양으로 패킹한 그림이다. 캔의 반지름을 r이라 할 때 다음 비율을 구하여라.

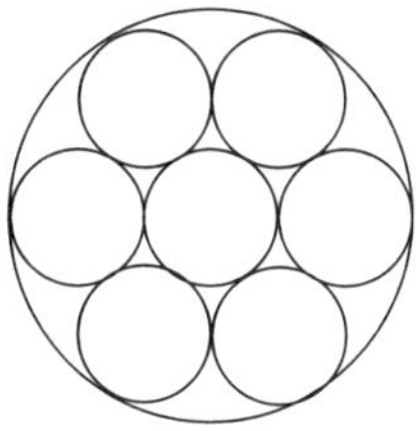

$$\frac{\text{캔의 넓이합(7개 원 모양)}}{\text{큰 원의 넓이}}$$

또, 이 비율과 앞의 직사각형 모양으로 패킹한 비율을 비교하여라.

라. 테스트는 교실의 종합적인 판단을 담을 수 있는 시스템이다. 교사의 입장에서 보면 좀더 발전된 수업을 위해 정보를 얻어야 하기 때문에 교사와 테스트는 하나의 시스템이다.

마. 테스트는 개인과 집단의 지적인 성장을 구별할 수 있게 계획되어야 한다. 개인은 항상 집단의 구성원이지만 개인의 성취, 사고의 전략, 문제해결 기술은 중요시된다.

그림은 6개의 캔을 삼각형 모양으로 패킹한 것이다. 다음 비율을 구하여라.

$$\frac{\text{캔의 넓이합(6개 원 모양)}}{\text{삼각형 넓이}}$$

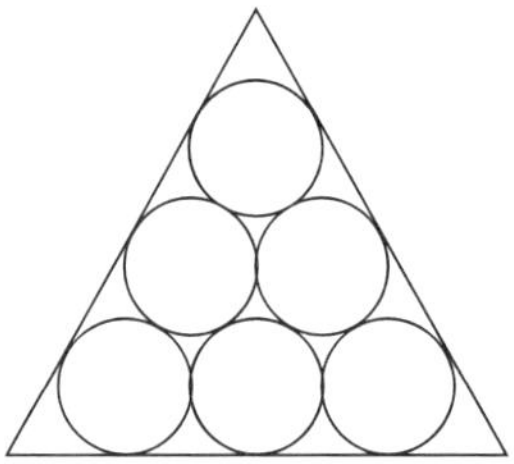

(1) 이 비율은 앞의 비율보다 큰가?

(2) 이런 모델링에서 구한 비율은 무엇에 활용할 수 있는가? 자신이 백화점 영업이사라고 생각하여라.

위에서 언급한 측정·평가원리를 학교에서 얼마나 적용하고 있는지를 관찰하는 것도 재미있는 연구문제이다. 여기에 대표적인 세 나라의 측정·평가활동을 소개한다.

[호주]

고등학교의 대학입시를 중심으로 프로그램이 된 호주의 측정을 보자. 이 측정의 목적은 과제를 교사와 학생이 공유하여 의사소통을 원활하게 하는 테스트라 볼 수 있다. 이 테스트는 주로 구두로 교사와 학생간의 대화 형태로 이루어진다.

교사는 이들 대화 속에서 학생들이 무엇을 어떻게 배웠는지 측정한다. 이 과제들은 수준에 따라 분류가 되어 단순과제는 간단하게 학생들이 이해한 정의, 계산, 공식을 암기하는 수준이다. 통합 과제는 복합적인 학생의 지식 또는 기술을 측정한다. 면담식으로 이루어지는 측정은 연필과 종이로 시작되는 문제풀이 중심의 측정보다 학생들의 지식망, 표현능력, 새롭고 높은 수준의 과제(또는 문제)를 푸는 능력, 학습상태 및 수학에 대한 가치관 등을 종합적으로 측정하는 데 좋은 면이 있다. 이러한 과제 중심의 대화를 강조하는 측정은 교과서적인 문제를 떠나 학생의 새로운 지적 또는 정의적 측면을 알아보는 형태이다. 교사의 지도와 측정이 결부된 대표적인 사례이다.

[미국]

미국의 경우는 한국과 비슷한 측정을 선호하는 지역도 있고 한국과는 상당히 다른 측정을 실시하는 지역도 많다. 코네디컷 주 코어 프로젝트를 보면 문제해결을 중점으로 측정을 한다. 구조가 서로 다른 문제해결적인 상황을 준비하고 일주일 정도 해결하는 시간을 준다. 이러한 문제해결의 결과를 교사는 점수로 계산하며 개인과 단체(30명)를 대상으로 하는 테스트(문제해결)를 중시한다.

이 테스트 과정에서 교사는 개인 또는 단체가 풀이를 위한 가설은 어떻게 세우고 한 문제해결적 상황에서 다른 상황으로 어떻게 일반화하는지를 측정한다. 한편 개인의 수학적 개념의 구성과정을 측정하는 시간도 있으며, 열린 질문을 통해 학생들이 자신의 생각을 개발하거나 표현하는 시간을 준다. 의사소통에 대한 학생들의 성취를 측정하기 위하여 모둠별 토론을 권장하고 측정하며 지필검사를 통해 이들 능력을 재기도 한다. 이와 같은 자료들은 학생들의 잘못된 개념 이해와 추론능력의 부족함도 보여주는 다양한 데이터이다.

[네덜란드]

5개의 서로 다른 과제(tasks)가 학생들로부터 정보를 얻기 위해 만들어진다. 즉, 한국과 같은 지필검사, 두 단계 테스트로 집에서 해결하는 테스트, 주관식 테스트, 구두 테스트로 구성이 되며, 이렇게 다양하게 만든 테스트는 학생들의 평가를 다양한 관점에서 본다. 위에서 두 단계 측정은 다른 나라에서 보기 어려운 제도로 1단계에서는 열린 질문과 에세이 질문이 주어지고, 여기서 측정된 점수는 학생에게 통보된다. 2단계에서는 1단계에서 측정된 테스트 문항을 집에서 3주 동안 해결하여 제출한다.

이 과정에서 학생은 자기가 틀린 문항으로부터 피드백을 받을 수 있고 아울러 틀린 문항을 성공적으로 푼 학생과 같이 토론하는 시간을 가져 자신의 잠재능력을 개발한다.

(토론) 학교에서 실시하는 테스트의 종류를 조사하여라. 주로 어떤 목적으로 사용하는가?

(1) 위에서 언급한 다른 나라의 테스트 형태와 목적이 어떻게 다른가?

(2) 교사 A는 다음 문항을 테스트로 사용하였다. 학생들의 풀이 결과에서 그는 어떤 정보를 얻을 수 있을까?

- 전화회사는 한달 통화료를 부과하는데, 처음 500분에 대해서는 40만 원을 계산하고 이를 넘는 시간에 대해서는 1분마다 750원을 계산한다. 사용한 시간(분)을 x, 총비용을 y라 할 때 y를 x로 나타내어라.
- 정사각형에 내접하는 원이 있다. 정사각형의 한 변의 길이가 6일 때 원의 반지름은 얼마인가?

• 오는 일요일에 자기가 살고 있는 동네의 슈퍼마켓을 방문하고 그곳에서 일어나는 소재로 일차 방정식을 만들어라.

제 2 장

수학과 성취도 측정·평가

2.1 표준화된 성취도 측정·평가

대단위 테스트는 두 가지 목적을 가진다. 하나는 개인별 수준에서 개인의 성취능력을 서열화할 수 있고, 개인의 지식에 대한 취약점, 개인의 코스 내용의 완성도 등을 알 수 있다. 다른 하나는 집단별 성취도를 파악하는 일로써 학교단위, 교육청 단위 또는 광역시 단위, 국가 단위로 어떤 프로그램 또는 교육과정의 효과를 알아보는 일이다.

(1) 테스트 구성 절차

테스트를 만들기까지는 일정한 절차가 있다. 대략 절차들을 기술해보면 첫 번째는 테스트를 만들 수 있는 전문가 집단을 구성하는데 보통 경험 있는 현직 교사, 전문지식을 조언할 수 있는 평가전문가, 행정요원 등으로 구성된다. 두 번째는 교육과정의 검토, 교과서 및 교육자료를 검토하고, 세 번째는 실제 테스트 개발팀을 구성하는데 실제로는 해당 교육과정을 가르친 경험이 있는 교사들로 만들어진다. 네 번째는 문항작성에 들어가고 보통 2~3배수 문항을 초기에 만들어 파일럿 테스트 또는 문항검토 중에 많은 문항들이 탈락한다. 다섯 번째는 검토를 거쳐 필드 테스트를 하고, 그 결과를 피드백하여 최종의 문항을 완성한다. 다음은 ○○중학교 수학담당교사들이 1차로 각자 만든 기말고사의 문항이다. 집합에 관련된 문항을 한 개 선택하기로 의견을 모았다. 두 문제 중 어느 것을 선택하는 것이 바람직한가? 각자 토론하여라.

- 두 집합 $A=\left\{(x,\ y)\mid \dfrac{x-1}{5}+y=6\right\}$, $B=\left\{(x,\ y)\mid \dfrac{x-6}{3}-2y=1\right\}$에 대하여 $A\cap B$는?

  ① $\{(21,\ -2)\}$　　② $\{(21,\ 2)\}$
  ③ $\{(31,\ -3)\}$　　④ $\{(31,\ 3)\}$
  ⑤ $\{(31,\ 21)\}$

- 두 집합 $A=\{(x,\ y)\mid x-2y=3\}$, $B=\{(x,\ y)\mid 3x-ay=-6\}$에 대하여 $A\cap B=\phi$일 때, 상수 a의 값을 구하여라.

우리나라의 경우 수능과 같은 테스트 문항을 만드는 과정이 위와 비슷하지만 필드 테스트를 하지 않는 대신 현직교사 중심의 테스트 검토팀이 소집이 되어 문항에 대해 많은 조언을 한다. 그러나 보통은 학교 단위로 테스트 문항이 만들어지는데 학년별 수학교과 담당자가 초기 출제하고, 다른 교사들이 검토하는 수준에서 완성을 한다. 필드 테스트와 크로스 검토를 생략하기 때문에 잘못하면 문항의 오류도 생길 수 있다.

미국의 ○○주 고3학년에서 절차에 따라 학교 수학교사가 출제한 테스트 문항의 통계를 낸 것을 보면 다음과 같다. 이 학교 교사들이 어떤 문항을 선호하는지 대강 알 수 있다.

- 문제해결에서 추론(25%): 문제만들기, 분석과 전략, 해의 해석력, 비정형문제의 종합력
- 이해와 활용(75%) – 수와 연산(14%): 즉 실수, 연산의 선택과 사용
- 패턴, 함수, 대수(17%): 즉 관계, 그래프
- 데이터 조직과 해석(18%): 그래프, 차트로 데이터를 조직, 통계, 확률과 조직적 세기 전략
- 측정, 기하, 공간(18%): 측정, 기하 및 공간 조직
- 논리적 추론(8%): 논리이해, 기초이해, 귀납 및 연역 추론

테스트 절차를 들어가기 전에 수학과 교육과정에서 제시한 목표를 검토하는 것은 기본적인 사항이다. 우리 교육과정에는 이미 5개 영역이 모두 포함되어 있다. 다만 초등학교 1학년에서 고등학교 1학년까지는 필수과정이고 고등학교 2학년부터는 선택과정으로 짜여져 있다. 더욱 자세한 절차는 다음에서 논한다.

○○출제위원회에서 고등학교 졸업반 학생들을 위한 테스트 문항을 현직 고등학교 수학교사들한테 검토를 부탁한 결과 검토위원회에서 분석력과 종합력을 측정할 수 있는 문항을 요구한다. 분석력은 자료를 구성요소나 부분으로 분할하는 능력, 부분 확인, 부분간의 관계 확인, 부분들의 조직원리를 찾아내는 능력을 포함한다. 다음 중 어느 문항이 분석력을 측정하는 것으로 적당한가?

- $f(x)=\log\left(\dfrac{1+x}{1-x}\right)$, $-1<x<1$일 때, $f\left(\dfrac{3x+x^3}{1+3x^2}\right)$를 $f(x)$로 나타내면?
  (정답: $3f(x)$)
  ① $-f(x)$　　② $2f(x)$

③ $3f(x)$ ④ $[f(x)]^2$

⑤ $[(fx)]^3 - f(x)$

• 지름이 D인 원판이 8×8바둑판에 원판의 중심과 8×8바둑판의 중심이 일치되도록 놓여져 있다. 이때 8×8바둑판의 한 변의 길이는 D이다. 8×8바둑판의 64개 작은 단위 정사각형 중에서 원판에 의해 숨겨지는 것은 모두 몇 개? (정답: 모두 32개)

(2) 테스트 내용 상세화

테스트의 문항을 작성하기 위한 내용상세화는 문항의 배경으로 중요하다. 보통 학교단위에서 학년에서 배우는 교과서는 한 종류이기 때문에 문항 출제교사가 내용상세화를 한다. 내용상세화는 측정·평가에서 중요한 지도목표의 깊이와 폭을 가르쳐 준다. 만일 어떤 교사가 내용상세화의 내용이 맘에 들지 않아 교과서 외의 참고자료에서 내용상세화 밖의 문항을 출제하면 상세화는 빨간 경고신호를 보낸다. 왜냐하면, 독립 단체로써 학교에서 실시한 측정·평가는 학생들을 줄 세우기 위한 지표가 아니기 때문이다. 간단히 이야기하면 내용상세화는 테스트 도구의 내용 타당도를 나타내는 자료이다. 학교 단위가 아니고 교육청 산하 여러 학교가 공통으로 한 테스트를 실시한다면 내용상세화는 꼭 해야 하며 테스트를 만드는 과정에서 가장 중요하게 생각하는 요소이다. 초등학교 ○학년에 적합한 내용상세화를 살펴보자.

○학년 내용상세화(1) – 기본 개념기능

기능	성취목표	관련 교과서 쪽	답지
기본덧셈사항	주어진 두 수를 더할 수 있고 정확한 답을 4개의 보기에서 고를 수 있다.	생략	4개의 답지(보기)는 주로 두 자리 수로 구성이 되며, 그럴듯한 이유를 가진다.

보기문항(2)

보기 1	보기 2	보기 3	보기 4	보기 5
2 +2	6+0=□	6 +1	8+1=□	8 +4
답지 • 22 • 3 • 4 • 5	답지 • 6 • 0 • 60 • 7	답지 • 61 • 7 • 5 • 8	답지 • 10 • 7 • 9 • 81	답지 • 84 • 4 • 21 • 12

초등학교 ○학년 내용상세화(1) – 문제해결, 논리적 절차

기능	성취목표	답지	답의 성격
질문 또는 수에 관련된 문제확인	수에 관한 문장 또는 기하모델이 주어질 때 학생들은 적당한 질문 또는 관련된 이야기 문제를 결정한다.	문장, 기하모델 이야기 문제, 질문	연산 선택 실패 바른 수 선택 실패 부족한 정보 선택 불완전한 질문 선택 바른 도형 선택 실패 측정질문 선택

보기문항(2)

보기 1	보기 2	보기 3	보기 4	보기 5
$5-3=2$ 알맞은 문장제? • 3개 사과, 5개 사과 모두 얼마인가? • 3개 사과, 5개 씨앗, 씨앗은 모두 몇 개? • 희영은 5원 가졌는데 3원 썼다. 얼마 남았는가? • 희영은 3원 가졌는데 2원 썼다. 얼마 남았는가?		$6 \times 2 = 12$ 알맞은 문장제? • 자동차 3개, 각 차에 두 사람 탑승 모두 몇 명? • 6개 차량, 여기에 2개 더했음. 모두 몇 개? • 6개 차, 2개 갔다. 모두 몇 개? • 6개 차, 각 차에 2명 탑승. 모두 몇 명?		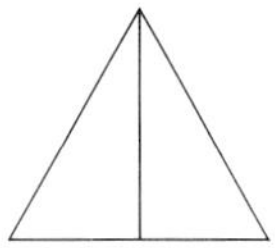 알맞은 질문? • 몇 개의 삼각형? • 합은 얼마? • 나머지 넓이는? • 사각형의 4변의 길이 합은?

초등학교 ○학년 내용상세화(1) – 문제해결, 논리적 생각

기능	성취목표	답지	답의 성격
문장제에 적당한 해석	주어진 문장제와 질문에 적절한 절차 선택	답지는 문장제, 적절한 연산 및 도구선택	대답 형태는 그래프, 다이어그램, 표, 문장제, 사칙연산 등

보기문항(2)

보기 1	보기 2	보기 3	보기 4	보기 5
영수는 4개의 사과를 가짐. 철수가 2개 더 줌. 영수 사과는 모두 몇 개?		[30명] 10명은 아이스크림 선호. 5명 딸기 선호. 15명 초콜릿 선호. 이 상황을 잘 설명한 그림? 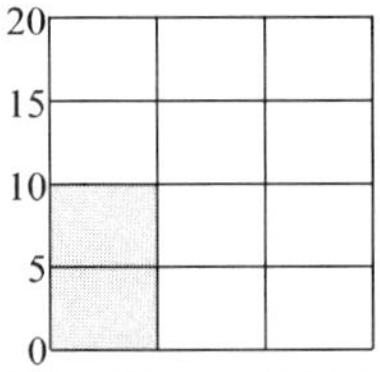 		2명의 어린이 각 3개 쿠키 소유. 모두 몇 개? 이 상황을 보여주는 것? 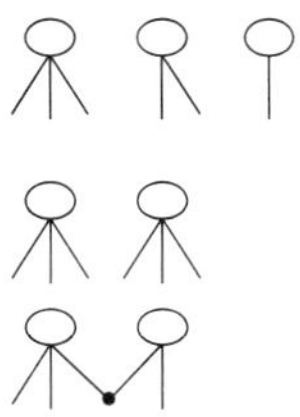

내용상세화를 만들기 위해서는 교육과정의 교수요목과 목표를 상세화해야 하는데, 학교에서는 기본적인 개념, 원리, 법칙에 대한 상세화를 쉽게 할 수 있다.

그러나 초등학교의 고학년부터 "합리적인 문제해결"에 대한 상세화는 그리 쉽지 않다. 보편적으로 문제의 구성활동, 문제의 분석, 문제의 해석, 질문형성, 비정형문제 해결 등을 강조하는 편이며, 이보다 수준이 높은 고등정신의 능력으로 창의적 아이디어, 일반화 등을 생각할 수 있다.

(3) 이원목적분류표 작성

이원목적분류표는 수학내용과 평가행동(목표)을 표로 작성한 것이다. 이 표는 수업결과를 평가하기 위한 설계도인 셈이다. 표의 가로에는 계산, 이해, 추론, 문제해결과 같은 행동영역을 기술하고, 세로에는 수학의 내용(소단원, 또는 토픽)을 기술한다.

여기서는 지식과 기본적 기능, 이해, 문제해결, 추론으로 나누어 구체적인 문항을 제시한다.

지식과 기본적 기능

지식은 어떤 정보를 머리에 저장해 두었다가 뒤에 다시 끄집어 낼 수 있는 능력을 말한다. 지식은 특수적이며 비교적 구체적인 것으로부터 더 복잡하고 추상적인 것으로 나누어 생각할 수 있다. 다시 말하면, 특수사실에 관한 지식, 특수사실을 다루는 방법과 기술에 대한 지식, 보편적 및 추상적 사실에 대한 지식 등이다.

• $a=\frac{\sqrt{3}}{2}$일 때, $\sqrt{\frac{3}{2}} = \sqrt{1-a}$의 값은?

① $\frac{-1+\sqrt{3}}{2}$ ② $\frac{1+\sqrt{3}}{2}$

③ $\sqrt{3}$ ④ $\frac{-1+2\sqrt{3}}{2}$

• 그림과 같은 ΔABC에서 $\overline{AB}=5\sqrt{3}$, $\angle B=20°$, $\angle C=120°$일 때, $\frac{\overline{BC}}{\sin 40°}+\frac{\overline{AC}}{\cos 70°}$의 값은?

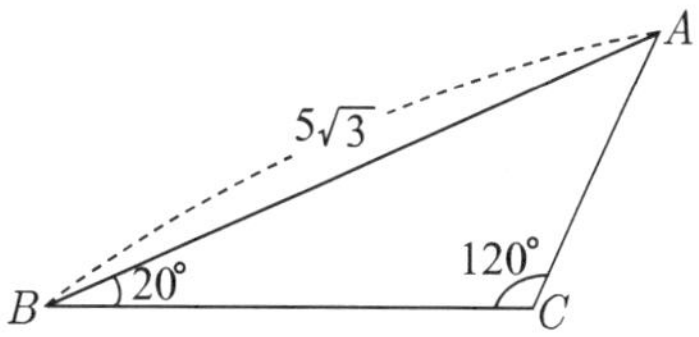

① $5\sqrt{3}$　　② 10

③ $10\sqrt{3}$　　④ 20

위의 각각의 예는 지식 또는 기능에 대한 특별한 항목을 요구한 것이다. 문항형식은 완성 또는 선다형이다. 적절한 다른 형식들로 진위형과 짝짓기 등이 있다.

추론

추론과정을 평가하는 문항으로 명제 p, q에 대하여 $p \rightarrow q$, 받아들이는 공리, 정의, 증명되는 정리, 논리 등을 알아본다.

우리는 사실이라고 믿는 것을 말하려고 할 뿐 아니라, 그것의 결과까지도 말하려 한다. 그런데 주어진 자료가 불완전하거나 미비함에도 불구하고 그것의 결과와 의미를 추리해야 할 경우가 많다. 이러한 능력을 추론력이라 한다. 추론력에서 가장 어려운 논증(연역적 사고)을 포함한다. 먼저 명제 p, q에 대하여 $p \rightarrow q$관계를 물어보는 문항을 알아보자.

"열심히 공부하는 것은 '수'를 받기 위한 필요조건이다."라는 문장과 동치인 것은?

갑 : 열심히 공부한다면 '수'를 받을 것이다.

을 : '수'를 받았으면 열심히 공부한 것이다.

병 : 열심히 공부하지 않으면 '수'를 받지 못한다.

정 : '수'를 못받았으면 열심히 공부하지 않은 것이다.

① 갑만　② 을, 병만　③ 갑, 을만　④ 을만　⑤ 모두

다음은 연역적 사고(논증)로 여러 형태의 증명을 물어볼 수 있다. 증명에 관한 문항으로 증명과정을 나타내는 어떤 그림을 주고 "그림에서 W는 선 SZ의 중점이고, $\overline{WY} = \overline{WR}$이다. 이 명제를 증명할 때 다음은 참인가?"하고 4개의 답지를 주는 형식이다. 이보다 논증은 학생들 스스로 가정과 결론을 나누고 논리적 증명과정을 써야 하기 때문에 서술형 주관식을 택하는 것이 바람직하다. 그러나 학생들이 서술형 증명과정을 어려워한다면 증명과정의 일부를 공란으로 남기고 "증명과정을 잘 읽고 공란을 메꾸시오."라는 질문을 던질 수 있으며, 분석적 증명과정(이유 말하기)을 쓰라고 지시할 수도 있다. 다음 문항 형식은 수능에서 선호하는 선다형 추론 문항이다.

또, 문맥을 가진 수와 연산 또는 집합과 대수에서도 좋은 증명 문항이 있다.

10개의 서로 다른 정수가 집합 $\{1, 2, 3, \cdots, 99\}$에서 선택된다. 이들 중 적어도 한 쌍의 정수가 있어 그 차가 많아야 10임을 증명하여라.

이해

불룸(1956)은 이해를 지식을 알기 쉽게 바꾸어 말하는 것, 자기 자신의 말로서 설명하고 요약하는 것, 남겨진 뜻을 논리적으로 확대시키는 것으로 보고, 3개 영역인 번역, 해석, 추론을 든다. 이를테면 '에너지를 설명하여라' 또는 그래프로 나타내는 것은 번역에 해당하고, 부분들의 상호관계를 말하는 것, 그래프의 각 부분을 실제 일에 연결하는 것, 포함된 일반적 사고를 아는 것, 자료를 해석하는 것이 이에 해당한다. 마지막으로 올해의 주식의 가치를 바탕으로 내년의 가치를 추리하는 것이 추론에 속한다. 그러나 이런 수준은 이해의 낮은 단계이고, 높은 단계의 이해는 활용 또는 응용을 포함하는 문제해결에서 이해력을 알아 볼 수 있다.

다음의 예는 이를 테스트하도록 구성된 항목들이다.

- 표준정규분포 $N(0, 1)$을 따르는 모집단에서 20개를 임의로 추출하여 그 값을 수직선 위에 점으로 표시할 때, 다음 중 가장 그럴듯한 것은?

①
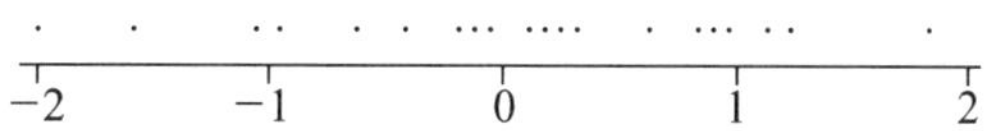

②
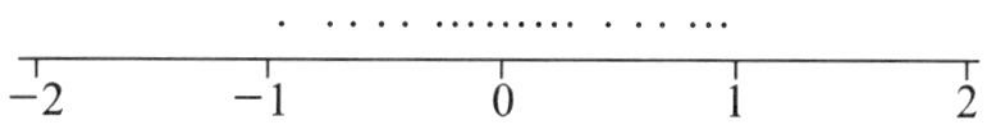

③
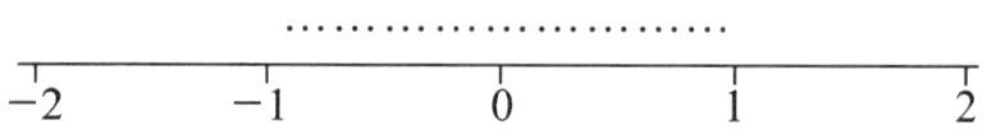

④
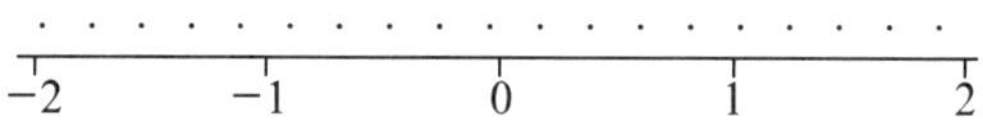

- 도함수 $f'(x)$의 그래프가 다음과 같을 때, 함수 $f(x)$가 극대 또는 극소가 되는 점의 개수는?

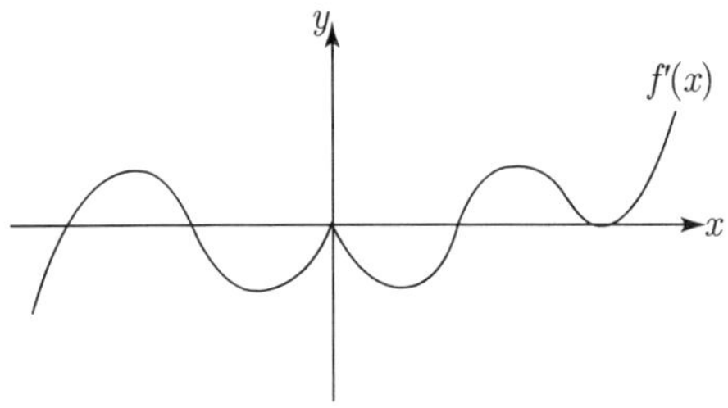

① 3개 ② 4개

③ 5개 ④ 6개

위에서는 주로 자료를 해석하고, 그래프를 읽는 수준의 문항을 이해를 측정·평가하는데 사용하였다. 그런데 2000년부터 이해는 브라운웰의 말처럼 문제해결 상황에서 찾아야 한다는 견해가 있다. 위와 같이 단순문항으로 이해를 측정하면 복합적인 문제해결에서는 같은 개념이라 해도 모르는 경우가 많다. 이를테면, 다음에서 논하는 문제해결에서 볼 수 있는 문항도 개념이해에 관련이 있고, 문제를 해결하지 못하면 개념이해가 부족하다는 시각이다.

문제해결

문제해결은 학교 수학에서 성취하기 매우 어려운 목표이다. 문제해결의 대상이 되는 문제는 계산과 이해 수준을 넘어 분석력, 종합력, 평가력을 요하는 복합적인 수학적 상황이다. 개념, 원리 및 법칙을 창의적으로 활용해야 하고, 요소와 부분을 조합하여 하나의 전체(해의 길)를 생성해야 하고, 발산적인 사고를 통해 발견 기술도 창안해내야 한다. 다음 두 문제는 종전의 대입학력고사에 나온 문제이다. 그 당시 학교에서는 두 문제를 문제해결로 분류했는데, 문제들 속에 발견전략이 들어나 있지 않아 수학의 정의, 정리 및 계산을 평소에 열심히 공부하여 머리에 잘 저장해 둔 학생들은 어렵지 않게 이 문제에 손을 댈 수 있었다.

- 어느 공장에서 생산하는 제품의 무게는 평균이 30g, 표준편차가 5g인 정규분포를 따른다고 한다. 이 공장에서는 무게가 40g 이상인 제품을 불량품으로 판정한다. 이 제품 중에서 2,500개를 임의로 추출할 때, 불량품의 개수가 57 이상일 확률을 다음 표를 써서 구하면, 그 값은?

① 0.31 ② 0.16

③ 0.07 ④ 0.02

〈표준정규분포표〉

z	$P(0 \le Z \le z)$
0.5	0.19
1.0	0.34
1.5	0.43
2.0	0.48

- $x \ge 1$일 때 정의되고 미분가능한 함수 $f(x)$는 항상 양의 값을 갖고 $f(x)^2 - 1 = \int^{x} f(t)\frac{1}{t}dt$를 만족시킨다. 이때 $\int^{e} f(x)dx$의 값을 구하라(단, e는 자연로그의 밑이다).

그러나 앞의 두 문제를 푼 학생들에게 다음 중학교 문제를 주었는데 아무도 해결하지 못하였다.

- 순서쌍 $(b,\ c)$에서 $b,\ c$는 정수이고 $|b|,\ |c| \le 5$이다. 이 순서쌍이 무작위로 뽑혀질 때, 이차방정식 $x^2 + bx + c = 0$이 서로 다른 양의 실근을 갖지 않을 확률은 얼마인가? 단, 각 순서쌍이 뽑혀질 확률은 같다고 한다.

- 한 변의 길이가 1인 정사각형의 내부에 $n^2 + 1$개의 점을 어떻게 찍더라도 적어도 두 점이 존재하여 두 점 사이 거리가 $\frac{\sqrt{2}}{n}$ 이하임을 보여라.

두 문제 모두 수학적 지식(정의, 정리, 공식 등)은 단순하지만 복잡한 발견기술이 들어 있어 발견기술을 잘 이해하지 못하면 문제에 손을 댈 수 없다.

다른 나라의 경우에도 측정·평가를 위한 이원목적분류표의 사용은 우리와 비슷했다.

미국 캘리포니아 주정부에서 사용하는 이원목적분류표는 다음 표와 같이 내용영역을 수와 연산, 측정, 기하, 데이터 분석과 통계·확률, 대수와 함수로 한다. 또, 수학적인 능력영역에는 세 가지 능력을 제시하고 내용 개념적 이해, 절차 지식, 문제해결, 수학적 능력의 영역에 알맞은 문항수를 정한다. 이를테면 주에서 제시한 개념적 이해는 우리나라의 것과 약간 다른 문항형태를 가진다. 기하영역의 개념적 이해 문항을 보자.

두 점 $P,\ Q$는 둘레가 32이고 가로의 길이가 10인 직사각형의 반대편 변에 있는 점이다. x가 P와 Q 사이의 거리를 나타내면 x의 최솟값은 다음 중 어느 것인가? (답: 6)

① 4 ② 6

③ 8 ④ 10

⑤ 16

수학적 능력을 구분하는 방법은 나라마다 약간 다르다. 우리나라의 경우는 수학적 능력을 계산, 이해, 추론, 문제해결로 종전부터 분류했지만, 내용을 보면 미국의 어떤 주에서 분류하는 방법과 같다.

절차적 지식은 우리나라 계산과 같은 의미이고, 개념적 이해는 이해와 같고, 문제해결은 추론과 문제해결을 합친 것과 같은 의미이다. 위에서 말한 ㅇㅇ주의 문항분포를 보면 다음과 같다.

수학능력별 학교평가문항 분포(%)

수학적 능력	4학년	8학년	12학년
개념적 이해	40	40	40
절차적 지식	30	30	30
문제해결	30	30	30

수학영역에 따른 문항 분포(%)

수학내용영역	4학년	8학년	12학년
수와 연산	45	30	25
측정	20	15	15
기하	15	20	15
데이터 분석, 통계 및 확률	10	15	15
대수, 함수	10	20	30

(4) 테스트 문항의 작성기술(학력평가 문항)

1) 단답형과 완성형 문항

단답형 문항은 학생들로부터 적절한 단어, 기호, 숫자를 끄집어내기 위하여 질문, 불완전한 문장으로 나타낸다. 그것은 일반적으로 사실을 요구하는 것, 즉 누가, 무엇을, 언제, 어디에서, 얼마나 등의 질문에 제한되고 있다. 완성형 문항에서 어떤 중요한 단어 또는 문구가 학생들이 채우도록 공란으로 대치된다. 주의사항은 다음과 같다.

① 단 하나의 대답이 요구되도록 문항을 기술한다.

② 기술되는 단어들은 문장의 주요 요점에 관련되어야 한다.

③ 공란은 완성 문장에서 주로 단어 또는 문구로 대치해야 한다.

④ 대답이 한 가지 이상의 형식으로 나타낼 수 있다면, 사용할 형식에 관하여 특별한 지시사항을 준다.

⑤ 교과서에서 직접 택한 문장의 사용은 피한다. 문장은 종종 문맥을 벗어나며, 모호해지고, 기계적인 기억으로 고무되기 때문이다.

• 다음 그림과 같은 정육면체에서 $\angle MAG$의 크기를 θ라고 할 때, $\cos\theta =$ [　　]이다. (단, M은 선분 $\overline{FC}$의 중점이다.)

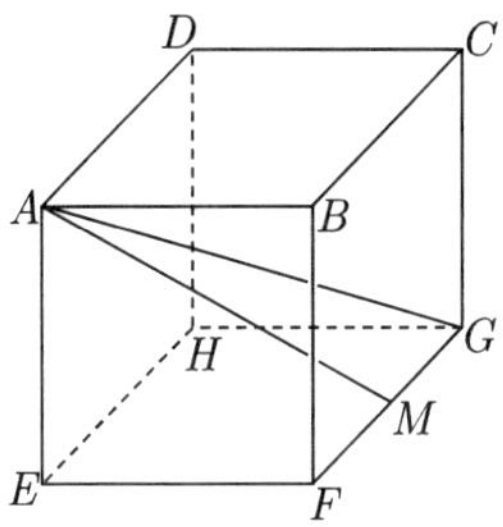

• 다음 그림과 같은 도로망에서 도로를 따라 A지점에서 B지점에 이르는 가장 가까운 길이의 가지 수는 [　　]이다.

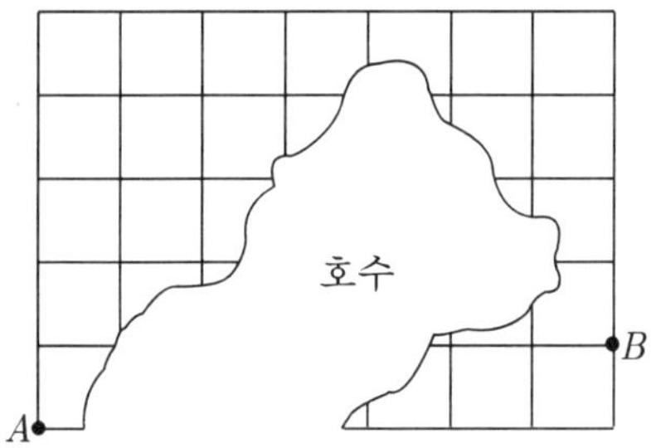

• 다음 그림과 같이 반지름의 길이가 3m인 반구 모양의 용기에 수면의 상승 속도를 1(m/분)로 유지하면서 물을 넣으려고 한다.

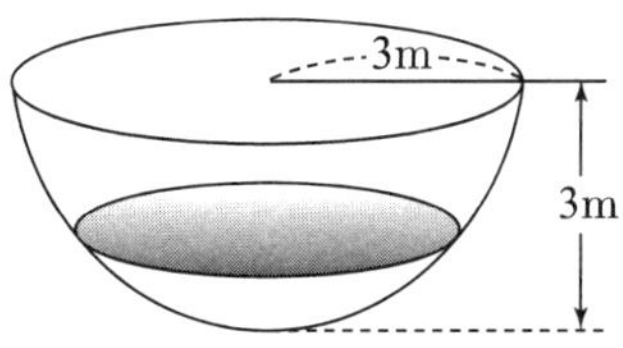

물을 넣기 시작한지 t분$(0 < t < 3)$ 되었을 때 넣은 물의 양 $V(\mathrm{m}^3)$와 수면의 넓이의 증가속도 $v(\mathrm{m}^2/$분)를 각각 t의 함수로 나타내면, $V=$ [①], $v=$ [②]이다.

---

2) 선다형 문항

선다형 문항은 어떤 줄기(stem)로 구성되는데, 여기서 줄기는 문제상황을 표현하는 질문, 불완전한 문장으로 여러 가지 대안(alternatives)이 수반되고, 문제의 가능한 해가 된다. 대안 중에 하나가 정답이고, 나머지는 그럴싸한 대답이 되는 분해자(distractives)라고 부르는데, 분해자의 기능은 정답을 확신하지 못하는 사람을 분산시키기 때문이다. 줄기는 그에 관련한 대안을 수반한 문제, 그래프, 다이어그램 등이 포함될 수 있다.

점수화의 용이성은 의심할 바 없이 선다형 문항의 유형에서 커다란 역할을 한다. 학생들의 응답은 해독하기 용이하고 모호하지도 않다. 컴퓨터 점수화의 사용은 컴퓨터가 가용할 때 또는 표준 테스트가 다수 선택형 항목을 가질 때 유리하다.

선다형 문항의 사용을 결정하는 이유로는 이들이 다른 객관적 유형의 항목보다도 많은 목표들에 관한 좀더 적절한 측정을 제공하려는 경향이 있다. 이들은 다른 유형의 테스트와 비교하여 신뢰도가 높다. 주의 깊은 분석과 발전된 모양으로 선다형 문항은 내용의 어떤 유형과 대부분의 목표를 재는 데 사용할 수 있다. 즉, 수학적 사실, 수학적인 관계성, 추론, 문제해결 등 학생의 능력을 여러 가지로 평가할 수 있다. 가장 큰 약점은 학생이 추측하는 것을 허용하는 것이지만 이는 다른 유형의 항목보다도 점수에 영향을 덜 끼친다.

물어보고자 하는 질문이 단순할 때 그 문항은 선다형 문항으로 적당하지 않다. 즉, 거기에는 명확히 단 하나의 정답만이 있고, 그럴싸한 분해자가 없는 경우이기 때문이다. 선다형 문항을 구성하는 데 주의사항은 다음과 같다.

① 지시사항은 학생들이 어떤 유형의 응답이 요구되는지를 정확히 알 수 있도록 명시적으로 만든다. 하나 이상의 해답이 가능한가? 학생이 '정답' 또는 '최적의 해답'을 선택할 것인가? 학생은 그의 해답을 어떻게 기록할 것인가? 학생이 정답을 확신할 수 없다면 추측을 할 수 있는가?

② 단 하나의 해석이 있을 수 있도록 질문을 기술한다.

③ 각각의 질문을 다른 질문과 독립적이게 한다. 학생들은 종종 다른 항목에서 수집된 정보 때문에 정답을 선택할 수 있다.

④ 가능한 줄기를 긍정적인 형태로 기술한다. 부정적인 단어를 사용할 때에는 밑줄을 긋거나 대문자로 써서 강조한다.

⑤ 정답에 대한 최적의 대안은 공통적으로 잘못 취급된 아이디어, 공통적인 잘못된 개념, 또는 학생에게 공통적으로 있는 실수를 사용한다. 좋은 분해자는 단답형, 완성형 또는 논문형 테스트에서의 부정확한 응답에서 획득된다.

⑥ 일반적으로 테스트의 각 문항에서 같은 수의 대안을 사용한다. 그러나 또 다른 대안을 추가하는데 단순히 틀린 대답을 명확히 첨가함으로써 정답을 고를 확률이 향상되지 않는다는 것을 느끼게 해야 한다. 일반적으로 정답을 추측하는 기회를 줄이는 데 4~5개의 대안이 사용된다. 다섯 개의 그럴싸한 선택이 용이하지 않을 때에는 단지 네 개의 대안을 만드는 것이 좋다.

⑦ 모든 부정확한 응답은 정답을 모르는 학생들에게는 똑같이 그럴싸하거나 또는 '매력적'이게 만든다. 그럴싸한 분해자를 발견하기 곤란하다면, 비효과적인 대안보다는 오히려 다른 유형의 문항으로 바꾸어 준다. 대안이 점점 동형적으로 될수록 항목이 점점 더 곤란하여진다. 정답은 논쟁할 수 없는 것이 된다.

⑧ 모든 대안은 줄기에 문법적으로 일치하고 형식에서 평형있게 구성한다. 학생들이 정답을 선택하거나 오답의 대안을 줄일 수 있는 언어적인 단서는 피한다. 줄기와 정답문에서의 단어의 유사성, 함축적인 두 가지의 응답 또는 동일한 의미를 갖고 있는 두 개의 응답을 포함하는 것 등의 예가 된다.

⑨ 정답을 분해자보다 길거나 또는 짧게 만들지 말아야 한다. 여기에는 무의식적으로 정답에는 상당한 양의 설명을 포함하려는 경향이 있다.

⑩ '항상', '결코', '모두'와 같은 단어는 가능한 한 사용을 피한다. 이들 단어들은 시험에 재치있는 학생들에게는 대안들이 사실이 아니라는 단서가 되기 때문이다.

⑪ 정답의 위치에 대한 패턴은 피한다. 그렇게 되면 학생들은 패턴을 신속하고 명확하게 인지하여 그에 따라 정답을 선택한다. 선다형 테스트에서 정답의 위치에 대한 순서를 임의적으로 하는 시스템을 사용한다. 즉, 형식이 부주의하게 발생하지 않는다는 것을 확실하도록 검토한다. 대다수의 교사들은 ②번과 ③번은 정답으로 사용하지만, ①번과 ④번 등은 사용하지 않는 경우도 있다. 이렇게 하면, 학생들은 ②번이나 ③번을 추측하면 정답을 맞힐 기회가 좋아질 것이라는 것을 배운다. 정답이 모든 위치에서 대략적으로 비슷한 횟수로(정확히 똑같지는 말아야 한다) 위치할 수 있도록 확신하여야 한다.

⑫ 줄기에 있는 문제를 변화하거나 대안들을 변경함으로써 항목의 난해한 정도를 통제한다.

⑬ 다음의 효과적인 항목 형식을 사용한다. 첫째, 분리된 선, 다른 것의 아래에서 대안들을 읽기 용이하고, 비교하기 용이하게 나열한다. 둘째, 숫자적인 대답과의 혼돈을 피하기 위하여 대안의 앞에 숫자를 사용한다.

• 모든 실수에서 미분 가능한 함수 $y=f(x)$의 그래프의 개형이 아래 그림과 같다고 하자. $g(x)=xf(x)$로 정의되는 함수 $g(x)$에 대하여, 다음 중 집합 $\left\{x \mid \frac{dg(x)}{dx}>0\right\}$의 원소인 것은?

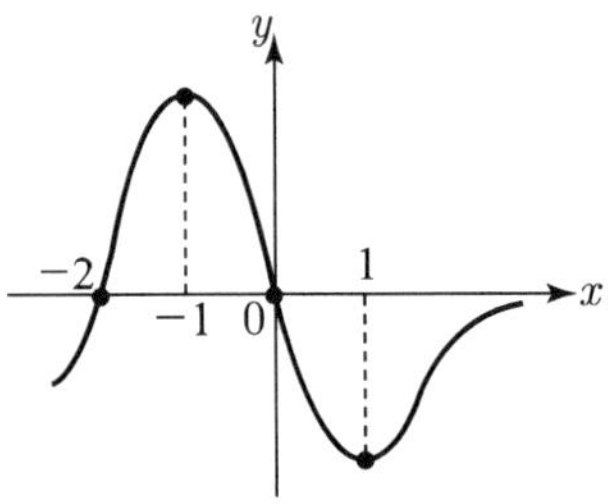

① -2　　② -1

③ 0　　④ 1

• 10원짜리 동전 1개와 100원짜리 동전 1개를 동시에 던질 때,

사건 A는 10원짜리 동전의 앞면이 나오는 사건,
사건 B는 100원짜리 동전의 뒷면이 나오는 사건,
사건 C는 두 개가 같은 면이 나오는 사건,
사건 D는 두 개가 다른 면이 나오는 사건

이라고 하자. 다음 중 서로 독립이 아닌 사건끼리 짝지어진 것은?

① A와 B　　② B와 C

③ C와 D　　④ D와 A

---

3) 진위형 문항

진위형 항목은 구성하기 곤란해질 수 있는데, 이유는 문장이 의심할 바 없이 참 또는 거짓의 두 가지뿐이기 때문이다. 중요한 결과를 측정하기 위하여 진위형 항목을 구성하는 것은 어렵다. 진위형 항목들은 지식 또는 이해에 가장 잘 사용된다. 이들은 두 가지의 가능한 대안들이 있을 때에만 사용할 수 있다.

주의사항은 다음과 같다.

① 학생들이 참과 거짓에 동그라미를 하든가 또는 참과 거짓을 쓰도록 하든가 또는 ○와 ×로 표시하도록 한다.

② 항목을 명쾌하고 특수하게 진술하여서, 정확하게 참 또는 거짓이 되게 한다. '항상' 또는 '결코'와 같은 특별한 수식어의 사용은 피하고, 모호성을 검토한다.

③ 문항은 단일하면서 한정적인 아이디어를 취급하여야 한다. 각각의 문장에서 여러 가지 아이디어의 사용은 혼돈스럽게 하고, 그 항목은 성취도보다는 독해력을 측정하게 된다.

④ 참인 문장을 거짓 문장보다 길게 만드는 것은 피한다.

⑤ 참인 문장과 거짓인 문장을 대략적으로 똑같게 만든다.

⑥ 참인 문장과 거짓인 문장을 임의적으로 배열한다. 거기에는 어떤 부주의한 형식이 없는가를 확신하도록 검토한다.

⑦ 어떤 뚜렷하지 않거나 사소한 단어 또는 구절 때문에 참인 것으로 보이나, 실제적으로는 거짓인 속임수가 있는 문장은 피한다.

⑧ 부분적으로 참이고 부분적으로 거짓인 문장은 피한다.

• 정각뿔 설명에 맞으면 ○표, 틀리면 ×표를 표기하여라.

(1) 모든 모서리의 길이는 같다.

(2) 삼각뿔일 때, 그 꼭짓점에서 수선을 내려 그으면 삼각형의 무게중심을 지닌다.

(3) 높이는 어느 모서리보다도 작다.

(4) 측면은 합동인 이등변삼각형이다.

• 다음 그림은 이차함수 $y = f(x)$의 그래프이다. 함수 $g(x)$

$$g(x) = \int_{x}^{x+1} f(t)dt$$

라 할 때, $g(x)$의 최솟값은? 진위형 문항으로 만들어라.

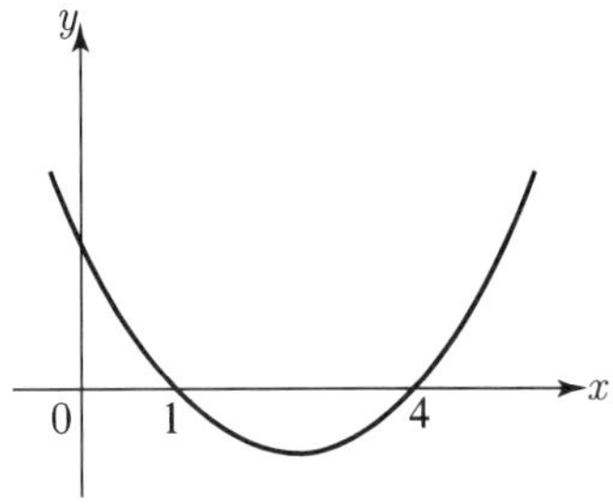

① $g(1)$ ② $g(2)$

③ $g\left(\frac{5}{2}\right)$ ④ $g\left(\frac{7}{2}\right)$

⑤ $g(4)$

• 좌표평면 위의 세 점 $A(0,\ 2)$, $B(-1,\ 0)$, $C(1,\ 0)$으로 이루어지는 ΔABC의 내부 또는 변 위의 점 P에서 변 AB, BC, CA까지의 거리를 각각 a, b, c라 하자. $4b=5(a+c)^2$일 때, 점 P의 자취는? 진위형으로 만들어라.

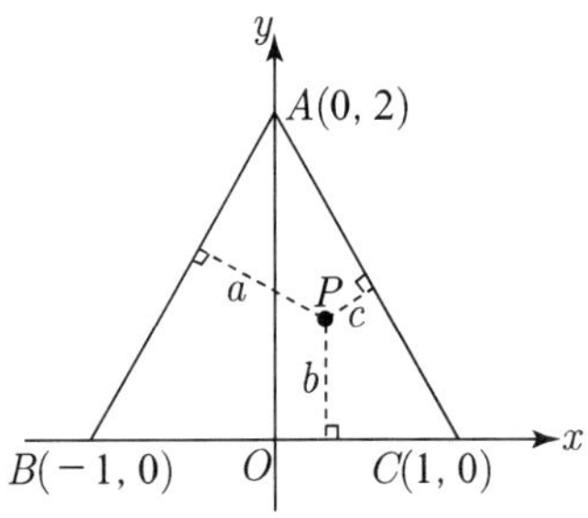

① 한 점 ② x축에 평행인 선분

③ y축에 평행인 선분 ④ 포물선의 일부인 곡선

⑤ 원의 일부인 곡선

4) 짝짓기 문항

짝짓기 항목은 비슷한 자료의 여러 가지 항목 사이에서 구별하는 능력을 측정하는 것이다. 짝짓기 문항은 본질적으로 다수 선택형 항목의 수정이다. 다수 선택형 항목들의 일련에서 모든 응답형식이 똑같을 때 짝짓기 문항이 좀더 적절하다.

짝짓기 항목은 정의와 정의된 단어, 측정과 공식 또는 기하학적 모양과 이름 같은 내용에서 사용할 수 있다. 이들은 지식 수준에서의 테스트에 가장 적절하다. 이해와 높은 수준의 목표를 테스트하는 데 사용하는 것은 곤란하다.

① 왼쪽에 전체 줄을, 오른쪽에 간략한 응답 줄을 위치시킨다. 왼쪽에 있는 각각의 항목은 테스트 항목의 숫자를 가져야 하고, 응답 줄은 문자로 계속되어야 한다. 학생들이 각각의 항목의 응답을 왼쪽 숫자의 왼쪽에 위치시키도록 한다.

② 추측의 효과를 감소하기 위하여, 한쪽 열이 다른 쪽 열보다 많은 항을 포함해야 한다. 지시 사항은 응답이 한 번만 사용되는지, 한 번 이상 사용하는지, 또는 전혀 사용하지 않는지를 명확히 제시해야 한다.

③ 각 열에 너무 많은 문항을 포함해서는 안 된다. 전체 열에서는 최대로 12개 문항을 고려해야 한다. 더 긴 테스트는 탐색하는 데 너무 많은 시간을 요구한다. 응답들이 단 한 번만 사용될 때에는 차례차례 지워나가는 방법으로 응답의 선택을 피하기 위하여 전체 열에서의 항목보다는 더 많은 응답이 있어야만 한다.

• 함수 $f(t)$는 곡선 $y^2 = 2x$ 위를 움직이는 점 $P\left(\frac{t^2}{4},\ t\right)$와 점 $(1,\ 0)$ 사이의 거리를 나타낸다고 한다. 다음 중 음영으로 표시된 부분의 넓이가 $\int_0^2 f(t)dt$를 나타내고 있는 것은? 이 문항은 어떤 형태인지 말하여라.

(1)

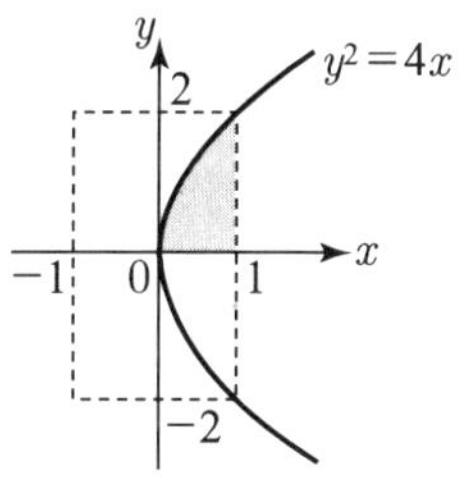

(2)

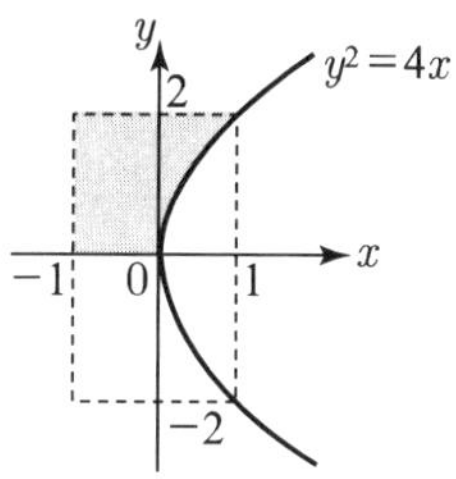

(3)

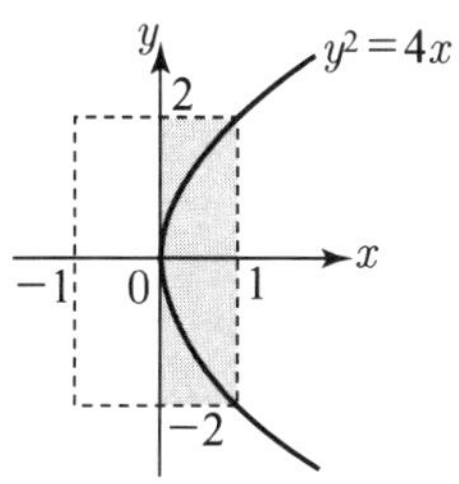

(4)

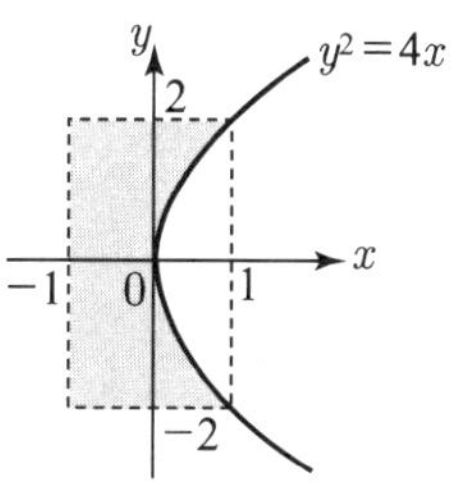

• 반지름의 길이 1m인 원판에 기대어 있는 막대 $\overline{OP}$의 한 끝은 아래 그림과 같이 평평한 지면 위의 한 점 O에 고정되어 있다. 원판이 지면과 접하는 점을 Q라 하자. 원판의 중심이 오른쪽으로 지면과 평행하게 등속도 1.5m/초로 움직인다. $\overline{OQ} = 2$m 되는 순간, 막대 $\overline{OP}$가 지면과 이루는 각의 크기 θ의 시간에 대한 순간변화율은? (단, 단위는 라디안/초이다.) 이 문항은 어떤 형태인지 말하여라.

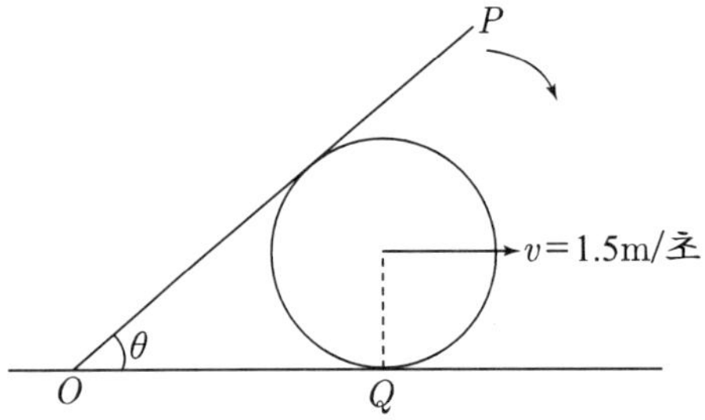

① $-\frac{3}{5}$ ② $-\frac{3}{2}$

③ $-\frac{3}{10}$ ④ $-\frac{\sqrt{5}}{6}$

⑤ $-\frac{3}{2\sqrt{5}}$

• 다음 그림과 같이 정사각형 모양으로 이루어진 도로망이 있다. 갑은 A에서 B로, 을은 B에서 A로 최단거리를 택하여 간다고 할 때, 갑, 을 두 사람이 서로 만나지 않고, 각각 B, A에 도착하는 경우의 수를 구하라. (단, 두 사람은 동시에 출발하여 같은 속력으로 간다.) 이 문항은 어떤 형태인지 말하여라.

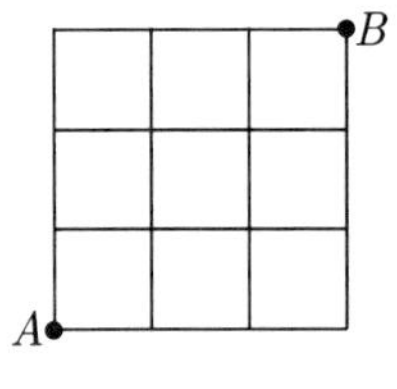

5) 논문형 문항

논문형 항목은 수학 테스트에서 사용되지는 않으나 이들을 사용할 수 있고 사용해야 한다. 이 항목들은 문제의 해를 계산하거나 또는 특별한 사실을 회상하는 것 그 이상을 학생들이 하도록 요구한다. 학생은 수학과 그 의미에 관하여 생각하여야 하며, 학생들은 자신의 아이디어를 효과적으로 표현해야 한다. 수학의 어떤 내용들은 선다형 문항으로는 효과적으로 평가되지 않고, 그 이상의 높은 수준을 요구한다. 복잡한 성취를 평가하는 질문은 왜, 설명한다, 비교한다, 관련시킨다, 해석한다, 비평한다, 발전시킨다, 유도한다, 분류화한다, 적용한다 등과 같은 주요 용어들을 포함한다.

그런데 논문형 테스트에서는 질문을 대답하는 데 시간이 많이 걸리기 때문에 상대적으로 적은 항목이 주어진다. 논문형 문항은 주관적이고, 점수 매기기가 곤란하고, 선다형 문항의 항목보다는 신뢰성이 덜하다. 점수는 글을 쓰는 능력과 허세, 과장에 왜곡되기 쉽다. 주의사항은 다음과 같다.

① 다른 유형의 항목들로 쉽게 테스트할 수 없는 목표들에서만 성취도를 평가할 수 있는 논문형 질문을 사용한다.

② 질문을 가능한 한 정확하게 말로 나타내고, 글 쓰는 데는 특수하게 하여서 항목의 목표가 명확하고 학생은 응답에 포함되어 있는 한계점들의 특수한 범위를 인지할 수 있어야 한다.

③ 대답을 판단하는 기저를 학생에게 명확히 이해시킨다(내용, 조직, 이해, 타당성, 적절성 등).

④ 각 질문에 대한 배당시간을 나타내어 준다. 학생이 적절한 대답을 쓸 수 있는 시간이 있는지를 확인한다. 테스트 시간은 쓰는 것만큼 사고하는 시간이 허용되어야만 한다. 적절한 답지의 공간을 제공한다.

미국의 경우에는 주마다 테스트 개발절차가 약간 다르다. 비교적 교육에 관심이 많은 두 개주를 비교한다.

[테스트 문항작성]

메사추세츠 주 – 메사추세츠 주의 특징은 다른 나라에서 자주 사용하는 방법인 교사가 가르친 내용을 테스트 문항으로 발전하는 것이 아니고, 해당 학년에 속한 학생들에게 무엇이 가장 중요한지를 문항으로 연결한다.

주에서 주관하는 테스트는 4학년, 8학년, 12학년이고, 이 학년에 알맞은 문항을 작성하기 위해 교사들한테 설문을 통하여 정기적으로 가장 중요한 토픽을 설문지를 통해 알아보고 4, 8, 12학년에게 중요한 토픽을 순서로 정리한다. 이어서 학년별로 주에서 전문적인 능력을 가진 교사를 소집하고, 이 단체에 교육과정 전문가를 합류시킨다.

이들의 목적은 내용상세화를 하고, 상세화에 알맞은 표준문항을 개발하여 각 학교에 전달하는데 있다. 이원목적분류표는 두 가지 능력, 즉 내용영역과 수학적 능력으로 나누어 생각한다. 내용영역으로 수와 연산, 측정, 기하, 문제해결, 확률과 통계를 상세화하고, 절차적 지식(활동능력)으로 과정지식, 개념적 이해, 문제해결, 추론과 해석으로 나누어 이원목적분류표를 작성한다. 이 분류표를 보고 한 내용영역과 절차적 지식의 교차점에 적어도 12문항을 시안으로 작성한다.

미시간 주 – 미시간 주는 주정부에서 4, 7, 10학년을 대상으로 교사가 가르친 내용을 상세화하는데, 이때는 교과내용의 전문가들이 소집이 되어 작업을 한다. 작업 후에는 작업보고서, 즉 필수적 목표 세분화를 주정부에 제출하면 주정부에서는 목표세분화를 검토, 수정하여 보고서를 완성한다. 이후에 문항작성은 NCTM에서 전문적인 문항작성의 기술을 가진 교사들에 의해 만들어진다.

검토과정은 훨씬 복잡해서 각계각층의 전문가(교사, 교육과정, 전문가, 대학교수, 개인적 교육과정 연구자 등)들 20명을 위원회로 선정한다. 특히, 지역 안배를 중요시하여 각 지역에서 골고루 위원회에 참여할 수 있게 주정부에서 계획한다. 각 지역간에 배우는 토픽과 가르치는 방법, 지역의 특수성이 약간씩 다르기 때문이다.

테스트 파일럿 실험 – 메사추세츠 주는 테스트 문항이 전문가들에 의해서 만들어지면 주정부의 주관으로 파일럿 실험(field study)으로 들어가 문항에 들어간 질문, 용어 등등을 학교현장에서 여과해준다. 이때 많은 문항이 소멸 또는 수정되며, 이들을 최종 선정하는 것은 위원회의 임무이며, 선정과정에서 이원목적분류표를 점검하는 것은 당연한 일로 여긴다. 주정부에서 문항을 만들어 학생들을 대상으로 측정·평가를 하는 이유는 학생 개인의 성취도를 보고하는 것이 아니고, 학교 교육청에 대한 자료를 얻기 위한 것이다. 또, 중요한 수학내용에 대한 학생들의 이해수준을 집약하기 위한 것도 있다.

이들 위원회에서는 교육청에 권고사항을 주기 위해 열린 문항을 테스트에 포함시키는 것을 중요시한다. 학생들로부터 얻은 답을 분석한 자료집은 학교, 교육청, 학부형들에게는 좋은 자료이다. 메사추세츠 주에서는 다른 주와 차별성 있게 수학, 과학 테스트를 자주해서 학생들의 성취도를 증진시키는데 많은 노력을 하는 편이다. 대략 70명의 교사가 자주 연수모임을 가지고 주에서 실시하는 테스트 문항을 개발하고 천명의 학생을 무작위로 뽑아 테스트를 실시하며 학생이 답한 결과를 비디오로 찍고 그들의 풀이과정을 분석하여 자료집을 만들어 학교에 배포한다. 이러한 노력은 메사추세츠 주가 학교 평가(측정)를 발전시키는데 도움을 주기 위한 것이다.

미시간 주는 1차적으로 만들어진 문항을 선별하기 위하여 파일럿 실험을 가진다. 테스트 문항의 파일럿 실험에 자발적으로 지원하는 학교를 중심으로 테스트를 실시하여 '질문이 적당한가?', '시험을 치르는 절차는 적당한가?', '문항의 구성요건은 잘 정리되었는가?'를 점검한다. 마지막으로 문항을 선택하는 임무는 20명으로 구성된 위원회에게 주어진다.

이후 주에서 실시한 테스트 결과는 다음을 위한 유용한 정보를 활용한다.

- 학생 개인별 보충학습
- 수학과 교육과정의 검토, 수정, 발전
- 학부모에게 알려줄 자료

미시간 주의 가장 큰 특징은 '학생들이 미래에 직장을 가질 수 있는 기초 지식이 있는가?'를 알아보는 테스트를 실시한다는 점이다.

(4) 테스트 문항의 수준

앞에서는 이원목적분류표를 작성하고 항목에 알맞은 문항을 논의하였다. 또 측정·평가는 목표에 바탕을 둔다고 말했다. 행동용어를 사용하여 나타낸 목표는 곧 그에 알맞은 테스트 문항을 결정한다. 교육과정에 있는 단원목표에는 문항의 난이도를 암시해주는 행동용어들이 있다. 다음 단원목표에 알맞은 문항의 수준을 생각해보자.

① 이차식의 덧셈과 뺄셈의 원리를 이해하고, 그 계산을 할 수 있다.
② 일차함수의 그래프의 성질을 이해한다.
③ 일차함수를 활용하여 여러 가지 문제를 해결할 수 있다.

처음 단원목표는 학생들이 성취하기 쉬운 계산활동이고, 다음은 행동용어 '이해한다'로 진술된 목표이기 때문에 이 목표를 달성하기 위한 문항을 만들기가 쉽지 않다. 그래서 일부 교사는 이해목표를 한 문항으로 측정하기는 거의 불가능한 일이라고 한다. 즉, 낮은 수준의 이해문항, 중간 수준의 이해문항, 높은 수준의 이해문항을 적어도 각 한 개씩 모두 3문항 정도면 '이해하다'를 측정할 수 있다고 본다. 아마도 높은 수준의 이해문항은 실생활에서 판매금액과 비용의 그래프를 그리게 하고 그래프에서 증가, 감소를 변형된 지식의 형태로 물어보는 문제해결적 상황을 도입해야 할 것이다(의도에 알맞은 문항을 작성해보자). 그만큼 '이해하다'라는 행동용어를 달성하기가 쉽지 않다. 마지막에 있는 목표는 문제해결에 관한 높은 수준의 행동용어로 쓰여 있기 때문에 이에 알맞은 문항을 만들기가 매우 어렵다. 이 문항은 일차함수를 이용하여 복합적인 문제해결이 일어날 수 있도록 발견전략과 일차함수에 연결된 다른 개념들이 들어와야 한다. 가능한 문항으로 다음을 고려해 볼 수 있다.

x절편이 소수이고 y절편이 양의 정수이고
점$(4,\ 3)$을 지나는 직선 $y=ax+b$는 몇 개인가?

이 문항의 해법은 3개 정도이다. 계산에 관련되는 문항은 모두 단순한 것으로 생각하기 쉬운데 계산도 교사의 의도에 따라 문항 난이도를 상·중·하로 분류할 수 있다. 이를테면, '%를 계산할 수 있다'는 계산목표는 단순히 내가 가진 몫이 전체의 $\frac{1}{4}$을 %로 고치는 것부터 다음과 같은 중수준의 문항으로 갈 수 있다.

- 어느 가계에서는 공장에서 가져온 ○○초코렛을 20% 할인해서 매장에 내어 놓았으나, 팔리지 않아 2차로 15% 할인을 했다. 총 몇 % 할인한 셈인가?
- 중학교 2학년 기말고사에서 모든 학생의 76%가 시험에 통과했고, 남녀별로 조사해보니 남자의 80%, 여자의 70%가 통과했다. 중학교 2학년의 남자 비율은 몇 %인가?

위 두 문제는 계산 퍼센트를 변형된 지식으로 만든 예이다. 원칙적으로 학교에서는 변형된 지식을 학생들에게 지도하고, 평가도 변형된 지식을 물어보는 데에 맞추어야 한다. 그러나 실제로는 난이도 조절과 같은 문제 때문에 단순 계산을 테스트 문항으로 택하는 경우가 많다.

다음 문항을 보면 두 문항 모두 계산문항으로 수학의 기본연산 이용이 잘 되어 있는지 물어본다.

- 수열 $a,\ b,\ c,\ d,\ 0,\ 1,\ 1,\ 2,\ 3,\ 5,\ 8,\ \cdots$에서 각 항은 바로 앞의 두 항을 합한 결과이다. a를 구하여라.
- 1~25 사이의 수를 정확히 한 번만 사용하여 빈칸을 채워라. 단, 가로, 세로, 대각선 수의 합이 각각 같다.

11	24			3
		25	8	
	5	13		
			14	22
23	6		2	

첫 번째 문항은 이미 초등학교에서도 일부 수열을 배우는 학생이 많기 때문에 어렵지 않은 문항이다. 다만 어떤 패턴을 인식하는 수의 센스가 좀 필요할 뿐이다. 계산 문제도 어떤 특징이 있음을 알 수 있다.

이들을 분류해보면 낮은 수준, 중간 수준, 고급 수준의 문항으로 나눌 수 있다. 낮은 수준은 주로 용어정의, 수학적 기능과 계산 알고리즘 등에 관련된 문항으로 구성되었다. 예를 들면,

$8x-13=6x-18$을 풀어라.

8, 9, 10, 20, 50의 평균을 구하여라.

주어진 일차 및 이차함수의 그래프를 그려라.

68%를 분수로 나타내어라.

원에서 현을 그려라.

그런데 교과서에서는 앞의 퍼센트 문제처럼 계산을 실생활 소재를 이용하여 표현하는 경우가 많다. 이때는 몇 개의 부분질문으로 연습을 더 쉽게 하는 경우가 많으며, 계산 문항을 훨씬 쉽게 만든다.

학생은 은행으로부터 10만 원을 연이율 8%의 복리로 내렸다.

(1) 1년이 지난 후 이자로 얼마를 은행에 주어야 하는가?

(2) 5년 동안 모두 얼마의 돈을 이자로 은행에 주어야 하는가?

이와 같이 계산 문항의 난이도를 교사의 의도에 따라 학생에 맞게 조절할 수 있다.

이러한 기능에 관한 문항은 학습자의 기초 지식을 알아보는데 중요하다. 개념에 관한 복합구조를 가진 이해문항 또는 복합적인 문제해결의 문항을 해결하려면 간단한 기능에서 출발한다는 것을 알아야 한다.

• 다음 두 문제를 풀고 어떤 계산활동이 있는지 말하여라.

(1) 포스터를 제작하는 회사에서는 종전의 직사각형의 포스터를 가로, 세로 각각 2배로 늘려 새로운 포스터를 만들려 한다. 사장은 종전의 포스터 넓이보다 몇 배 늘어났는지를 알려 한다. 여러분은 어떻게 대답해야 하는가?

(2) ○○초콜릿 회사에서는 직육면체 모양의 상자를 가로, 세로, 높이의 길이를 각각 2배로 늘려 새로운 상자를 만들려 한다. 부피는 몇 배 늘어났는가?

• 다음 계산문제를 해결하여라.

다음 그래프는 기수가 6시간을 여행한 거리이다. 그의 평균속도를 계산하여라. 과학에서 평균속도 개념을 어떻게 정의하는가?

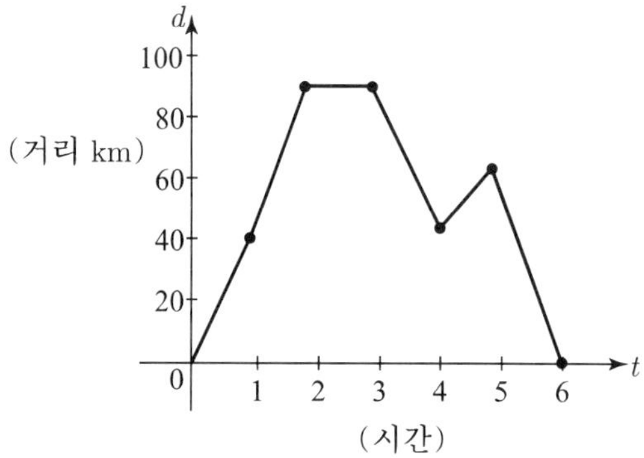

두 번째 문항은 이해에서 요구하는 용어, 수학적 기능, 계산 등은 여러 개 알아보는 것이다. 이러한 기본지식이 없으면 이 이해문항에 답하기 어렵다.

중간 수준의 문항은 두 개 이상의 개념 또는 절차를 연결하거나 통합하는 능력을 재는 문항으로 가끔 문제해결의 수준도 포함하는 경우가 많다. 이를테면, 이러한 문제를 해결하는데 이해를 포함해서 문제해결의 전략이 함께 포함된다. 이를테면,

학생이 가려고 하는 거리의 $\frac{2}{3}$를 가는데 가득 채운 자동차 연료의 $\frac{1}{4}$을 사용하였다. 알맞은 문제를 설정하여라(또는 가려고 하는 거리를 모두 갔을 때 가득 채운 연료의 몇분의 몇을 이용하는가?).

이 경우에 학생들의 비례개념의 정확한 이해도 필요하며 약간의 전략도 필요하

다. 아마 초등학생은 두 개의 수직선(선분)을 이용하여 이 문제를 접근하려 할 것이다. 한 수직선은 3등분하여 한 칸을 $\frac{1}{3}$로 하고, 다른 수직선은 4등분하여 한 칸을 $\frac{1}{4}$로 생각하면 $\frac{1}{4}$에 해당하는 연료는 $\frac{2}{3}$이기 때문에 나머지 $\frac{1}{3}$에 해당하는 연료 소모분을 계산하려고 한다. 또, 어떤 학생은 총 거리를 12km, 총 연료량을 $8l$로 생각하고 분수를 생각하는 대신 점수를 이용하는 경우도 있고, 다른 학생은 교과서에 있는 방식을 이용하여 비례식을 세워서 계산할 수 있다. 중요한 점은 중간 수준으로 다양한 문제해결의 전략(또는 사고전략)이 들어간다는 점이다.

또 다른 문제를 보자.

> 한 변이 1인 정사각형의 타일이 "□□…"로 연결되어 있다. 1×2 모양의 연결된 타일에서 직사각형이 모두 3개 있고, 1×3 모양의 연결된 타일에는 총 몇 개의 직사각형이 있다. $1\times n$ 모양의 연결된 타일에는 총 몇 개의 직사각형이 있는가? (또는 알맞은 질문을 만들어라.)

위의 두 문제를 학생이 풀 때 교사는 여러 정보를 얻는다. 학생들이 이용한 전 학습의 개념을 얼마나 이해하고 있는지, 학생들이 사용하는 비공식적인 지식 또는 전략이 무엇인지, 학생들이 이미 이해한 개념을 어떤 전략을 사용하여 간결하면서 경제적인 해법으로 연결하는지를 알 수 있다. 이와같이 앞의 기능에 관한 문제에서 얻은 학생들의 정보보다 위의 두 문제에서 얻은 정보는 교사가 수업의 질을 높이는데 많은 도움을 준다. 앞의 거리 문제에서 비공식적인 그래프를 이용한 풀이를 완성한 학생이 중학교 학생이 푸는 비례식을 이용하는 방법을 이해하기까지는 교사의 사려깊은 수업방식을 필요로 한다.

다음 문제를 풀어라.

(1) $a^2+b^2+c^2$이 모든 실수 a, b, c에 대하여 $ab+ac+bc$보다 크거나 같음을 보여라.

(2) 두 곡선

$$x=y^2, \quad x^2=(x-1)^2$$

의 교점은 몇 개인가?

(3) 다음 그림은 단위정사각형 10개 타일을 이용하여 알파벳 E를 만든 것이다. 이 글자를 4등분하여 정사각형을 만들어라.

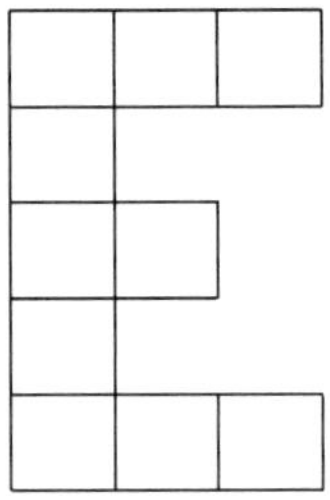

위의 문항이 중간 수준인지는 그 교실을 담당하는 교사만 알 수 있다. 여기서는 여러 개념이 연결되었다든지 사고전략이 들어 있는지를 판단할 뿐이다. 세 번째 문항은 수학개념이 간단하여 수학문제로 적당하지 않을 것이라고 생각할 수 있으나, 학생이 가진 전략을 실험하는데 이용할 수 있는 퍼즐타입이다.

높은 수준의 문항은 더 많은 교사의 생각을 요구한다. 이 문항을 만드는 데 여러 수학적인 사고가 필요하다. 즉 추론, 비판적 생각, 해석, 반영, 창의성, 일반화 또는 수학사 등 수학교육에서 논하는 고등정신능력이 포함된다. 이 수준에 있는 문항은 교사의 목적이 뚜렷하게 나타나 있는 문항일 수도 있다. 이를테면, 다음 문항을 보아라.

- 500kg인 곰과 줄다리기를 하려 한다. 자기가 속한 반 학생들 중에 곰과 같은 몸무게가 되도록 많은 학생을 선정하려 한다. 최대 몇 명까지 고를 수 있는가?
- 학생 A는 ○○학교로부터 3km 떨어져 있고, 학생 B는 그 학교로부터 8km 떨어져 있다. 학생 A는 학생 B로부터 몇 km 떨어져 있는가?

이러한 문항을 만들고 학생들의 성취도를 측정하려 하는 교사는 열린 문항(open end)을 선호하면서 학생들의 추론, 비판적 생각, 창의성 등의 능력을 중요시하는 교사이다. 그러나 보통의 교사는 질문이 뚜렷한 단답형을 중요시하게 생각한다. 다음 문항을 보라.

m이 양의 정수이고 직선 $13x+11y=700$이 $y=mx-1$의 직선과 정수인 순서쌍으로 만날 때 m은 몇 개 있는가?

이 문제는 문제조건이 모두 있어서 학교에서 선호하는 문제타입이다. 우선 $y=mx-1$을 식에 대입하여

$$x=\frac{711}{13+11m}=\frac{3^2\cdot 79}{13+11n}$$

를 얻는다. x가 정수이므로 분모가 분자를 나누어야 한다. 가능하게 나눌 수 있는 것으로는 1, 3, 3^2, 79, $3\cdot 79$, $3^2\cdot 79$이고 다음과 같은 m은 찾아야 한다.

$$13+11m=d,\quad m=\frac{d-13}{11}$$

여기서 d는 나눌 수 있는 수이다. $m>0$, $d>13$이므로 계산을 하면 $m=6$ 한가지이다.

이러한 문항은 기말고사의 가장 어려운 문항으로 분류되며, 때로는 수능과 같은 모의고사 수준에서 학생들의 변별력을 위해 사용된다. 이러한 문제는 학생들의 분석력과 통합력을 길러주는 자료가 되며 수학개념들의 밀접한 연결을 중시하는 것들이다.

- 다음 문제를 풀어라.

$$x>0,\ y>0\text{이면 }\frac{x}{y}+\frac{y}{x}\geq 2$$

- 그림과 같이 한 변의 길이가 1인 정육각형의 각 변을 똑같은 길이(길이 1) 만큼 연장하여 얻는 큰 정육각형의 넓이는 처음의 몇 배인가?

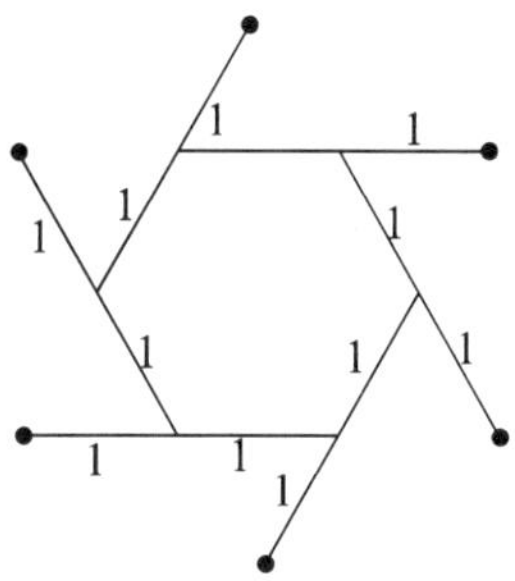

- 그림에서 선분 AE는 직사각형 $ABCD$를 두 부분으로 나눈다. 이들 넓이의 비는 1 : 6이다. 비 $\overline{EC}:\overline{BE}$를 구하여라.

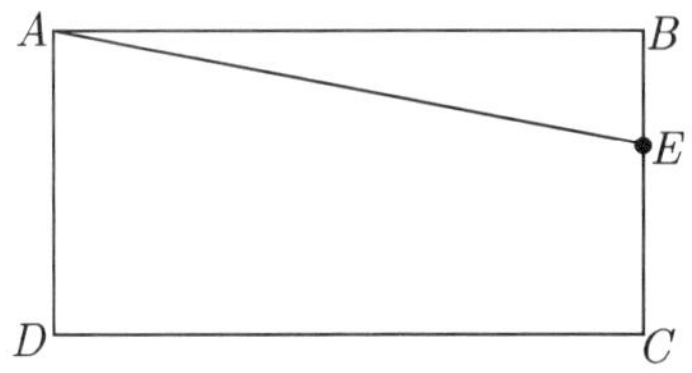

• 두 수의 합이 8이고 각수의 3제곱의 합 20이다. 각 수의 제곱의 합은 얼마인가?

앞에서는 높은 수준의 테스트 문항으로 일반화, 모델의 수정, 의사소통, 반영화를 들지만, 열린 문항은 난이도 면에서 가장 높은 수준일 수 있다. 다시 열린 질문으로 돌아가 다른 나라의 예를 잠깐 들어보자.

조경업자는 예전에 3000개의 크리스마스트리를 밭에 심었는데, 크기를 S는 1000개, M은 1000개, L은 1000개로 나누었다. 년 초에 시장에 내놓으면 S의 가격은 0원이고, M은 한 개당 $10, L은 한 개당 $25. S, M, L은 모두 크리스마스 전까지 죽지 않고 잘 자란다.

이 조경업자의 경험으로는 크리스마스까지 S, M, L이 각각 얼마나 자라는지 알 수 있다.

• S의 40%는 M(중간크기 나무)으로 바꾸고
• M의 20%는 L(큰 나무)로 바꾼다.

그는 여러 고민을 한다. 지금 잘라서 싸게 파는 것이 좋은지 아니면, 크리스마스까지 그대로 놓아 그때 파는 것이 좋은지 잘 모른다. 따라서 3가지 전략을 생각한다.

(1) 1년 후(크리스마스 날)에 M과 L을 잘라 팔고, 나무를 심어 각각 1000개의 나무로 보존한다.
(2) 2년 후(크리스마스 날)에 M과 L을 잘라 팔고, 나무 S를 심어 원상 복귀시켜 각각 1000개의 나무로 보존한다.
(3) 1년 후(크리스마스 날)에 L만 자르고 자른 수만큼 S를 심고, 다음 해(2년 후 크리스마스)에 같은 과정을 반복한다.

위의 3가지 전략 중 가장 큰 이익을 가져다주는 전략은 어느 것인지 설명하여라. 또, 어떻게 계산했는지 여러 사람의 결과를 비교하여라.

이 문제에서 느낀 것처럼 열린 문항(문제)은 올바른 답을 많이 가지고 있고, 아울러 올바른 해에 접근하는 다양한 해법을 가진 문제를 말한다. 때때로 해법을 논할 때 열린 접근이라는 용어를 쓰는데 이 말은 '문제해결의 과정에서 새로운 것을 경험하는 것'으로 정의한다. 열린 문항을 해결할 때 학생들은 그들의 풀이과정을 보이면서 어떻게 이 문제를 풀었는지, 왜 이러한 풀이방법을 택했는지 설명한다. 따라서 열린 문제해결의 수업활동 또는 측정·평가활동은 매우 발전된 수업 또는 난이도 상의 측정·평가활동이라 말할 수 있다. 수업 또는 평가의 장점으로 다음이 논의되었다.

(1) 학생들은 수업에 더 능동적으로 참여하고 자신의 문제해결 아이디어를 활발하게 표현한다.
(2) 다양한 해법들 중에서 자신의 것을 찾아야 하기 때문에 학생의 지식과 기능을 더욱 완전하게 이해한다.
(3) 모든 학생들이 자기에게 의미있는 방법으로 문제에 답하려 한다.
(4) 학생들은 자기 스스로 발견의 기쁨을 맛보며, 추론의 경험을 얻는다. 사실 열린 문제를 해결하는 일은 혼자하기보다 친구들과 어울려 토론을 해야 하므로 이 과정에서 자기 아이디어를 논리적으로 발표한다든지, 다른 학생의 아이디어로부터 동기유발이 일어난다든지 또는 수학적인 생각을 많이 하는 경향이 있다.

그러나 이러한 장점에도 불구하고 수업하기 어려운 과제이며, 학생들이 자주 사고활동을 멈추는 경우가 많다. 열린 문항으로 다음을 주장하는 사람도 있다.

다음 질문에 답하는데 좌표용지를 사용한다. 가능한 여러 답을 생각하여라.
1반에 소속된 학생 A가 다른 반에 있는 친구 B에게 전화통화로 그림과 같은 직각삼각형을 그리게 명령한다. 전화통화로 어떻게 유도하는가?

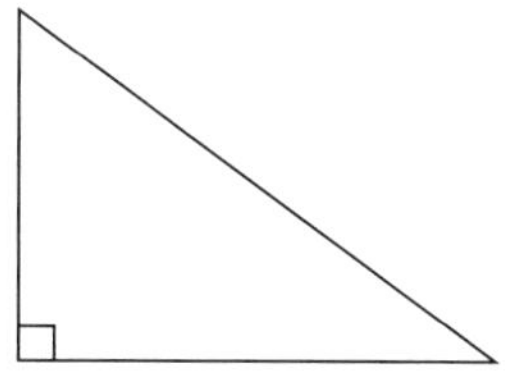

또 어떤 개념형성을 위한 문맥을 도입했는지 서로 이야기하여라.

지금까지는 문항의 수준을 주로 문항 구조의 복합성을 가지고 이야기했는데 문

항의 낮은 수준, 중간 수준, 높은 수준을 결정하는 데는 문맥의 관련도 있다. 문맥은 학교 수학에서 매우 중요한 문제의 구성요소로 '$2+4=6$'을 실생활 또는 적당한 수학적 문장을 사용하여 문제해결적인 상황을 만들어가는 것이다. 즉 "영희는 2개의 사과를 첫날에 언니로부터 받았고, 다음날에는 오빠로부터 4개의 사과를 받았다. 모두 몇 개를 받았는가?"이다. 학교 수학에서 이러한 문맥을 문제 구성에 도입하는 이유는 학생들이 실생활에서 경험하는 문제는 문맥이 들어가 있는 형태이기 때문이며, 이러한 형태는 학생들이 일생을 살아가는데 필요한 수학적 표현을 연습하는 것이기 때문이다. 어른이 되어 직장생활을 할 때도 이들은 "2 더하기 4는 얼마인가?"와 같은 문제는 보지 못한다. 또 대학에 가서도 수학을 응용하는 전문지식은 모두 문맥을 포함한 문제 형태로 제시된다. 말하자면 문맥은 학생과 사회를 연결해주는 다리이며, 수학적 사고가 일어나는 체험의 장을 마련해준다. 지금부터는 이점에 대해 논의해보자.

문맥의 역할 – 문제는 알맞은 수학내용에 장면을 곁달아 만들어 지는데, 이러한 장면이 어떻게 기술되어 있느냐에 따라 학생들의 개념교육 또는 문제해결에 영향을 준다. 보통 학교에서는 실세계에 관련된 문맥을 이용하여 문제를 기술한다. 이들 실세계에 관련된 문맥은 수학적 개념과 아이디어를 개발하는데 시작점으로 이용한다. 다음 문제를 보고 문맥은 어떤 수학적 개념을 이끌어가는 원천인지 조사하여보자.

> 이웃에 살고 있는 형이 학교를 향해 분속 40m로 걸어간 지 30분 후에 내가 자전거를 타고 분속 250m로 학교를 향해 출발했다. 결국 두 사람은 학교정문 입구에서 만났다. 이웃집 형이 학교까지 몇 분에 갔는가?

> 이러한 문맥은 교육과정에서 여러 가지 역할을 한다.

개념형성 – 학생들은 수학개념(예, 함수)을 얻을 때 문맥은 자연스럽게 개념에 그들이 접근할 수 있게 기회와 동기를 부여한다. 예를 들면 분수개념을 도입하기 위하여 4등분이 된 피자 장면을 이용하지 않고서는 개념형성이 되지 않는다.

> 함수 $f(t)$는 어떤 지역에서 시간 t에 소나무 해충의 개체수를 나타낸다. 여기서 그래프는 $f'(t)$를 나타내고 있다. 또 이 속에서 계산활동은 훨씬 의미가 있다. $f(0)$일 때 500마리의 해충이 있었다고 한다.

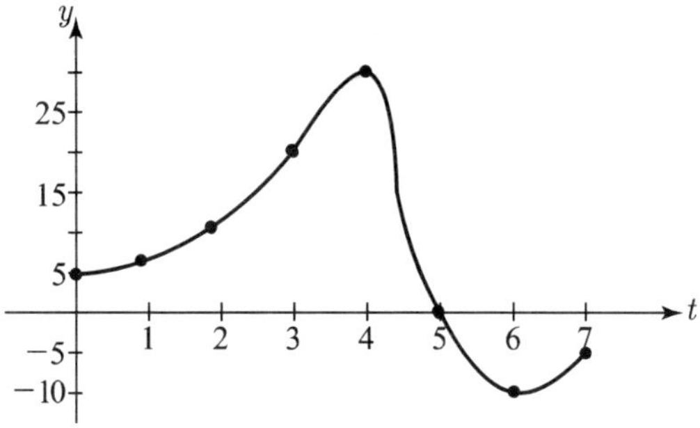

(1) $f(1)$의 값을 어림하여라.

(2) 앞의 결과를 이용하여 $f(2)$의 값을 어림하여라.

(3) 마찬가지로 $f(3)$, $f(4)$, $f(5)$, (6), $f(7)$을 어림하여라.

이 질문에 답을 하다 보면 $f(t)=2t+10$에서 $f(1)$, $f(2)$, $\cdots$를 구하는 것보다 계산의 의미를 찾을 수 있고 수학을 배우는 재미를 얻을 수 있다.

모델형성 – 개념형성과 마찬가지로 자료로부터 규칙(예, 일차함수 $y=ax+b$), 연산, 절차과정, 기호 등을 만들 때는 문맥이 필요하다. 왜냐하면 모델을 만들기 위해서는 이를 수행하기 위한 사고를 해야 하고, 이 사고는 이들 자료로부터 나오기 때문이다.

실세계에서 문맥을 이용하여 모델링하는 과정을 조사하여라. 다음은 김○○씨가 자신의 집에서 사용한 에너지양이다.

12월	1월	2월	3월	4월	5월	6월	7월	8월	9월	10월	11월	12월	1월
14.3	24	20	18	16	9	4	5	1.7	5	4	5	17	14

좌표평면에 점을 찍어보면 정확한 수학적 모델은 없지만 매우 근사적으로 다음과 같은 모델을 이용한다.

$$\frac{y-k}{b}=\sin\left(\frac{x-h}{a}\right)$$

여기서 $2\pi|a|$는 주기, $|b|$는 곡선의 높낮이, h는 수평적 이동, k는 수직적 이동을 나타낸다. 따라서 위 상황에 맞게 a, b, h, k를 어림해야 한다. 위의 데이터를 좌표평면에 찍어보고 다음 값에 해당하는 그래프를 대강 그려 비교하여라.

$$y=11.356\sin(0.476x+1.219)+12.685$$

응용 – 개념, 규칙 등의 응용은 실세계 또는 수학적 과제에서 자주 일어난다. 개념의 응용없이는 개념을 이해할 수 없기 때문에 모든 교과서에서는 단원이 끝날 무렵 개념의 응용문제를 소개한다.

개념적 이해는 그 개념이 응용장면에 관련되어 있을 때 개념적 이해과정으로 들어간다고 한다. 실제 개념이해를 "알고 활용하는 것"으로 정의하는 학자가 있다. 다음 문제 장면에서 개념적 이해에 해당하는 개념은 무엇인지 생각해보자.

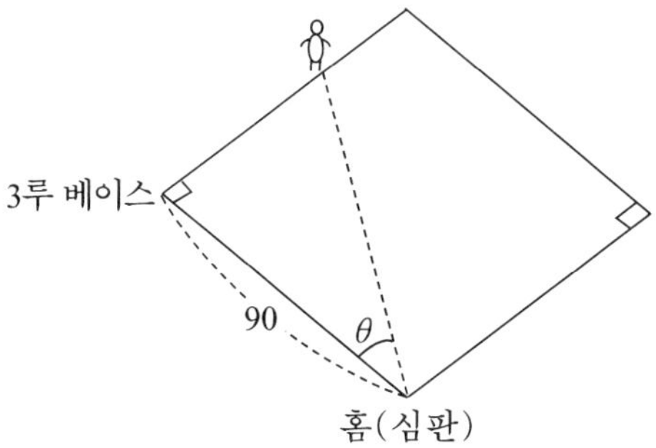

위 그림은 잠실야구장 다이아몬드형을 나타낸 것이며, 한 변의 길이가 90(피트)이고 주자가 2루 베이스에서 3루 베이스로 달리고 있다. 홈에 있는 심판이 주자를 보는 각도 θ가 그림과 같다. 주자가 1초당 24피트의 속도로 3루 베이스로 달리고 있으며 주자가 3루 베이스에서 30피트인 지점에 있을 때 θ는 얼마나 빨리 변하는가를 알아보는 야구에 관련된 문맥을 가진 문항이다. 이 상황은 미분의 개념을 이해하기 위한 친근한 문맥이다.

물론 수학적인 개념, 규칙, 기호 등을 측정·평가하기 위해 문맥을 이용한 문항을 자주 사용한다. 개념형성을 측정하기 위해서는 문맥을 이용한 문항을 제시해야 한다. 이를테면,

> 국제전화를 ○○국에 거는데 1분에 30원, 50원인 두 종류의 전화가 소개되었다. 각각 x분, y분 통화해서 총요금이 1600원이었다. 이를 x, y에 대한 올바른 일차방정식은?

에서 국제전화에 관련된 문맥은 일차방정식을 이해한 학생의 능력을 측정하는 데 사용되었다. 이와 같이 문맥은 개념형성이나 개념적 수학화를 하는 매우 필요한 소재이기 때문에 자연히 이를 중요한 수학적 개념 형성 또는 수학화를 측정하는데 문맥으로 구성이 된 문항을 자주 사용한다. 문맥과 관련시켜 문제를 분류해 보자.

문맥이 필요없는 문항 – 학생들은 문맥없이 계산 형태로 제시하는 문항을 좋아하는 경향이 있다. 왜냐하면 문맥으로 주어진 문장을 해석할 필요가 없기 때문이다.

$x-y>x$, $x+y<y$일 때 다음 중 어느 것인가?

① $y<x$, $x<y$ ② $x<y<0$

③ $x<0$, $y<0$ ④ $x<0$, $y>0$

문맥이 필요한 문항(문장제) – 교과서에서는 긴 문장으로 문제 장면을 기술하고, 학생들은 문제를 읽는 능력을 개발하여 문장제의 구조를 파악하고 정보를 읽어내어 질문에 적절한 대답을 하도록 유도한다. 다음 두 상황을 보자.

(상황1) 우리가 살아가면서 어떤 종류의 문제(문항)를 자주 대할까? 어른이 된 후 직장 생활에서 어느 날 직장상사가 ○○에게 다음을 풀어서 2일 후 발표를 하라고 말할까?

$$\frac{4^x}{2^{x+y}}=8,\ \frac{9^{x+y}}{3^{5y}}=243,\ x\in R,\ xy=?$$

또는 다음과 같은 상황을 해결하여 발표하라고 할까?

(상황2) 한 달 후면 우리 회사 제조공정에 포장기계 몇 대를 사서 각 라인공정에 하나씩 놓고 직선 모양으로 만들어진 각 공정에서 만들어진 제품을 포장기계로 운반하여 제품포장을 자동적으로 한 다음에 지게차로 실어 밖에 있는 트럭에 운반하려 한다. 포장기계를 어디에 설치하는 것이 효율적인지 조사하여라.

위의 두 문제는 수학에 관련된 문제이면서, 이들 문제를 푸는 지식이 어떤 것인지는 다르게 보인다. 처음 문제는 일생동안 살아가면서 고등학교에서 잠깐 경험하고 이후로는 거의 보지 않는 연습이고, 후자는 대학 또는 실생활에서 경험할 수 있는 소재이다. 특히, 후자는 문맥을 분석하고 의사결정하는 수학적 과정이 많이 있어 많은 학생들이 좋아하지 않는 문장제이다. 이와 같이 문장제는 우리가 살아가면서 실세계에서 흔히 겪는 수학적인 문제이다. 물론 더 기하적인 소재이면서 실생활에서 볼 수 없는 문장제도 많다. 이를테면,

> 포장이 잘된 도로에 수직선을 긋고 친구와 함께 확률게임을 한다. 원점에 위치해 있는 점 O는 동전 1개를 던져 앞면이 나오면 양의 방향으로 1만큼, 뒷면이 나오면 음의 방향으로 1만큼 이동시킨다. 동전을 4번 던진 후 점 O의 위치가 -3에 올 확률은?

그런데 중학교 2학년이 푸는 이 문제는 실세계의 자료가 아닌 인공적으로 만든 자료이다. 또, 가공적이면서 실세계 문제처럼 보이는 것이 교과서에 많다. 이러한 문제는 실제 세상에서 일어난 자료에 근거를 두지 않고 문제를 만드는 사람이 상식적으로 데이터를 만든 것으로 수학적인 문제이지 실생활 문제는 아니다. 다음 문제도 책상 위에서 가공적으로 만든 문장제이지만 학생들의 상황 해석을 돕기 위해 흔히 사용하는 문항이다.

> 어떤 건물의 높이를 재기 위하여 건물의 그림자 끝점 A에서 1.9m 떨어진 지점 B에 길이가 1.8m인 막대를 세워 그림자의 끝이 건물의 그림자의 끝과 일치하게 하였다. 막대와 건물 사이의 거리가 4m일 때, 건물의 높이는?

실세계에서 직접 얻은 실제 데이터로 만든 문제가 학생들에게 좋은지 또는 가공적인 수학문제가 학생들에게 좋은지는 지금도 논쟁의 중심에 있으나, 수학교육에 참여하는 많은 전문가들은 학교에서 수학교육을 강조하는 이유는 학생들이 지적이고 건전한 사고를 지닌 민주시민이 되기 원하기 때문이라고 본다. 따라서 학생들은 장래 사회생활 속에서 경험할 수 있는 많은 문제 또는 과제를 미리 해결해 보아야 한다. 공해문제는 매일 겪는 심각한 사회적 문제이며, 건강과 질병이란 문제는 모든 학생의 가정에서 겪는 문제로 이들에게는 많은 돈이 관련되어 있다. 어떻게 효율적으로 질병예방과 치료를 생각할까 는 학생들에게 시급한 것이고, 이들 문제는 곧 수학시간의 좋은 연습소재일 수 있다.

그런데 문제는 교실에서 주어진 시간에 완벽하게 실제 일어날 수 있는 조건을 갖춘 실생활 문제를 찾기 힘들다는 점이다. 필자가 속한 학과의 3학년 학생이 다음 문제를 실생활 문제(또는 과제)로 보아 마이크로 수업을 하겠다고 제안하였다.

> 춘천시내 지하상가에서 ○○옷가게 주인은 올여름에 유행할 T셔츠를 도매점에서 구매하려고 한다. 전화로 알아보니 춘천도매상에서는 하나에 3만 원이나 하고, 서울 동대문 상가에서는 2만 5천원이라고 한다. 이 주인은 서울에서 구매하는 것이 옳을까? 또는 춘천에서 구매하는 것이 옳을까?

이 문제는 실제 상가주인과 인터뷰한 후에 대화내용을 약간만 수정하여 제시했기 때문에 거의 실생활 문제라고 해도 좋다. 그러나 교실에서 이 문제 장면을 제한된 수업시간에 부족한 정보를 더하여 문제로 만드는데 많은 어려움이 교사에게 있다. 이런 문제 장면은 학생들이 민주시민으로 살아가는데 필요할 수 있다.

이와 같이 교실에서 실생활 문제도 수업을 한다는 것은 어려움이 많다. 다른 한편에서 생각하면 다음과 같은 문제가 더 중요하다는 사람들이 많다. 이를테면,

> 두 수 a, b는 집합 $S=\{1,\ 2,\ 3,\ \cdots,\ 100\}$에서 무작위로 선택된다. 합 3^a+7^b의 일의 자릿수가 8일 확률을 구하여라.

이 문제는 실생활 문제와 거리가 멀다. 2학년 학생은 상당히 많은 시간을 풀이에 이용해야 한다. 이미 수학내용은 다 배웠지만 어떤 원인에 의하여 풀이가 지연된다. 이 문제를 푸는데 다음과 같은 절차를 따라야 한다.

- $3^1,\ 3^2,\ 3^3,\ 3^4,\ \cdots,\ 3^{100}$의 값을 계산하고 끝자리를 관찰한다.
- $7^1,\ 7^2,\ 7^3,\ 7^4,\ \cdots,\ 7^{100}$의 값을 계산하고 끝자리를 관찰한다.
- 위의 두 수의 합 3^a+7^b를 계산하고 그 수의 끝자리가 8인 경우가 모두 몇 가지인가를 조사한다.
- 전체 경우의 수를 조사한다.

이러한 종류의 풀이과정에서 학생들은 패턴을 조사하는 능력, 문제의 조건에 알맞게 상황을 정리하는 능력 등등을 경험한다. 이 능력은 우리가 살아가는데 필요할까 라는 의문이 든다. 결론적으로 있다는 것이다. 많은 평가전문가들이 고등정신능력(문제해결, 비판력, 창의력 등)을 측정하는 문항을 교사들이 만들 것을 주문한다. 다음 문제 장면을 학생들에게 물어보자.

> 명희는 5천원을 주고 땅콩을 샀으며, 수경이는 땅콩을 0.5kg 샀다. 누가 더 많이 샀는가?

어떤 학생이 망설이면서 "제가 답을 말할 수 있습니다."라고 손을 들었다. 교사가 말할 기회를 주자. 그(그녀)는 다음과 같이 말했다.

땅콩 0.5kg의 가격이 2500원이면 명희는 수경보다 2배 더 샀습니다.

우리는 교사로서 이 학생을 어떻게 대해야 할까? 교실에서는 학생들이 자주 도

전적인 문제를 풀기를 원한다. 그런데 이 도전정신은 인간이 살아가는데 없어서는 안 될 중요한 정신활동이다. 학생들이 나중에 과학자, 의사, 상인 등 어떤 직종에 종사할 때 꼭 필요한 것이다.

따라서 이러한 경험을 학교에서 주는 것은 당연한 교육적 활동이며 실생활 소재이든 아니든 적당한 소재가 발견되어야 그 교육이 이루어진다. 교사는 교실의 약점을 충분히 이해해야 한다.

초등학교로 갈수록 실생활에서 일어나는 실제 문제를 취급하는 것이 바람직하나 실제 문제를 구하기 쉽지 않다. 다음 소재를 보자.

- 마트에서는 새로 출시된 아이스크림을 컵 모양, 콘 모양, 막대 모양으로 판매한다. 10개를 사려면 컵 모양 2개, 콘 모양 3개, 막대 모양 5개를 살 수 있다. 70개를 사려면 어떻게 섞어서 사야 할까?
- 지도를 보고 남한의 각도의 넓이를 대강 계산하여라. 가장 큰 넓이를 가진 도는?
- 영희는 ○○출판사를 방문하고 거대한 종이더미를 발견했다. 종이 한 장의 두께를 어떻게 계산해야 할까?

이 문제는 각각 문맥을 가지고 있고 실제 생활 속에서 자주 경험할 수 있는 소재들이다. 또, 학생들에게 정도의 차이는 있지만 열린 질문(열린 문제)이 제시되었다. 그러나 이 문제는 실생활에서 의미있게 제기되는 소재는 아니다.

NCTM에서 ○○시의 교통담당자가 고민하는 시내주차장의 확대설치와 같은 절실한 문제 장면은 아니다. 그렇지만 약간의 인공적인 소재와 생각이 넘었지만, 이런 문제의 풀이는 학생이 장래 실세계를 살아가는데 큰 도움을 줄 수 있다. 다시 말하면, 실생활 문제를 거리로 생각하여 진짜 실생활에서 일어난 문제에 가까운 곳에 위치하든지 상당히 먼 곳에 위치해 있든지를 보아야 한다. 학생들에게 소재를 통해 깊고 다양한 생각을 하도록 하는 문제 장면이 우리에게는 필요하다.

다음 문제는 서로 다른 문맥을 이용한 것이다. 문제를 해결하여라.

- 그림은 정삼각형이 정사각형의 내부에 내접한 것이다. 정삼각형의 한 꼭짓점은 정사각형의 한 꼭짓점과 공통이다. 넓이의 합에 대해

$$a + c = b$$

  임을 설명하여라.

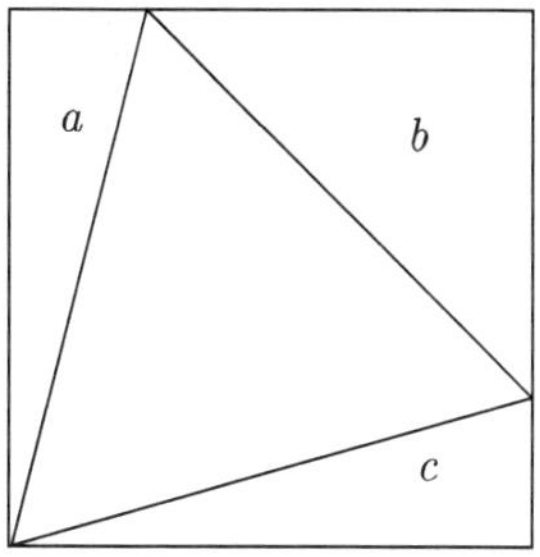

• 직사각형 3×4의 두꺼운 종이를 두 가지 방법으로 말아서 원기둥을 만든다. 부피의 비를 말하여라.

• 큰 옷상자 안에 빨간 양말 A와 푸른 양말 B가 섞여 있다. 많아야 2000개라 추정된다. 두 개의 양말이 비복원으로 무작위로 선택이 될 때 짝$(A,\ B)$ A와 B 순서가 나올 확률은 $\frac{1}{2}$이다. 빨간 양말의 개수는 가능한 최대 몇 개인가?

요약해서 말하면 문맥은 학교 수학에서 학생들의 수학적 사고가 왕성하게 일어나게 하는 또 의사소통의 장을 마련해주는 중요한 문제 구성의 요소이다. 문맥은 실생활에 관련된 상황을 제시하기도 하고 실생활과 관련이 없는 가공적인 수학적 상황을 제시하기도 하지만 모두 수학적 사고활동의 장으로 유익하게 활용이 된다. 특히 상황인지에서는 문맥을 학교 수학의 핵심으로 생각한다(Lave, 1993). 상황인지에서는 수학과수업은 항상 사례, 문제 상황, 엉성하게 정의(ill-defined)한 질문, 프로젝트 등으로 시작해야 한다고 말한다. 교사는 학생들이 이러한 활동을 하는 동안 능동적으로 정보와 지식을 배우기를 원한다. 이제는 정보를 대하는 일이 실사회를 살아가는데 피할 수 없는 생활환경으로 변했다.

어떤 학생이 트럭에 대단히 흥미가 있다면 트럭을 생산 활용하는 산업 현장에 수학을 활용하는 상황을 창출한다(Schank, 1997). 뿐만 아니라 이를 상황에서 정보와 자료를 수립하고 조직하는 활동이 있으면 더욱 좋다. 이를테면, 과학자가 지진을 예측하는 상황이라면 건물, 땅 등에 관련된 자료를 모으면서 수학적 아이디어가 접목이 되고 믿을 만한 구성 자료가 된다. 물론 상황인지론자들은 다음과 같이 수학적 상황이 문장제로 복잡하게 표현된 문항을 선호하지는 않지만 이들 이론가들도

$\overline{AB}=2$, $\overline{BC}=1$, $\angle B=90°$인 직각삼각형 ABC가 있다. 변 AB를 n등분한 점을 B_1, B_2, $\cdots$, B_{n-1}이라 하고, 각 점에서 변 BC에 평행한 직선을 그어 변 AB와 만나는 점을 C_1, C_2, $\cdots$, C_{n-1}이라 하자. 이때 다음 값을 구하여라.

$$\lim_{n\to\infty}\frac{2\pi}{n}\sum_{k=1}^{n-1}\overline{B_kC_k}^2$$

와 같은 수학적 상황만으로 된 문제가 나쁘다고는 생각하지 않는다. 다만 이들 문제가 수학적 사고를 길러주는데 좋은 것이지만 실생활에서 일어나는 역동적인 과제를 해결해주는 데는 큰 도움이 되지 않는다는 것이다.

제 3 장

수학과 테스트 문항의 발전

3.1 테스트 문항의 발전

(1) 테스트의 문항질문

문항을 만들 때 여러 정보와 계산기, 컴퓨터와 같은 도구를 선택한 후 어떤 질문이 가장 적절한지 고심한다. 질문은 학생들의 기능, 이해, 문제해결, 추론과 같은 교과내용을 가장 적절하게 표현해야 한다. 단순한 질문 "~을 풀어라", "~을 계산 하여라" 등은 학생들로부터 얻으려 하는 목표를 자세하게 표현하지 못한다. 다음은 전문가들이 결정한 문항이다. 이 질문에서 얻으려 하는 목표는 어느 것인가?

- 2진법인 수 N은 1000이다. 마찬가지로 2진법으로 써진 수 중에 N 바로 앞에 오는 수는 어느 것인가?

① 10001 ② 10010
③ 10011 ④ 10110
⑤ 10111

- 두 점 $P(-1, -2)$, $Q(4, 2)$가 좌표평면에 있다. 점 $R(1, m)$이 거리 $PR+RQ$가 최소가 되는 위치에 있다. m은 다음 중 어느 것인가?

① $-\frac{3}{5}$ ② $-\frac{2}{5}$
③ $-\frac{1}{5}$ ④ $\frac{1}{5}$

이들 문항을 보면 앞의 문항은 계산적인 것으로 학생들이 이진법을 바르게 이해해서 계산을 정확히 하는 것에 관련이 되었고, 두 번째는 계산이 목표는 아닌 것 같다. 기하학적인 상황을 빌려 학생들의 문제해결에서 문제분석(또는 문제구조파악)에 관련된 정신활동을 측정하는 것 같다. 이해하고 기억해야 할 개념은 최소거리, 세 점이 놓인 직선, 직선의 기울기이며, 이들 중 가장 중요한 것은 최소거리와 직선의 기울기일 것이다. 우수학생(고1)에게 풀어보게 한 결과, 정확히 두 가지 개념이 이 문제해결에 적합하다는 의견을 제시했다.

$PR+RQ$가 최소가 되는 방법은 P, Q, R이 한 직선에 있어야 함으로

$$\frac{m-(-2)}{1-(-1)}=\frac{2-(-2)}{4-(-1)},\quad m=-\frac{2}{5}$$

이 된다.

문항출제자가 강조하는 질문을 통해 그들로부터 어떤 목표를 얻으려 하는지 쉽게 이해할 수 있다. 이 경우 출제자는 이해문항의 차원을 넘어 여러 개념의 이해를 바탕으로 문제해결의 전략을 생각하도록 유도하고 있다.

두 문항에서 살펴본 바와 같이 문항의 질문은 수학 자체의 고유한 성질을 반영함은 물론이고, 이해하기, 생각하기, 수학적 연결을 요구하는 문제해결, 좀더 나아가 학생 자신의 생각을 모니터링하는 활동을 강조해야 한다. 이를 좀더 구체적으로 설명하면 다음과 같다.

가. 질문은 학생들의 단순한 사실기억, 알고리즘의 수행과 같은 과제를 넘어 그들의 생각, 이해, 문제해결 등을 측정하도록 발문해야 한다.

나. 질문은 수학적인 여러 개념과 실세계를 내적연결하는 능력을 측정하도록 발문해야 한다.

다음은 이해문항이다. 문항 속에 있는 개념을 열거하고 이들 개념을 묻는 적절한 질문을 말하여라.

(1) 다음 함수 f'의 그래프이다.

(a)

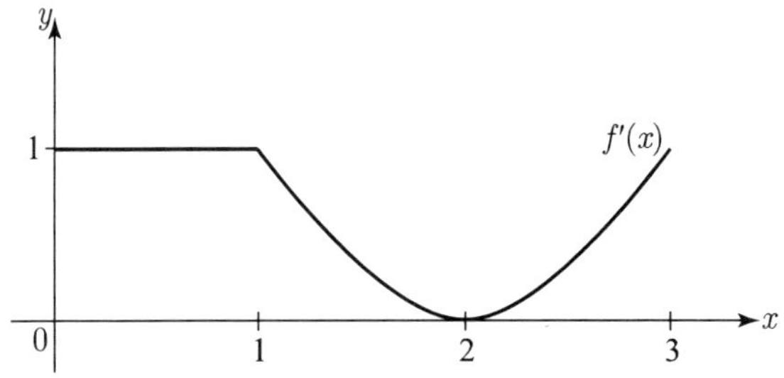

(b)

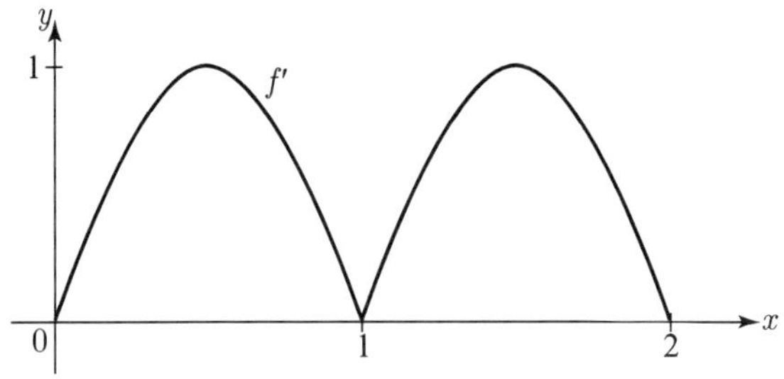

(c) (a)에서 함수 $f(0)=-2$이다. 함수 f의 그래프를 대강 그려라. (b)에서 f''의 그래프를 대강 그려라.

(2) 다음 그래프는 함수 f에 대한 f'의 그래프이다.

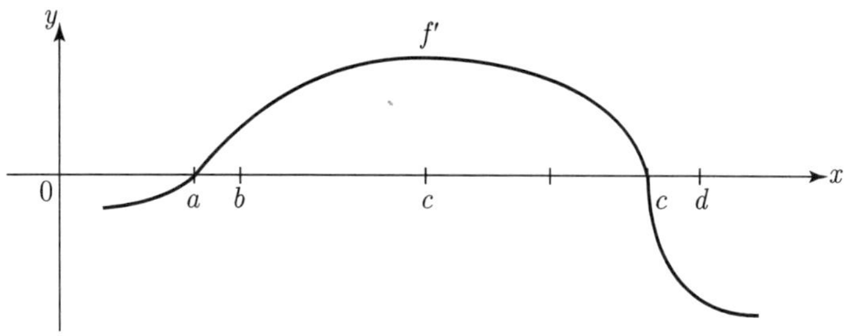

다음 각 항에 해당하는 것을 a, b, c, d, e 중에서 골라라.

(a) 함수 f가 가장 큰 값을 가진다.

(b) 함수 f가 가장 작은 값을 가진다.

(c) 함수 f''가 가장 큰 값을 가진다.

(d) 함수 f''가 가장 작은 값을 가진다.

또 재미있는 질문을 하나 만들어라.

위의 두 가지 조건은 질문이 가지는 보편적인 성질을 말한다. 학교의 성취도 검사는 이 두 사항을 매우 중시해 왔다. 종전의 학력 또는 수능고사에서도 두 가지 조건을 만족하는 질문이 주가 되었다.

다음은 학교에서 흔히 볼 수 있는 두 문제 장면인데 알맞은 질문을 위의 기준에 의하여 생각하여라.

(상황1) 두 물체 A, B는 점 O에서 직교하는 각 직선 모양의 철로를 달린다. 속도는 항등속도이며 A가 점 O에 있을 때, B는 O로부터 500m 전에 철도 위에 위치해 있다. 2분 후에는 A는 O를 지나 어느 지점에 있고 B는 O에 접근하고 있는 지점에 있고, 점 O에서 두 물체 A, B 사이 거리, 즉 $\overline{OA}$와 $\overline{OB}$는 같다. 또, 8분 후에도 $\overline{OA}=\overline{OB}$이다.

이 문제 장면을 이해하기 위해서는 속도개념을 알아야 하며, 이 개념에 관련된 간단히 기능, 방정식 세우기가 연결되어야 한다.

(상황2) K는 다음 3개 직선 또는 곡선에 의하여 둘러싸인 넓이이다.

① x축

② 직선 $x = 8$

③ $f = \{(x,\ y) \mid y = x\ (0 \le x \le 5),\ y = 2x - 5\ (5 \le x \le 8)\}$

이 문제는 실세계와 수학을 연결하는 문제 장면은 아니고, 첫 번째 조건을 만족할 수 있는 것으로 학생의 여러 수학적 생각, 이해, 문제해결의 지식을 측정할 수 있는 문제로 생각할 수 있다. 위의 포괄적인 두 가지 조건 외에 국소적으로 질문은 다음 조건을 만족해야 한다.

테스트 문항의 질문은 학생들이 어떻게 학습하는가 를 반영해야 한다. 즉 이해를 의미하며, "어떻게 학습하는가?"는 종전의 해석과 약간 다르다. 학생들은 활동적인 학습자로써 수업 중에 그들 자신의 의미(meaning)를 창출한다. 학습에 대한 이러한 해석은 질문이 다음과 같은 성격을 가지게 한다.

(1) 문항의 질문은 문제 장면적이며 실세계 응용의 성격을 띠어야 한다.

(2) 문항의 질문은 여러 수준의 학생들이 답변할 수 있도록 구성이 되어야 한다.

(3) 문항의 질문은 그들이 문제를 탐구하도록 의미를 주어야 한다.

(4) 문항의 질문은 오직 하나의 대답을 요구하기보다는 다양한 대답을 생각할 수 있게 동기유발적이어야 한다.

다음 문제를 풀어라. 또, 문항에 있는 질문은 질문의 조건을 만족하는가?

(1) 정사각형 모양의 방 구석에 그림과 같이 원형의 탁자가 양쪽 벽에 접해 있다. 원 위에 있는 점 P는 두 벽에서 각각 8, 9의 거리에 있다. 원 모양 탁자의 반지름을 구하여라.

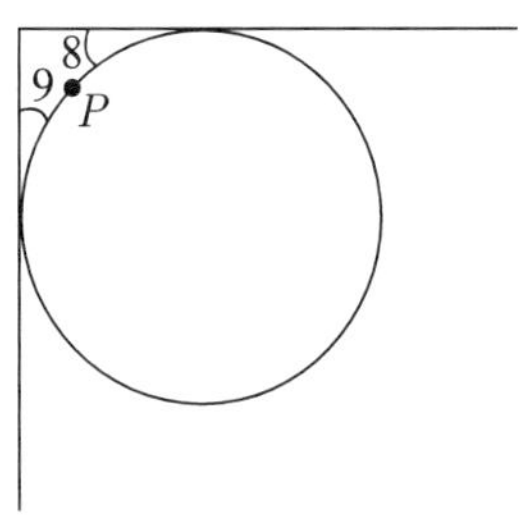

(2) 그림은 큰 원은 수직인 두 직선에 의해 4등분되고, 이들 중 한 부분에 작은 원이 호, 수직인 직선, 수평인 직선에 접해 있는 것이다. 큰 원의 넓이에 대한 작은 원의 넓이의 비를 구하여라.

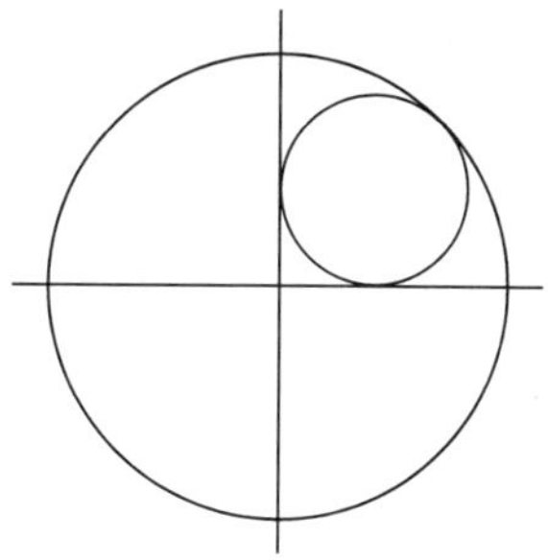

마침 호니크(honig, 1985)가 이러한 질문기법에 알맞은 보기질문을 개발하였다. 그는 위의 조건 (1), (2), (3)을 만족하는 문항을 "파워문항"이라 칭하고, 학교 수학에 알맞은 질문을 개발하였다.

일반적으로 교실에서는 방정식을 주고(예, $2x+4=10$) x를 구하라고 질문을 던진다. 그러나 이러한 질문은 너무 단순하고 위 문항의 조건에도 맞지 않는다. 다음 질문에서 학생들은 실세계 문제에 대한 수학화로써 대수적 표현을 바라보도록 요구한다.

(질문) 다음 중 어느 문장제가 방정식 $x+2=28$로 풀려질 수 있는가?

① 학기 초 A반 학생들은 28명이었다. 학기 중간에 2명이 더 합류를 했다. 이때, A반 학생들 모두 몇 명인가?

② 희영이는 자기가 소유하고 있는 책에 2권을 더했다. 그후 책을 모두 세어보니 28권이었다. 원래 몇 권의 책을 가졌는가?

③ 영수의 통장에는 12단위의 돈이 저축이 되어있다. 1주일 후에 2단위의 돈을 다시 입금시켰다. 그동안 출금, 입금된 액수는 없었다. 현재 얼마의 돈이 그의 통장에 있는가?

④ 철수는 시간당 21km의 속력으로 28km를 자전거로 달렸다. 그는 얼마 동안 탔는가?

위의 질문(문항)은 특히 조건 (1), (2), (3) 중 어느 것을 가장 만족시키는가? 재미있는 소재이다. 우리나라의 경우 중등학교에서는 조건을 많이 충족하는 위와 같은 문항을 그리 좋아하지는 않는다. 실세계에서 탐구하는 문항은 학교에서도 자주 취급하지 않아 모델링, 실세계 문제해결 등은 학생들에게 거리가 있다. 그러나 위의 조건들을 만족할 수 있는 문항을 생각할 수 있다.

세 수 13511, 13903, 14589를 나누면서 같은 나머지를 갖게 하는 최대정수는 무엇인가?

① 28 ② 49

③ 98 ④ 49보다 큰 7의 홀수 배수

⑤ 98보다 큰 7의 짝수 배수

이 문항의 질문은 조건 (1)을 제외하고 (2), (3)은 어느 정도 만족시키는 것 같다. 다만 낮은 수준의 학생들은 최대정수를 이해하지 못하는 경우도 있다.

사지선다형 문항으로 위의 질문의 조건에 맞는 것으로 다음 문항에 있는 질문 형태를 주장하는 사람도 있다.

네모 안에 숫자 1, 2, 3, 4, 5를 채워 곱셈을 완성한다. 이때 곱이 최대가 된다면 대강 어느 범위에 들어오는가?

$$\begin{array}{r} \square\square\square \\ \times\ \square\square \\ \hline \end{array}$$

① 10000과 22000 사이

② 22001과 22300 사이

③ 22301과 22400 사이

④ 22401과 22500 사이

마지막 좋은 질문(좋은 문항)으로 수학과 교육과정에 관련된 조건이 있다. 다시 말하면 테스트 문항은 교실의 수학의 수업(교수학습)을 잘 뒷받침해주는 역할을 하고 교육과정을 해치지 말아야 한다. 따라서 다음과 같은 조건이 필요하다.

- 문항은 수학 수업의 좋은 보기의 역할을 해야 한다.
- 문항은 학생들이 알고 있는 수학지식을 더 발전시킬 수 있는 것이어야 한다.

위의 문항조건은 우리나라 교실에서 많이 고민을 해야 할 대상으로, 우리는 모든 학생이 쩔쩔매는 문제를 테스트로 선택하고 참 좋은 문항이라고 생각하는 경향이 있다. 왜냐하면 변별력을 가졌기 때문이다. 변별력은 학생들의 순위를 결정하려는 목적을 가진 테스트에서 좋은 조건이 되지만, 교육과정을 효율적으로 수행하는 교실의 교육환경에서는 별 의미가 없다. 이를테면, 다음 문항은 진법에 관한 문제로 중학교에서 기말고사로 출제할 수 있는 문항같이 보인다.

및 R_1인 R_1 진법에서 분수 F_1은 소수전개가 0.373737 ⋯ 이고, 분수 F_2는 소수전개가 0.737373 ⋯ 이다. 또 R_2 진법에서 분수 F_1의 소수전개는 0.252525 ⋯ 이고, 분수 F_2의 소수전개는 0.525252 ⋯ 이다. 합 $R_1 + R_2$를 10 진법으로 쓰면 얼마인가? (답: 19)

① 24 ② 22

③ 21 ④ 20

⑤ 19

그러나 이 문항은 현행 교육과정에서 어느 중학생이 수학적 성취도가 1등인가?에 관심이 많은 사람들에게는 좋은 문항이라고 할 수 있으나 현행 교육과정 하에서 실시하는 교실 수업에서는 교수학습을 개선하거나, 발전적으로 만드는 데 도움이 되지 않는다. 물론 창의력 있는 우수학생에게 개인별 과제를 주어 그들의 지적 호기심을 자극하는 데는 이용할 수도 있다. 따라서 학교에서 실시하는 테스트 문항은 최종 선별과정에서 현행 교육과정의 세부 목표에 부합되는지 검토가 엄밀하게 이루어져야 한다. 앞에서 논의한 사실을 바탕으로 문항에 있는 질문을 알아보았다. 이를 좀더 세분하여 이해문항, 문제해결의 문항에서 질문의 조건을 알아본다.

이해문항 – 학교의 테스트 문항은 기본전제가 수학적 사실을 기억하여 수행하고, 이들을 활용하여 주로 교과서적인 문제를 해결하는 것이었다. 이 이론에 의하면 교사의 설명은 학생들에게 전달되어 지식으로 학생들 머릿속에 보관되는 과정으로 설명이 되었다. 다시 말하면 지식은 복사가 될 수 있다는 견해였다. 테스트 문항은 주로 바른 답, 틀린 답으로 이원화되고, 진단평가는 단순히 학생들 지식 속에 있는 틈(hole)을 발견하는 것으로 여겼다. 그러나 7차 교육과정 이후에는 지식의 형성을 약간 다르게 본다. 많은 필드연구에 의하면 학생들의 학습은 지식의 복사와 같은 과정으로 설명할 수 없다는 것이다. 즉, 학생들은 수학개념 또는 지식에 대하여 자신의 이해를 만들어간다는 것이다. 학습자는 단순히 교사의 지식을 그대로 머릿속에 흡수하는 것이 아니고 외부에서 들어오는 정보에 대해 그들 자신의 해석을 통하여 이미 존재하는 지식과 이해에 이를 결부시킨다는 것이다. 구성 관점의 이러한 이해는 평가하기가 매우 어렵다. 교실에서 어떻게 학생들이 자신의 경험을 재조직하는 과정(이해 생성 과정 또는 반영적 과정)을 측정해야 할까 는 교사의 문항 출제를 어렵게 만든다. 실험적으로 7회에 걸쳐 실시했던 수능에서도 이해 문항을 만들기 위하여 고민을 했다. 성취도 관점의 문항으로 문항의 최종 답을 얻는 과정을 단계적인 소문항으로 묻는데, 이들 소문항을 위계적으로 나열하여 부분 점수화를 하자는 의견이 있었다.

다음 두 문제를 개념 이해를 묻는 문항으로 생각하고 4단계 이상 소문항으로 쪼개어라.

(1) 큰 항아리에 100개의 검은 공과 100개의 흰 공이 담겨 있다. 반복적으로 3개의 공을 꺼내고 다음과 같은 규칙으로 꺼낸 것을 다시 집어 넣는다.

꺼낸 공	다시 넣는 공
3개 검은 공 2개 검은 공, 1개 흰 공 1개 검은 공, 2개 흰 공 3개 흰 공	1개 검은 공 1개 검은 공, 1개 흰 공 2개 흰 공 1개 검은 공, 1개 흰 공

3개보다 적은 공이 남아 있을 때 남아 있는 공이 모두 흰 공일 확률을 구하여라.

(2) 그림과 같은 직원뿔의 밑면의 반지름이 8cm, 높이가 12cm이다. 이 뿔에 물을 가득 담았다고 했을 때 전체 양의 $\frac{1}{2}$이 되도록 하고 싶다. 깊이를 구하여라.

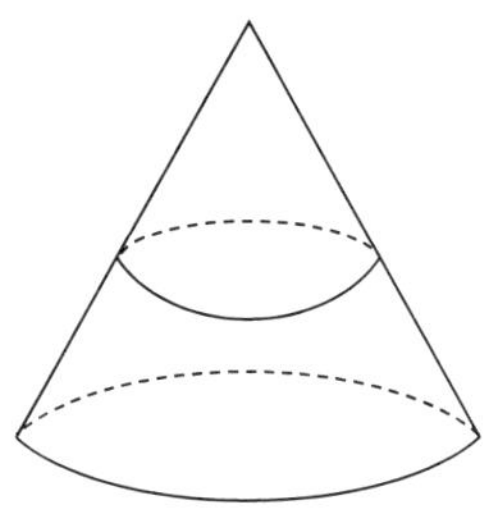

이해를 측정하기 위한 다른 측정·평가기법으로 반영적 사고를 인터뷰 방법으로 테스트 하는 경우가 있다. 현행 교육과정에서는 선을 점의 집합으로 그리고 면을 선의 자취로 기술되어 있다. 학생들은 점을 설명하지 않고 자연스럽게 칠판 또는 노트에 연필 끝을 찍고 점 P라고 한다.

얼마 전에 간단한 월말 테스트에 다음과 같은 기본 문제를 제시했다.

A4용지에 두 점 A, B를 찍고, 두 점을 지나는 직선은 몇 개인지 써라. 또, 답을 쓴 이유를 말하여라.

이 문항은 교과서에 있는 기본지식을 기억하고 있는지 알아보는 것으로 모두 "두 점을 지나는 직선은 하나다."라는 대답이 나오리라 생각했다. 왜냐하면 교과서에 성질로 기술이 되어 있기 때문이다. 그러나 학생들의 답은 어른들이 예측할 수 없었던 것들이 대부분이었다(NCTM, 한국학교수학회).

- 두 점을 지나는 직선은 4개이다.
- 두 점을 지나는 직선은 8개이다.
- 두 점을 지나는 직선은 아주 많을 것 같다.

학생들의 이유는 교사들이 생각할 수 없는 것으로, 종이에 점을 굵게 찍은 학생은 가느다란 연필로 4, 8번 줄을 그으면서 더 이상 줄을 그을 수 없을 때 위와 같이 대답을 했고, 어떤 학생은 바늘로 줄을 그으면 자기가 굵게 찍은 두 점을 많이 지날 것 같아 맨 마지막과 같은 답을 했다. 물론 정답을 맞힌 학생도 있기 때문에 위 학생의 시각이 우리나라 전체 학생을 대표하는 것이라고 말할 수는 없다. 다음과 같은 문제를 생각하여라.

이 문항의 경우 실험 테스트에서는 "답을 말하고, 그 이유를 써라."라고 했지만 학교에서 더 정밀하게 테스트하려면 인터뷰 방법을 써야 한다. 이 학생이 점을 어떻게 생각하는지, 선을 어떻게 생각하는지 답변을 듣고 부분 점수화를 할 수 있다.

위의 두 점 사이의 직선을 관찰한 결과를 보고 의미 있는 경험을 주어 점을 구성하도록 지도 과정을 생각하여라. 그리고 위에서 언급한 인터뷰 방법을 이용하여

교과서의 점, 선, 면을 구성의 관점에서 측정·평가하여라.

연구에 의하면 수학적인 전문가 집단과 초보자들 사이에는 학습 상황을 보는 관점이 다르게 나타났으며, 초보자들은 자신들이 잘못 선정한 부적절한 모델에서 출발하여 오류개념을 낳는다고 한다(Lakin, 1983). 이러한 구성주의자들이 발견한 학습의 과정은 측정·평가에도 크게 영향을 주어 90년대부터 학습자의 구성에 초점을 맞춘 측정·평가문항을 개발했다. 이를테면, 초등학생들한테 인터뷰를 한 결과를 소개한다.

$$2 + 5 = ?$$

면담자 : 2에 5를 더하면 몇이 되나요?

학생 : 오늘 사과 2개를 사고, 오후에는 부모님이 5개를 사오셨으니까. 사과는 모두 7개예요.

$$2+5=7$$

면담자 : 세 사람이 사과 9개를 나누어 가지면 한 사람당 몇 개씩 가지나요?

학생 : 한 사람씩 나와서 한 개씩, 9개를 차례로 가져가면

○○○○○○○○○

영희가 1개, 철수가 1개, 미영이가 1개, 다음 또 차례로 나와서 영희가 1개, 철수가 1개, 미영이가 1개, 다음 또 차례로 나와서 영희가 1개, 철수가 1개, 미영이가 1개를 가져가면 한 사람에 3개씩 나누어 가져요.

$$9\div 3=3$$

이러한 인터뷰 테스트는 개념의 구성과정을 아는데 적합하다.

우리나라에서 실시되는 성취도 측정·평가는 교육과정에서 목표를 상세화하여 표현하고, 각 목표에 연결되는 성취도 문항을 개발하는 방식으로 진행된다. 이때, 목표진술은 행동용어를 사용했다. 따라서 문항의 결과는 곧 교육과정의 목표달성으로 연결되는 장점이 있었다. 또, 테스트 문항에 대한 자세한 조건의 설정, 채점의 명확성 등이 많은 학생집단에서 객관성을 유지하게 했다(Bloom, 1956). 그러나 복잡한 목표가 있을 때는 이 목표를 만족하는 행동용어를 수십 개 써야 하고, 각 행동용어에 알맞은 문항을 한 개씩만 만들어도 수십 개 문항이 한 목표에 들어오게 되며, 각 문항을 채점한 결과 모두 정답을 이끌었다 해도 원래 복잡한 목표를 달성했느냐하면 그렇지 못한 경우가 많았다. 그러나 한 문항으로 개념의 이해를 측정할 수 없다면, 다음 방법은 현실적 대안이다. 이를테면

"함수를 이해할 수 있다."

라는 목표가 있을 때 몇 개의 문항을 만들면 학생들은 관계를 이해할 수 있다고 보는가의 문제이다. 문항 하나로 위 목표를 달성할 수 있다고 생각한 사람이 다음 문항을 테스트에 놓았다 해보자.

다음은 신발사이즈와 해당하는 가격을 표로 나타낸 것이다.

신발의 사이즈별 가격표			
사이즈	7	8	9
가격	35	35	35

위의 표로 나타낸 관계는 함수인가?

그러나 이것은 함수의 이해를 위한 가장 낮은 수준의 행동목표로 볼 수 있다.

다음은 수준이 약간 높은(하의상) 문항으로 실생활 상황을 주고 이에 알맞은 함수식을 쓰라고 한다. 물론 학생은 함수식을 쓰면서 함수 여부를 말해야 한다. 다음은 중간 수준의 이해 문항으로 함수를 나타내는 그래프를 주고 함수인지 판별하고, 이어서 응용수준의 상황을 도입하여 함수를 응용할 수 있는지 2~3개 문항으로 문제 소재를 바꿔 가면서 제시한다. 활용상황 또는 응용상황을 이해 문항의 한 부분으로 보자는 의견이 수학교사들 사이에 있었다. 중요한 점은 평가에 관한 많은 이론가들이 응용문제를 이해를 위한 가장 중요한 조건이라고 보았다.

다음 문제는 함수 개념의 이해를 측정하는 문항이다. 앞에서 지적한대로 하면 이 문항은 함수 이해 문항의 어느 수준에 해당하는가?

일본의 신간센은 도쿄에서 교토까지 달리는데 평균 속도가 시간당 156km/h라 한다. 두 도시 사이의 거리가 380km라 한다. 지나간 시간 x에 대해 남아 있는 거리(km)를 f라 할 때, f를 x에 관한 식으로 나타내어라. 이 식은 함수를 나타내는가?

이와같이 "이해한다."를 달성하기 위해 6~8개 하위 목표를 설정했다 해도 이해를 완벽하게 측정했다고 말하기 어려운 점이 있다. 그래서 나온 아이디어가 한 묶음으로 "이해한다."를 측정·평가하자는 의견이 나왔다. 이를테면, "연산을 이해할 수 있다."를 생각해보자.

[상황]

1969년 7월 20일 닐 암스트롱을 태운 아폴로 11의 달 착륙선은 달에 사뿐히 내렸다. 이 사건은 매우 중요한 과학적인 인류의 업적이어서 이때부터 태양계 및 항성들의 신비한 자료가 나오기 시작했다. 다음 자료를 보자.

	지구	달
지름(km)	12742	3476
부피(km^3)	1.0832×10^{12}	2.199×10^{10}
무게(kg)	5.9736×10^{24}	7.349×10^{22}
밀도(kg/m^3)	5515	3342
중력(m/s^2)	9.78	1.64
속력(km/s)	11.2	2.38

(1) 아폴로 11호는 1969년 7월 16일 오전 9:32에 달에 착륙하고 195시간 18분의 임무를 마쳤다. 임무가 끝난 날과 시간을 계산하여라.

(2) 공식 $\sqrt{\frac{h}{0.8}}$ 는 어떤 물체가 높이 h인 곳에서 달에 착륙하는 시간을 어림해서 말해준다. 암스트롱이 높이 7.2m에서 땅에 내렸다면 얼마의 시간이 걸리는가?

(3) 지구의 부피와 같아지려면 몇 개의 달이 필요한가?

이러한 집단 문항은 아마도 한 개 문항으로 이해를 측정·평가하는 것보다 나은 방법이어서 우리나라 수능시험에서도 시도한 바 있다. 마지막으로 앞 단원에서 언급한 행동을 강조한 이해 문항을 여기서 다시 강조하자. 사실 실생활 소재로 된 이해 문항 또는 작도와 같이 학생이 실제 활동하면서 그 문제를 푸는 과정이 들어있는 문항은 특별한 의미가 있다.

Davis(1984)가 주장한 것처럼 문제 상황 또는 문맥은 수학 개념을 이해하는데 교사나 학생들에게 피할 수 없는 장벽이다. 왜냐하면 문맥은 학생들의 비형식적 이해와 교과서에 나오는 추상적이고 일반화된 이해 사이를 잘 연결해주는 징검다리이기 때문이다. 대학생과 달라서 초·중·고 학생들은 문맥을 통하여 수학을 보는 눈을 가지기 시작한다. 그런데 교사 입장에서는 문맥을 잘 활용하는 수업을 교실에 도입하기가 겁난다. 왜냐하면 예측할 수 없는 학습 성과 때문이다. 학생들은 이러한 문항의 평가를 싫어한다.

수학자 Steen(1978)은 수학자들이 매일매일 수학적 활동에 어떻게 참여하는가?를 재미있게 이야기한 적이 있다. 그의 유머에는 학교 수학에 어떤 힌트가 숨어 있다. 쉽게 말하면 수학은 패턴을 찾는 학문으로 보아야 하며, 매일 풍부한 실생활 문맥 속에서 실험하고, 자료(data)를 모으고, 분석하고, 조직할 때 학생들은 '수학에 참여한다(engage)'라고 말할 수 있다. 이와같이 문맥을 극복하지 않고서는 학생들은 수학의 심장에 들어갈 수 없다. 다음은 수능에서 문맥을 극복하려고 노력한 문항의 예이다.

(**토론**) 다음은 이해문항이다. 이 문제 속에 있는 개념적 지식을 말하여라.

- 박○○씨는 고속도로의 건설에 참여하는 전문학자이다. 그는 기존 고속도로에 도로 근방에 있는 해양 생태계를 연구하는 연구소 건물을 연결하는 도로(그림 a)를 좌표평면에 있는 점선으로 표시된 그래프와 같이 만들려 한다. 그는 한 개의 차수 2인 다항함수를 생각했고 동시에 이 함수는 $x=-1$에서 미분가능해야 한다고 생각했다. 이 함수를 f라 할 때, 함수 f를 식으로 나타내어라.

- 어느 날 신씨는 ○○사장으로부터 다음과 같은 과제를 제안받았다. 두 개의 고속도로를 그림 b의 점선으로 된 도로로 이어주어야 한다. 도로는 함수 f로 나타낼 수 있다. 문제는 함수 f가 구간 $[-1, 0]$에서 차수 2인 다항함수이면서 동시에 $x=-1, 0$에서 미분가능해야 한다.
  ○○사장의 제안이 가능한가?

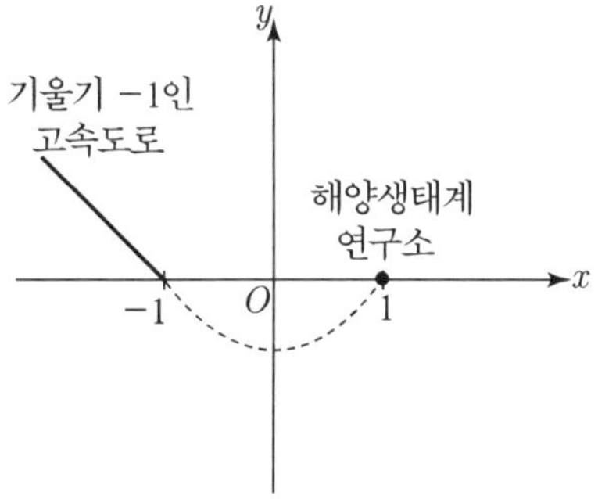

그림 a

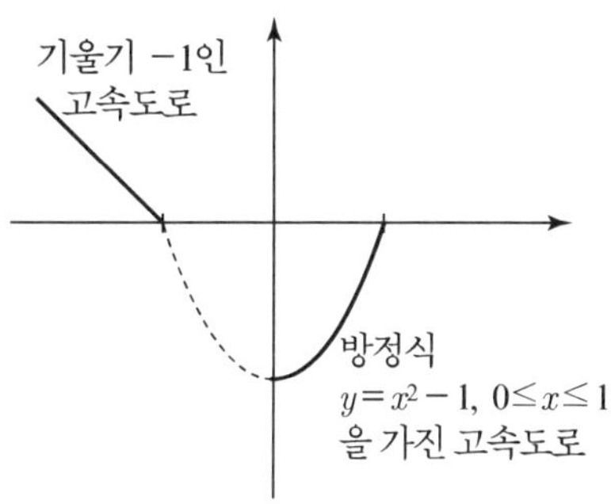

그림 b

개념이 단순할 때는 한 개의 문항으로 이해를 거의 나타낼 수 있다. 이러한 경우는 학력고사에서 자주 본다. 예를 들어, 직사각형의 둘레를 이해하는지 측정·평가하는 문항으로 "120cm의 끈으로 직사각형을 만들 때 넓이가 가장 큰 직사각형을 작도하여라."을 들 수 있다.

문제해결 문항 – 문제해결에 대한 목표는 일반 목표에서부터 각 학년 목표에 이르기까지 현행 교육과정에 잘 반영되어 있다. 전통적으로 문제해결의 문항은 블룸의 관점에서 분석(또는 해석)력, 종합력, 비판능력에 관련된 문항이었다. 그러나 교실에서는 이보다 훨씬 실감나는 상황을 겪는다. 학생들은 문제해결을 통해 수학의 핵심인 계통성을 경험하고, 새로운 문제를 해결하는 성취감, 동기유발과 같은 정의적 목표를 경험하고, 합리적인 사고를 경험하는 기회를 갖고, 창의적인 사고와 의사소통하는 환경을 얻을 수 있다.

우리나라 경우 문제해결의 소재(문제 장면, 문맥)는 주로 순수 수학적인 소재였으며, 실생활 응용적인 소재는 덜 취급한 감이 있다. 이를테면, 대학입시의 학력고사를 실시했던 시기에는 다음과 같은 문항이 주가 되었다.

- $f(x) = \log\left(\frac{1+x}{1-x}\right)$, $-1 < x < 1$일 때, $f\left(\frac{3x+x^3}{1+3x^2}\right)$을 $f(x)$로 나타내려 한다. 다음 중 어느 것인가? (답: $3f(x)$)

  ① $-f(x)$ ② $2f(x)$

  ③ $3f(x)$ ④ $[f(x)]^2$

  ⑤ $[f(x)]^3 - f(x)$

- A, B 두 사람은 원형으로 된 트랙을 서로 반대방향으로 항등속도로 돌고 있다. 한 지점에서 서로 반대방향으로 출발했던 두 사람은 B가 100m 갔을 때 처음으로 만나고 두 번째는 A가 완전히 한 바퀴 돌기 전 60m 되는 지점에서 만났다. 트랙의 둘레를 계산하여라.

위의 두 문항은 분석(또는 해석), 종합력을 측정할 수 있는 것으로 수학교사들이 선호한다. 첫 번째 문항에서는 학생들이 분석하는 과정을 검토하여 함수의 뜻과 함수값의 상황을 조금 달리하여 구하게 하였다. 제대로 분석이 일어났다면 함수 f를 log로 대신하여

$$\log\frac{1+3x^2+3x+x^3}{1+3x^2-3x-x^3}$$

으로 분석하고, 인수분해를 기억하고, 로그의 성질을 적용하여

$$\log\frac{(1+x)^3}{(1-x)^3} = 3\log\frac{1+x}{1-x}$$

와 같이 할 것이다. 다음은 $f(x)$를 이용하여 $3f(x)$로 답한다. 이 과정에서 분석의 요소는 네 가지로 요약된다. 분석이 용이하게 일어나려면 함수값의 개념, 로그성질, 인수분해 기술이 정확히 기억되어야 한다. 단순히 기억하는 수준으로 끝나지 않고 함수값, 로그성질, 인수분해가 주어진 순수문제 상황에 알맞은지를 판단

하는 기술까지 기억해야 한다. 즉, 교과서 ○쪽에 있는 요약 또는 공식을 쪽지에 적어 학교에서 쉬는 시간에 외우는 방식으로는 문제해결에 전혀 도움을 주지 못한다. 이 경우 쉐엔필드의 말처럼 공식이 문제 장면이 알맞은지 판단하는 통제기능이 학습되지 않는 것이다.

다음에서 쉐엔필드가 지적한 통제기능은 무엇인지 옆 사람과 논하여라.

그림의 ΔABC는 이등변삼각형이고 밑변

$$AC = 16\sqrt{2}, \quad m\angle BAC = 45^\circ$$

이다. 각 꼭지점에서 반경 8인 원을 그으면 일부가 그림과 같다. 색칠한 부분의 넓이를 구하여라.

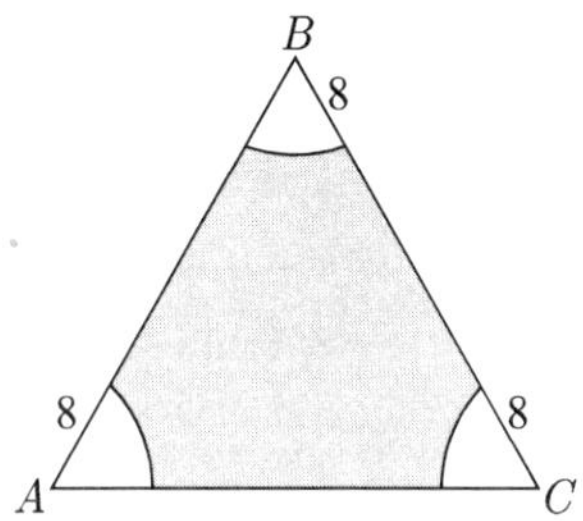

물론 앞의 로그함수에 관련된 논의는 정답을 말한 학생의 분석방법이다. 그렇지만, 잘못 분석하거나 중간에 분석이 진행되지 않는 경우는 얼마든지 있다. 인수분해에 대한 통제기능이 없다면 "$(1+x)^3$으로 인수분해 되도록 잘 정리했으면 어떻게 하나?"하고 교사에게 답을 요청한다. 이때, 교사는 "이 학생에게 잠깐 힌트만 줄까? 아니면 전체 풀이과정(해답)을 던져 줄까?"하고 고민을 한다. 종합력은 말 그대로 다양하게 분석한 결과를 놓고 불필요한 요소를 지워 버리고, 긍정적인 정보만 모아놓고 해를 연결하는 과정을 해내는 능력이다. 따라서 종합력이 뛰어난 학생은 해의 전략을 미리 수립한다. 이를테면,

학생 : 이와 비슷한 문제를 $f(x) = 2x + 6$에서 해본 것 같아요. 먼저 $f(x)$를 로그로 표현하여 정리하고, 다시 $f(x)$로 바꾸면 가능하지 않을까요?

와 같이 문제해결 전략 '식의 변환'을 생각하면 약간의 시행착오를 거쳐 정답을 얻을 수 있을 것이다. 반대로 전략이 부정적이면 오랫동안 학습자는 방황을 한다.

현재 중학교에서는 가끔 실생활 문제를 교실에서 도입하는 수학교사가 있다. 왜냐하면 교육과정에서 이 능력을 강조하기 때문이다. 그런데 실생활 문제는 응용문제와 구분이 된다. 다음 두 문제는 수학 개념을 실생활 소재에 응용한 것으로 흔히 말하는 교과서 단원 뒤에 나오는 응용문제이다. 개념을 이해했는지 알아보는데는 응용문제가 큰 역할을 한다.

- 벽구조와 문이 다음 그림과 같이 되어 있는 집이 있다. 이 집의 어느 방에 있는 사람이 모든 문을 단 한 번씩 통과하여 마당 g로 나올 수 있는가?

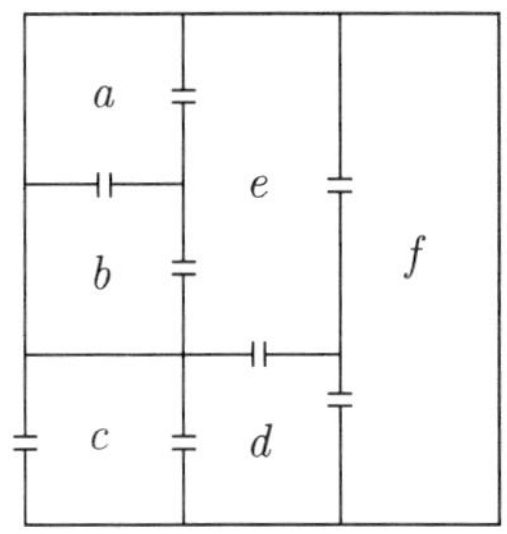

g 마당

- 여러 가지 화학약품을 운송하려 하는데 어떤 화학약품들은 친화력이 있어서 가까이두면 서로 반응을 하여 사고를 유발할 수 있다. 반응하기 쉬운 화학약품이 아래 표와 같을 때 이 화학약품을 운반하기 위해 필요한 최소의 차량의 수를 구하여라.

반응하기 쉬운 화학약품	
A-	B, C, E, F
B-	A, C, F
C-	A, B, D
D-	C, F
E-	A
F-	A, B, D

그러나 정직한 실생활 문제는 응용문제와 다르다. 실생활 문제해결에는 문제설정 활동이 들어 있어 자료를 관찰, 분석, 조직하는 수학의 과정이 들어 있어야 한다. 다음 문제는 어떠한 수학의 과정이 들어 있는 초등학교 6학년의 실생활 문제이다.

○○날 수학선생님은 교실에 학교부지 및 건물을 측량한 지도를 가지고 오셔서 칠판에 걸어 놓았다. 선생님은 4명을 한 개 조로 편성하여 지도사본을 각 조에 한 장씩 주면서 다음과 같이 말씀하셨다.
교장선생님은 다음 주 월요일부터 지도에 하얀 부분에 잔디를 심으려 한다. 잔디를 심기 위해서는 잔디, 장비, 인원이 필요하다. 장비, 인원은 이 일을 담당하는 회사에서 제공하기 때문에 학교에서는 ○○회사에 일을 맡기기 전에 어림하여 최소예산을 알아야 한다.
각 조별로 2~3일 사이에 가능한 최소경비를 산출하여라.

이러한 실생활 문제 속에서 학생들은 가설세우기(계획하기), 분석종합하기, 탐구하기 등과 같은 수학적 사고활동을 경험한다.

보통 문제해결 속에는 여러 활동이 들어 있다. 다른 나라의 교육과정을 참고하면 공통적으로 다음 활동을 통틀어 문제해결이라 한다.

탐구력	설계하기/모델링	해결기술 분석/종합	일반화/의사소통
증명, 가설세우기	공식 만들기(고난도 활용)	분석(또는 해석) 종합 유도하기	개념사고연결 의사소통 일반화

이러한 활동 중에서 문제해결의 핵심은 증명추론, 분석종합(연결성), 의사소통이라고 말한다. 사실 문제해결을 교육과정의 중심으로 부각한다는 뜻은 수학의 과정지식을 모든 학생들에게 강조한다는 뜻이다. 이 표에 있는 문제해결의 활동 중에서 가장 난이도가 높은 활동은 일반화−증명으로 이어지는 문제해결이다. 적절한 예로 대수학자 황석근(2001)이 이산수학에서 제시했다.

(1차 과제) 일차방정식 $x_1+x_2+x_3=5$의 음이 아닌 정수 개수를 구하라.
학생들은 $(3,\ 1,\ 1)$에 대해

$$0\ \ 0\ \ 0\ |\ 0\ |\ 0$$

과 같이, 일렬로 배열된 3개의 박스 안에 5개의 바둑돌을 넣는 것을 대응시킨다. 이것은 다중집합 $A=\{0,\ 0,\ 0,\ 0,\ 0,\ 1,\ 1\}$의 순열로 볼 수 있다. 이 대응은 방정식의 음이 아닌 정수해의 집합에서 다중집합 A의 순열의 집합 사이의 일대일 대응이다. 따라서 위 문제의 해의 개수는 A의 순열의 수

$$\frac{7!}{5!\,2!}$$

이다.

(2차 과제) 일차방정식

$$x_1 + x_2 + \cdots + x_n = k$$

의 음이 아닌 정수해의 개수는 어떤 공식으로 나타낼 수 있는가? 앞의 풀이에서 유추하여라.

이로서 일반화의 과정이 수립되었고, 이 결과를 증명하는 과제를 해결했을 때 비로소 일반화–증명으로 연결되는 문제해결이 완성된다.

(3차 과제) 2차 과제에서 앞의 구체적 풀이과정을 잘 읽은 학생은 무난하게

$$\frac{(n+k-1)!}{k!\,(n-1)!}$$

을 유추할 수 있다.

이를 증명하는 일은 초·중등학교의 교육과정에서 학습 위계적으로 가장 높은 곳에 위치해 있다. 지도와 평가 모두 어려운 것이다. 사실 문제해결은 수학을 하는 이유이기도 하다. 개인은 수학을 공부하여 탐구능력은 물론이고, 가설 설정기술, 논리적인 추론 또는 자기가 살고 있는 지역사회, 직장, 가정에서 날마다 경험하는 문제를 해결하는 능력을 기른다. 우리는 매일 교실에서 교육과정에 제시된 문제해결의 목표를 위해 어떻게 가르치고 있는가 에 대한 반성이 이루어질 때 문제해결의 측정·평가가 이루어진다. 위의 항목 중에 우리교실에서 자주 사용하는 측정·평가 요목은 다음과 같다.

분석/종합(연결활동), 증명, 일반화(약함)

(2) 테스트 문항의 다양성

사지선다형 – 교실에서는 교사가 가르친 목표에 적당한 테스트 문항을 구성하는데 다양한 문항형태를 유지한다. 사지선다형, 참과 거짓, 매칭문항 등 이들을 학교 수학에서 논의하는 이유는 이들 문항의 형태를 학습자들이 선택한다는 사실이다. 이들 문항은 학교에서 자주 사용하여 객관적으로 채점할 수 있으며, 문항별로 독립적으로 같은 점수를 줄 수 있기 때문에 많은 학생들이 시험을 보아도 기계적인 채점을 가능하게 한다. 그러나 학생들을 교육시킨다는 관점에서 다양한 사지선다형 문항을 생각할 수 있다. 다음 학습결과가 서로 다른 문항을 소개한 것이다.

50과 350 사이의 수 중에서 마지막 자리가 1로 끝나는 모든 정수의 합은 다음 어느 것인가?

① 5880 ② 5539

③ 5208 ④ 4877

⑤ 4566

이 문제는 이해문항에 해당되지만 그 역할을 못하고 있다. 아마 사지선다형의 약점을 그대로 나타낸 문항이다. 이해를 측정한다 했을 때 위 문제와 다음 문제를 비교하여 보아라. 앞에서 소개한대로 이해 측정을 위한 문항군 형태를 가진다.

좌표평면에 함수 $f \cdot g$를 그리고 새로운 함수 $h = f \circ g$ (합성)의 그래프 위에 $x = a$에 대응하는 값을 표시하려 한다. 즉, $h(a) = (f \circ g)(a)$의 값을 구하려 한다. $(a,\ 0)$에서 $x = a$ 수직선을 긋고, 이 직선이 그래프 g와 만나는 점 P를 표시한다. 그런 다음 P를 지나는 x축과 평행한 선을 긋고 직선 $y = x$에 만나는 점을 Q라 한다.

(1) P, Q의 좌표는?

(2) Q에서 수선을 세워 그래프 f와 만난 점을 R이라 하면 R의 좌표는?

(3) R에서 x축에 평행선을 그어 y축과 만나는 점이 $h(a) = (f \circ g)(a)$의 값이다. 그림으로 보여라.

또, R에서 평행선을 그어 $x = a$와 만난 점을 g라 하면 S는 그래프 h 위에 있다. 이유는?

(4) $x = a,\ b,\ c,\ d,\ e,\ f$에 대하여 위 과정을 반복함으로써 그래프 h를 대강 그려라.

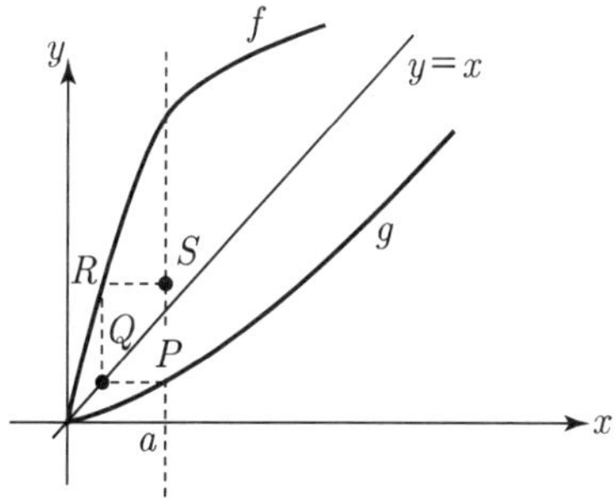

위 문항은 합성함수 $h = f \circ g$의 개념으로 함수값 $h(a)$, h의 그래프를 그리는

연습이다. 이 문항군을 단 하나의 사지선다형으로 만들 수 있을까? 이에 대한 대답은 '아니요'이다. 그만큼 이해에 관한 문항을 단 하나의 사지선다형으로 나타낸다는 것은 매우 어려운 문제이다.

• 만일 명제 "가게에 있는 모든 셔츠가 세일 중이다."가 거짓이라면 다음 중 어느 명제가 참인가?

Ⅰ. 가게에 있는 모든 셔츠는 세일가격이 아니다.

Ⅱ. 가게에 세일이 아닌 약간의 셔츠가 있다.

Ⅲ. 가게에 있는 셔츠는 세일이 아니다.

Ⅳ. 가게에 있는 모든 셔츠가 세일에 있는 것이 아니다.

① Ⅱ만　　② Ⅳ만

③ Ⅰ, Ⅱ만　　④ Ⅱ, Ⅳ만

⑤ Ⅰ, Ⅱ, Ⅳ만

• 다음 중 옳은 것은 어느 것인가?

① $x < 0$이면 $x^2 > x$　　② $x^2 > 0$이면 $x > 0$

③ $x^2 > x$이면 $x > 0$　　④ $x^2 > x$이면 $x < 0$

⑤ $x < 1$이면 $x^2 < x$

이 두 문항은 그런대로 개념 이해의 측정이 가지는 복잡성을 해결하는 것이다.

학교에서 가장 많이 취급하는 문항형태는 첫 번째 것으로 문제에 이어 4~5개의 답지가 있다. 가운데는 답이 되는 몇 가지를 고르는 일이기 때문 학생들은 처음 보다 답을 고르는데 어려움을 겪는다. 마지막은 가장 까다롭고 시간이 걸리는 문항으로 주어진 문장 또는 식을 검토하여 참인 것을 가려내는 문항이다.

그런데 문항을 만드는 일은 그리 쉽지 않아서 문항이 주어진 목표를 충분히 만족하도록 설계하기가 힘들다. 예를 들면

학생 A는 아저씨 일을 도와주고 얼마를 받았다. 이 돈의 반은 연필을 사는데 쓰고, 나머지의 $\frac{3}{4}$은 노트를 사는데 썼다. 이후 돈을 쓰지 않고 남은 돈을 계산해보니 1,500원이 남았다. 처음 번 돈은 얼마인가?

① 10,000원　　② 12,000원

③ 15,000원　　④ 20,000원

교사는 “실생활 문제 장면 속에서 일차방정식을 풀 수 있다.”라고 목표를 설정했지만 대부분의 학생들은 방정식을 세우지 않고 다음과 같이 풀었다.

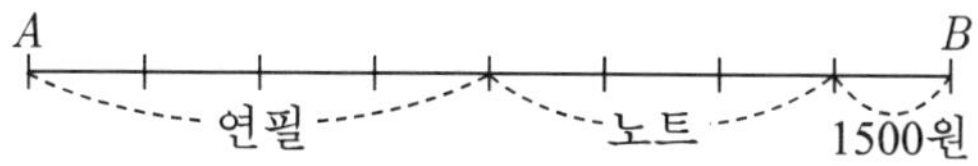

$$1500 \times 8 = 12000(\text{원})$$

점수를 보는 어른들은 이 교실학생들은 일차방정식을 잘못 배웠다고 생각한다. 처음에 의도했던 바와 아주 다른 결과가 나왔다. 즉 이 문항의 학생 답을 가지고 교사의 수업의 질을 말하는 것은 위험하다는 것을 알 수 있다.

또, 사지선다형을 성취도 측정에 자주 이용하는 교사는 기본가정을 머릿속에 가진다. 즉, 교사 또는 전문가들이 만든 사지선다형 문항은 수업을 성공적으로 받은 학생들만이 답을 말할 수 있다고 한다. 그러나 실제 교실에서 이러한 가정과는 동떨어진 현상이 자주 발생한다.

0은 다음 중 어느 것의 해인가?

① $3x = 3x$　　② $-3x = 3x$

③ $3x = 3x + 1$　　④ $-3x = 3x + 1$

대부분의 학생들은 ①을 정답으로 말했고, 일부 학생들이 ②를 정답으로 말했다. 이들 중 ②를 택한 한 학생과 대화를 했다.

면담자 : 왜 ②를 택했나요?

학생 : 왜냐하면 0을 답으로 하는 것은 ②이기 때문이에요.

면담자 : 좀더 설명해 보세요.

학생 : $3x + 3x = 0$을 ①에서 생각할 수 있고(잘못 생각함) ②에서는 $-3x + 3x = 0$이기 때문이에요.

우수한 학생들이 좋아하는 고등정신 능력을 재는 선다형 문제도 이 고등정신을 재는 것이 쉽지 않다. 이를테면 학생의 창의성을 재는 문항을 다음과 같이 주었다고 해보자.

$$F(n+1) = \frac{2F(n)+1}{2},\ n = 1,\ 2,\ \cdots$$

$F(1)=2$일 때 $F(101)$은?

① 49　　② 50

③ 51　　④ 52

⑤ 53

학생들은 처음에는 당황하지만 몇 가지 생각을 한다. 아마도 $F(n+1)=F(n)+\frac{1}{2}$과 같이 식을 변형할 수 있는 아이디어가 있다면, 이 학생은 문제구조를 명확하게 분석한 학생이다. 즉, 등차수열임을 알고

$$\text{초항 } F(1)=2, \quad \text{등차 } \frac{1}{2}$$
$$\text{1항 } F(101)=2+(101-1)\frac{1}{2}=52$$

와 같이 답을 알 수 있다. 또 이보다 더 좋은 아이디어를 친구들과 교환하기도 할 것이다.

이 문항이 이 학생의 다양한 사고와 창의성을 잰다고 생각하는 교사는 드물 것이다. 단순히 기교를 부려 등차수열의 특징을 감추고 문제를 출제했을 뿐이다. 복합적인 문제 장면을 분석하는 능력은 재는 것인가에 대해서도 부정적이다. 등차수열의 성질을 잘 알고 있는 학생에게 어려운 문항은 아니다. 아무리 어려운 문항을 한 개 설정하여도 창의성을 잰다는 선다형 문제는 제한점이 있다. 이 점이 사지선다형(또는 오지선다형) 문항이 가지는 약점이다. 물론 학교교육에서 수업중 제시한 목표를 비교적 정확히 달성하게 할 수 있는 문항도 있다.

앞에서 사지선다형, 짝짓기형, 진위형은 모두 선다형 문항으로 분류한다고 말했다. 문항구성에서 수학적인 개념, 기능, 문제해결에 대한 구조가 중요한 역할을 하지만, 문항의 끝 부분에 오는 질문도 고려해야 한다. 보통 열린 문항에서 열린 질문을 사용하라고 권하기 때문에 약간 반대개념으로 닫힌 질문이라는 용어를 사용할 때도 있다. 선다형 문제의 질문은 대답하려는 내용이 거의 확실하게 제시된다는 점이다. 좀 심한 것으로

- 정오각형의 대각선은 몇 개인가? 또, 점오각형의 한 각의 크기는 얼마인가?

- 연산 $*$은 양의 실수 a, b에 대하여

$$a*b=\frac{ab}{a+b}$$

와 같이 정의한다. $4 * (4 * 4)$의 값은 다음 중 어느 것인가?

① $\frac{3}{4}$　　② 1

③ $\frac{4}{3}$　　④ 2

을 들어볼 수 있다. 질문하려는 의도가 명확히 나와 있고 답변은 단답형으로 자동적이다. 학생들은 목표가 하나이기 때문에 답을 주는데 주저할 이유가 없다. 학생 입장에서 보면 아마도 여러가지로 생각하거나 반영적 생각을 할 이유는 없다.

주관식형 – 객관식 문항은 채점의 객관성이 있지만 학생들의 자유로운 생각을 측정하기에는 부족한 테스트이다. Gronlund(1968)은 "주관식 테스트는 학생들의 성취결과 측정에 있어서 채점과 공정성 때문에 어려움이 있지만 복합적인 학생들의 사고과정 또는 성취도를 재는 데 대답의 자유성을 마련한다."라고 말했다. 언뜻 별 의미 없는 것처럼 들리지만 수학교육에서는 매우 중요하다. 학교에서 실시하는 객관식 테스트 문항 또는 객관식 문항과 비슷하면서 다만 사지선다형의 답지만 제외한 문항은 형식만 약간 다르지 문항의 성격에는 차이가 없다. 이를테면

세 자리 수 $2a3$에 세 자리 수 326을 더한다. 그러면 그 결과는 세 자리 수 $5b9$이다. 또 $5b9$를 9로 나누면 나머지가 없다. $a+b$는 얼마인가?

이 문제는 당연히 객관식 문항으로 사지선다형에 알맞은 문항이기 때문에 목표도 단답이 나올 수 있도록 "$a+b$는 얼마인가?"와 같이 명확하게 기술되었다. 아마도 사지선다형으로 한다면

① 2　② 4　③ 6　④ 8　⑤ 9

과 같이 가지를 만들 수 있을 것이다. 문항의 성격으로 보아 오지선다형으로 하거나 주관식으로 하여도 학생들의 풀이방법은 비슷하다. 다만, 주관식으로 할 경우에는 다음과 같이 학생들의 논리적 진술, 과거에 배운 지식의 활용, 연결성에서 보인 학생의 전략, 계산, 결론을 진술하는 방법 등을 관찰할 수 있다.

$5b9$는 9로 나누어지고 $0 \le b \le 9$이므로

$$\frac{5b9}{9} = 10\frac{(50+b)}{9} + 1$$

은 정수이다. 따라서 $b=4$이다. 그런데 $2a3=5b9-32b=549-32b=223$에서 $a=2$, $a+b=2+4=6$이다.

여기서 말하는 주관식은 개념의 연결관계(계통성)를 주로 강조할 문항이다. 수능과 같은 시험준비를 하는데는 나름대로 의미 있는 문항이나 주관식형은 여러 능력을 측정하는데 이용된다. 앞에서 말한 능력 이외에도 창의적으로 생각해내고, 조직하고, 통합하고, 표현하고 등등 여러 복합적인 능력을 측정한다. 질문도 사지선다형 등에서 볼 수 있는 것이 아니고 "종합하여라, 판단하여라" 등과 같은 포괄적인 아이디어가 들어가 있다. 이를테면 다음의 문항을 보자(Lange, 1987).

어느 연못에 있는 고기를 잡지 않는다면 개체수의 증가는 정규분포를 반 잘라 놓은 것과 비슷한 그래프를 그린다. 이를테면

년	0	1	2	3	4	5
개체수	2000	4000	5000	20000	40000	60000
년	6	7	8	9		
개체수	78000	88000	90000	99000		

농부는 일정한 기간 동안 자연 증가하도록 잡지 않고, 어느 해부터는 매년 일정한 양의 물고기를 잡으려 한다. 이 상황에서 농부에게 고기를 잡는 해와 양을 조언하여라.

학생들은 이러한 열린 질문이 있는 테스트 문항에 답하는 경험을 별도 가지지 못한다. 이러한 열린 질문은 주관식형의 대표적인 특성이지만 알맞은 채점(평가) 방법이 뒤따라야 한다. 이 점만 극복할 수 있다면 이 문항은 학생들의 창의적이고 통합적인 능력을 재는 데 우수한 문항이다. 다른 나라의 사례를 들어보자(1989, NCTM). 또, 다음 문항은 우리나라에서 선호하는 문항형식을 가지면서 이러한 능력을 측정·평가하는 것이다.

A에서 D까지 갈 수 있는 가능한 길은 몇 개인가? 단, 아래로 가든지 또는 오른쪽으로 가야 한다.

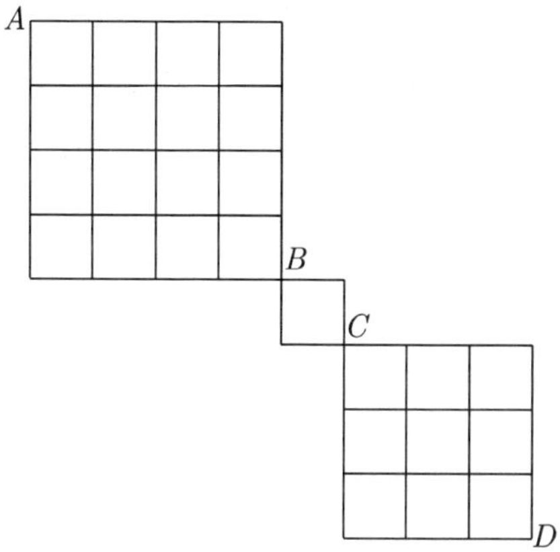

(확장 1) 다음과 같은 수의 삼각형 모양의 배열에서 빈 칸에 알맞은 수를 써 넣어라.

1
1 2 1
1 3 3 1
1 4 6 4 1
1 - - - - 1
1 - - - - - 1

어떤 패턴이 있는가?

(확장 2) 선을 따라 아래로 내려가는 방법으로 A에서 B까지 가는 서로 다른 길은 가능하게 몇 개인가?

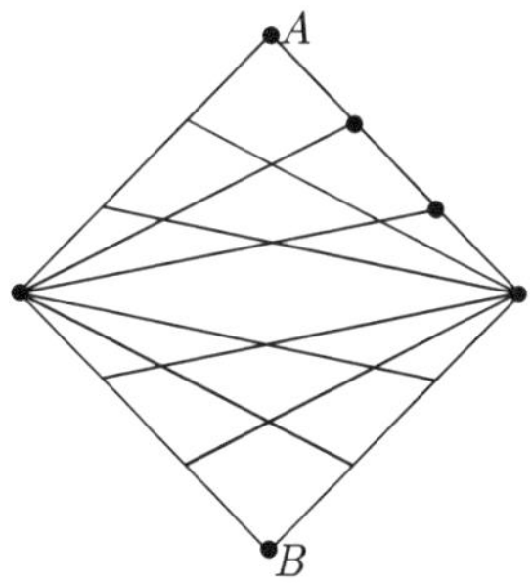

이런 문항도 수학에서 측정하기 매우 어려운 학생들의 능력, 즉 창의성과 한 개념을 점진적으로 확장하여 복합적인 아이디어로 갈 수 있는 능력 등을 효과적으로 잴 수 있는 문항이다. 이런 문항 속에서 학생들은 잠재능력과 사고의 확산적 과정

을 스스로 경험한다. 따라서 교사가 옆에 있으면서 이런 문제를 푸는 학생을 관찰해야 한다. 이때, 필요하면 "~ 왜 그렇게 생각하는가?" 또는 "~의 이유를 말하여라" 등등 학생들의 사고를 최대로 나타낼 수 있게 한다.

구두형 – 구두테스트는 학생 수가 많은 교실에서는 수행하기 어려운 면이 있지만, 40~50분 동안 실시하는 연필–종이 시험을 보완해주는 좋은 테스트이다. 어떤 문항은 학생들의 생각을 모두 담을 수 없다. 특히, 문항에 일반화, 수학화와 같은 과정이 있다면 45분 테스트에서 그 과정을 충분히 글로 표현할 수 없다. 추론에 관련된 증명문항에서도 같은 현상이 일어난다. 비록 추론문항이 주관식이라 해도 자세한 이유는 생략하고 큰 줄거리 위주로 이유를 써내려간다. 또, 테스트 도중 학생들은 문항 출제자의 생각을 이해 못하는 경우도 많다. 이 경우 구두문항으로 하면 학생은 교사가 출제한 의도를 명확히 알 수 있고, 잘못 사용된 단어, 기호 등에 대해 질문을 할 기회가 생긴다. 전통적인 성취도 검사에 학생들이 낮은 성취를 보이는 이유는 단순하게 생각하여 그들이 개념을 이해 못했다든지 시험준비를 충분히 하지 못했다든지 등 학생들의 타고난 능력과 공부방법 등에 그 잘못을 넘기는 경우가 간혹 있다. 우리는 좀더 효율적인 지도방법과 측정방법을 생각해야 한다. 다음 문제를 놓고 이야기하자.

> 집을 짓는데 벽돌을 쌓는 일은 2명의 기사가 한다. 한 사람은 벽돌을 모두 쌓는데 9시간 걸리고, 다른 사람은 10시간이 걸린다. 집주인은 경험에 의해 두 사람이 함께 일하면 1시간당 두 사람의 시간당 쌓아올리는 벽돌수에서 10을 뺀 양을 쌓아올린다. 이와 같은 작업 양으로 이들은 5시간에 걸쳐 벽돌을 다 쌓는다고 한다. 벽돌의 수는 얼마인가?

연필과 종이를 제한한 시간에 문제를 풀게 하는 방법은 4분 동안 쉬운 문제와 더불어 이 문제를 풀게 하여 학생들은 단답형 또는 선다형식으로 답을 한다. 즉,

$$\frac{x}{9}+\frac{x}{10}-10=\frac{x}{5}, \quad x=900$$

실험에 의하면 이 문제를 필답고사의 문항으로 할 것인지 또는 구두고사의 문항으로 할 것인지에 대해서는 학생들의 반응이 다르다.

학생 S : 나는 구두고사의 문항을 즐겁게 풀 수 있다. 구두고사는 항상 출제자 또는 교사가 바로 옆에 있어 문제를 푸는 중에 잠깐씩 질문을 할 수

있고, 가능하면 힌트를 얻을 수도 있다. 풀이를 말하는 것은 쓰는 것보다 간편하고 더 논리적일 수 있다. 25문항을 주면서 주어진 시간에 푸는 필답고사는 시작부터 어떤 문제를 푸는데 멍해지면, 이후 다른 문항도 포기한다.

이 학생의 경우는 쓰는 것보다 말하는 과정을 즐겁게 받아들인다. 이 학생은 위의 문제에서 갑자기 더 이상 진행이 되지 않는 부분이 있을 때 구두시험 진행자에게 물어보는 것이 자연스러운 현상으로 받아들인다. 이를테면,

학생 S : 선생님 '시간당 쌓아올리는 벽돌 수에서 10을 뺀 양'은 두 사람이 함께 1시간당 20 + 50(개) 쌓는다면 이 합 70에서 10을 뺀다는 것인가요?

라고 자기해석을 확인할 수도 있고, 문장이 길 때 구체적인 수의 보기를 통해 문장을 재해석하려고도 한다. 또

학생 S : 지금 이것하고 맨 마지막 문장 '… 가 5시간에 걸쳐 벽돌을 쌓는다'는 연결이 되는 문장인가요?

등과 같은 문제의 재진술까지도 교사에게 물어본다. 필답고사에서는 이러한 대화는 잘하지 않는다. 실험에 의하면 이 문제를 구두문항으로 푼 학생은 매우 난감해 하면서 교사에게 질문한다.

학생 T : 대답할 시간도 충분히 없고, 연필로 종이에 쓰면서 문제를 풀어야 생각이 잘나오는데…. 바로 앞에 선생님이 있어 어쩔 수도 없고….

학생 U : 우선 구두로 테스트를 보면 종이에 계산도 할 수 없어 문제를 풀어갈 수 없다. 또 나는 누군가가 나의 풀이를 보고 있는 장소에서는 테스트를 치를 수 없고 ….

대략 이러한 학생들의 반응이 있었고, 선호도는 반반으로 나누어졌다. 중요한 점은 구두시험의 감독이 과목담당 교사인 경우이기 때문에 친하지 않은 교사가 갑자기 테스트를 관리했다면 부정적인 면이 더 많을 것이라 예측했다. 어쨌든, 구두시험은 우리사회에 면접이란 명목으로 항상 존재해 왔다. 학생들이 성인이 되어 회사에 취직할 때, 맨 마지막 대하는 테스트는 면접시험이다. 회사는 면접을 통해 시험자의 논리적 진술태도, 당혹스럽고 질문을 갑자기 받고 이를 명쾌하게 풀어나가는 능력, 시험자가 가진 지식의 양과 종류 등 필답고사로 볼 수 없는 시험자의

정보를 많이 읽을 수 있다.

다음 구두시험으로 물어볼 수 있는 문항이다. 어떤 방법으로 구두시험을 치를지 생각하여라.

• 그림과 같이 4개의 다각형이 맞물려 있다. 모두 정다각형이 될 수 있는가?

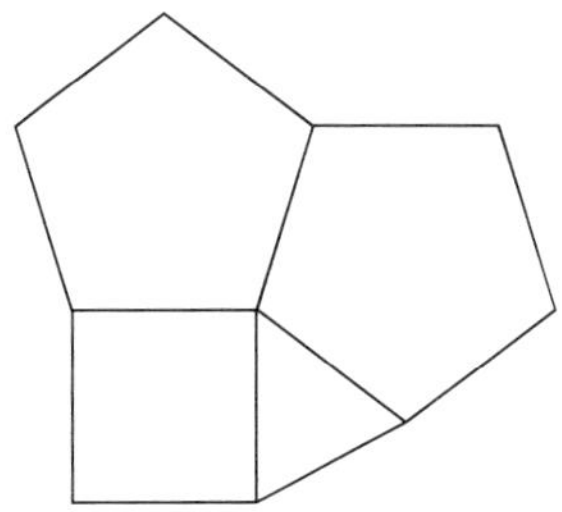

• 999019나 1000343 중 어느 것도 소수가 아님을 설명하여라.

일반적으로 구두테스트를 선호하는 학생들은 장점으로 다음을 말한다.

• 탐구 또는 통찰을 위한 더 많은 질문가능
• 개념형성 과정 또는 수학화에 출제자에 질문가능
• 덜 강조한 계산활동 또는 기능의 사용
• 좋은 테스트 분위기 때문에 긴장 완화
• 힌트를 물어볼 수 있어 문제해결의 좌절해소
• 너무 세밀한 부분을 피하고 일반적인 질문가능

또한 학생들은 구두문항의 단점도 말한다.

• 시간부족
• 출제자와 대면함으로 긴장 또는 스트레스 출현
• 계산활동의 빈곤

여러 장단점이 있지만 교실에서 좀더 자주 실시해야 할 테스트이다. 왜냐하면 학생들 미래는 구두테스트와 관련이 많기 때문이다.

혼합형 – 두 개 이상의 테스트 형식은 한 개 테스트처럼 운영하는 방식이다. 앞에서 말한 대로 객관식 또는 주관식의 문항은 항상 약점을 가진다. 이들 약점을 그대로 방치하는 경우 학생들의 성취도가 실제 그들의 능력보다 낮다든지, 교사가 알고 싶어 하는 정보를 얻을 수 없다든지 등 교실의 교육현상을 잘못 알려줄 수 있다. 물론, 학생들의 테스트 성적결과를 잘못 해석하는, 즉 단순히 학생들의 등수를 결정하는 방식으로 이용한다면 객관식 테스트이든 주관식 테스트이든 구별할 필요는 없다.

혼합형은 객관식 또는 주관식을 전통적 테스트 방법으로 1차 실시하고, 2차에는 구두시험으로 1차와 같은 내용기준(목표)을 테스트하는 방식으로 열린 문항 형식을 택한다. 이를테면,

내용영역 : 퍼센트 문제

(1차 시험) 다음 중 알맞은 답 하나를 골라라(10점).

삼각형의 밑변의 길이는 10% 증가했고 높이는 10% 감소했다. 넓이는 얼마나 변했는가?

① 1% 증가　　② $\frac{1}{2}$% 증가

③ 0%　　④ $\frac{1}{2}$% 감소

⑤ 1% 감소

답은 1% 감소이다. 이 문항은 ⑤에 동그라미를 친 학생은 10점을 받을 수 있고, 나머지에 동그라미를 친 학생은 0점을 받는다. 우수한 학생의 풀이는 다음과 같다.

b를 밑변의 길이, h를 높이라 하면

$$\frac{1}{2}(1.1b)(0.9h) = 0.99\left(\frac{1}{2}bh\right)$$

이다. 따라서 원래 삼각형의 넓이 $\frac{1}{2}bh$의 1% 감소했다.

1차 시험의 결과는 학생들의 가정에 한 점수로 보낼 수 있고, 아마 교사에게는 개념을 활용하는 학생의 능력을 짐작할 수 있으며, 이 학생이 답(⑤)을 택했기 때문에 수학의 성취능력이 좋다는 가정을 얻을 수 있다. 그러나 만점을 받았기 때문에 같은 반 또는 전교에서 순위가 어느 정도라는 것을 예시하지는 않는다.

(2차 시험) 다음은 퍼센트에 관한 문제이다.

어떤 장난감이 x원에 팔렸다면 이 장난감의 원가에서 15%가 손해이며, 그런데 이 장난감이 y원에 팔리면 15%의 이익을 가져온다.

여기에 열린 질문을 이용하여 다음과 같이 물음에 답할 수 있다.

(1) 집에서 다른 사람의 도움 없이 이 문제에 알맞은 질문(목표)을 정하여라. 그리고 풀이를 하여라.

(2) 위의 (1)을 답하기 위하여 자기가 알고 있었던 내용은 어느 것인가? 모르는 것은 친구의 도움을 받았는가?

(3) 오늘 이와 비슷한 문제 하나를 생각하여라.

위에서 1차 시험은 전통적인 성취도 검사에서 자주 나오는 문항이며, 2차 시험은 1차 시험을 다시 약간 변형하여 시험을 보는 경우도 있다. 이때, 주의할 점은 1차 시험 때와 같이 성취도 ○○점과 같은 방식은 의미가 있고, 질문을 다르게 하여 학생들의 추론과정, 문제해결의 전략, 정보해석 등을 본다. 학생들은 1차와 같은 문항이기 때문에 훨씬 안정적으로 구두시험을 볼 수 있다. 그러니 대부분의 학교에서는 위에서 보는 것처럼 문제의 구조가 비슷한 것 같은 과제 또는 문제를 가져와 질문, 힌트 등을 주면서 학생들의 의사소통의 능력, 정보해석의 능력, 새로운 상황으로 전이하는 능력, 반영 및 일반화의 능력 등을 측정한다. 학생에게는 2차 시험이 훨씬 어렵다.

과정형 – 우리는 교실에서 수업 중 수학의 여러 과정을 컴퓨터 또는 실험을 통해 보여준다. 개념형성을 위한 수업은 많은 교사가 관심을 가진다. 강태성(2004)의 개념형성을 수업으로 발전시킨 비디오 수업광경을 보면, 개념형성 도중에 학생들은 재미있는 놀이를 동원하여 반영적 추상과정을 잘 보여주었다. 이 개념형성의 맨 마지막에는 교과서에 "삼각함수의 그래프" 정의가 엄격하게 소개되었다. 이때, 우리는 교과서에 있는 이 정의를 학생들이 이용하여 내적 문제해결에 이용해 주기를 바란다.

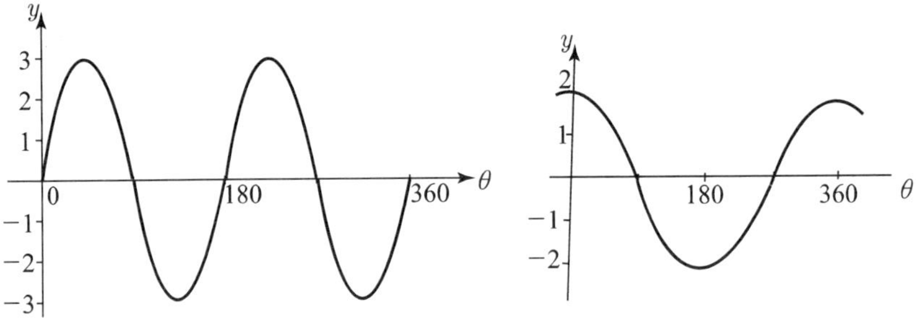

지금까지 측정·평가는 수업의 한 울타리 안에 있다고 주장하였다. 그런데 학교에서 많은 학생을 상대로 실시하는 모의고사, 수능고사 등도 과정을 평가하는 문

항이 쉽게 발견되지 않고, 확인평가 등에도 이를 찾아볼 수 없다. 과정을 측정·평가하는 기회가 적으면 수업에서 개념형성, 개념구성, 모델링과 같은 과정이 꼭 필요한 수학 주제들에 대해서는 교실에 도입하지 않는다. 삼각함수의 그래프에서 교과서 정의를 몇 번 읽고 그래프보고 식 세우는 활동만 강조한 학생에 다음과 같은 과제를 주어 보아라. 어떤 일이 일어날까?

지름이 0.2미터인 바퀴가 그림과 같이 지면을 굴러간다. 점 P가 미터만큼 이동하면 지면에서 점 P까지 높이는 h이다. 그래프를 그려라. 또, θ에 의한 h의 방정식을 세워라.

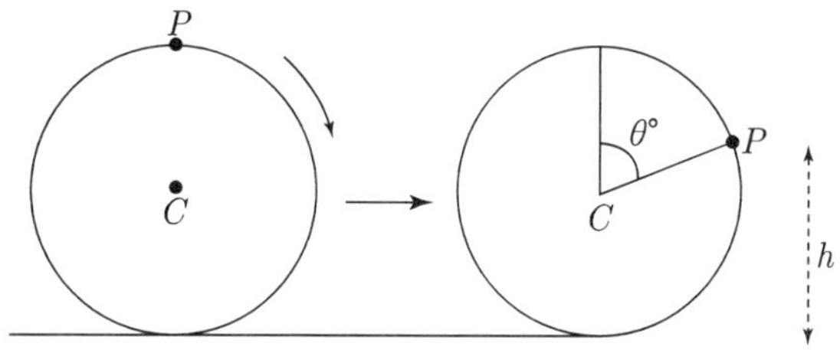

과정평가에서는 구성(constraction)과 모델링 같은 소재를 중시한다고 했는데, 구성의미는

- 다양한 해결방법이 나오는 열린 문제를 풀기
- 다양한 수준의 수학화를 창출하기
- 정보, 참조가 부족한 불완전한 문제 풀기

등을 포함하는 수학적 활동을 의미한다. 앞의 도함수 $f'(x)$를 산출하는 문제에서 미분계수 개념은 물리적인 소재(속도)에서 시작하여 구성하는 과정을 거쳐 올 수 있는 개념이다. 그런데 우리는 바쁘고 시간이 부족하여 교과서에 있는 정의를 한 번 읽고 보기를 하나들면 이 개념의 지도는 끝난다. 그 다음은 '정말로 학생들은 이 개념을 이해할까?' 하는 생각을 오랫동안 가진다. 또 구성의미를 잘 살린 다른 보기를 들어보자.

한 변의 길이가 4인 정사각형 $AXYZ$의 내부에 정삼각형 ABP가 있다. $\overline{AB}=2$이고, 점 P는 변 AX 위에 있다. 이 삼각형이 B를 회전중심으로 시계바늘 방향으로 회전을 하여 정사각형 네 변을 한 번씩 돌아 다시 원 위치에 돈다. 이때, 꼭짓점 P가 이동한 거리를 구하여라. 이유는?

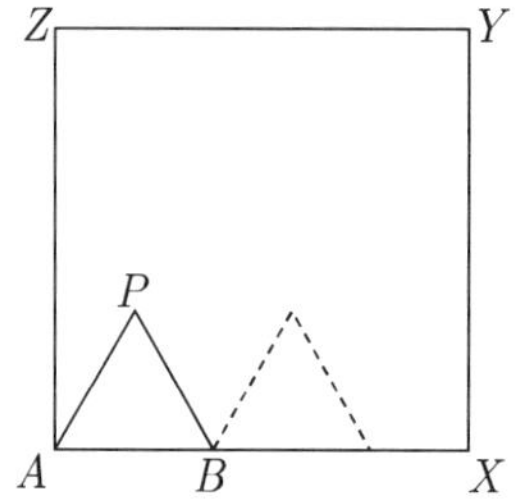

$$\frac{20\pi}{3},\ \frac{32\pi}{3},\ 12\pi,\ \frac{40\pi}{3},\ 15\pi$$

이 문제는 중학생들에게 재미있는 작도문제처럼 보이는 것 같았다. 거의 모든 학생이 정확히 그림을 그려 P의 이동을 확인하는 방법으로 풀어갔다. 다시 말하면 자기의 지식, 즉 배운 내용을 반영적으로 보면서 문제를 해결했다. 위의 조건 첫 번째는 문제해결의 수업에서 가장 강조하는 것으로 학생들의 창의성을 알아볼 수 있는 조건이다.

방정식 $x^4+ax^2+bx+c=0$의 해는 1, 2, 3이다. $a+c$의 값은 얼마인가? 가능한 여러 해법을 제시하여라.

고등학교 1학년 학생들에게 문제를 주었을 때, 첫 번째 해법은 비교적 많은 학생들로부터 나왔다.

3개의 해를 대입하면

$$\begin{aligned} &1+a+b+c=0 \\ &16+4a+2b+c=0 \quad (a,\ b,\ c)=(-25,\ 60,\ -36) \\ &81+8a+3b+c=0 \quad \therefore\ a+c=-61 \end{aligned}$$

이다. 이 해법은 교과서에서 자주 취급하는 것으로 비슷한 문제를 많이 풀었다는 반응이 나왔다. 그러나 중시하는 점은 다른 두 개의 해법을 생각해내는 것이다.

결국 수학의 학습은 이해를 하는 활동에 깊이 관련이 되었기 때문에 구성적으로 보는 능력을 학생들에게 심어주어야 한다. 우리나라에서 과정평가는 생소한 내용이 아니다. 각 학교에서 실시하는 교사들이 모여 토론에 의하여 만든 문항을 보면 "~를 유도하여라."와 같은 목표가 문제에 나오는 것을 자주 본다. 또, 수능평가 실험기간에 만든 문항을 보면 일종의 과정평가를 암시했다. 즉, 큰 수학적 아이디어를 생각한 다음에 그 아이디어에 도달하기 위한 작은 아이디어를 질문하는 형식으로 문항이 구성되었다. 이를테면

(1) 한 개의 주사위를 2회 던질 때, 눈의 합이 3 이하일 확률을 구하여라.

(2) a, b는 집합 $\{1, 2, 3, \cdots, 99, 100\}$에서 임의로 택한 수라고 할 때 3^a+7^b의 일의 자릿수가 8일 확률은 얼마인가?

(3) 그림과 같이 한 변의 길이가 1인 정사각형 $ABCD$ 내부의 점 P를 임의로 택할 때 삼각형 ABP가 예각삼각형일 확률은 얼마인가?

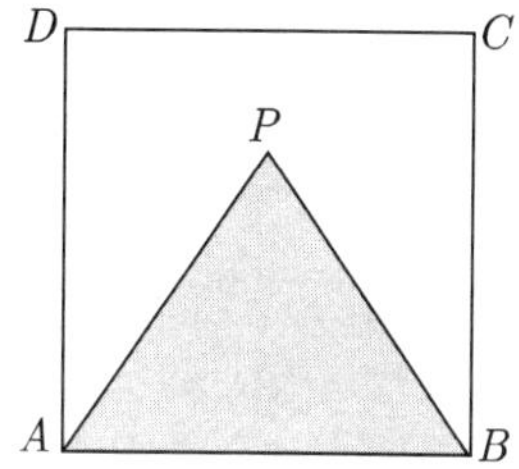

앞에서 예를 든 NCTM(1989)에서 제시한 모델링 문제도 과정평가에 해당하는 것으로 결과(답)만 측정·평가하는 성취도 검사의 약점을 보완할 수 있다. 초등학교 또는 중학교 1학년 수준에서 다룰 수 있는 다음 문항도 비슷한 예이다.

다음 NCTM(2001)에서 제안한 문제이다. 순서에 따라 질문에 답하여라.

(문제 진술) 그림은 1000m × 1500m 직사각형 모양의 대지에 주택과 공원, 담을 설계한 것이다. 주택과 공원도 역시 직사각형 모양을 하려 한다. 넓이를 1350000m^2로 하려면 주택과 공원 용지의 폭은 대략 얼마로 설계해야 하는가? (계산기 활용)

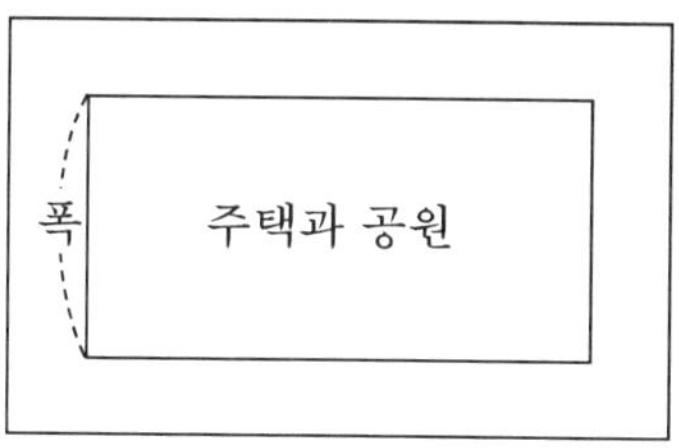

(1) 폭에 따른 넓이를 표로 완성하여라.

(2) 그래프로 완성하여라.

(3) 소수점 첫째 자리까지 값을 구하여라.

대부분의 학교에서는 표준화된 테스트 또는 교사가 테스트를 이용하여 성취도(백분율)를 점수로 알아보며, 이는 당연히 교사의 책무로 받아들인다. 항상 학생들

의 점수가 교사의 지도와 관련되어 있고, 학생들의 능력에 대한 비교를 쉽게 해준다. 그러나 테스트 점수는 그 학생이 잘 교육되고 있는가를 나타내는 훌륭한 지표는 아니다. 90점 얻은 학생과 50점 얻은 학생을 놓고 점수 높은 학생은 개념원리를 잘 이해하고 모든 수학적 능력이 월등하다고 말하는 것은 좋은 해석이 아니다. 이를테면, 함수개념을 테스트 문항 하나로 측정하고 성취 높은 학생은 함수개념을 이해했다고 말할 수 없다.

함수개념을 이해하기 위해서는 개인별로 서로 다른 전략을 구사한다. 어떤 학생은 친구와 대화를 통해 자신이 얻을 수 없는 아이디를 얻어 그 개념을 이해할 수도 있고, 어떤 학생은 함수를 이해하기 위해 실생활이 뛰어들어 함수에 관련된 많은 문제 장면을 얻어 비로소 함수를 이해하게 된다. 이러한 개인별 특성은 고려하지 않고 모든 학생에게 똑같은 한 문항을 주어 ○, ×로 성취를 알아보는 것은 부족하다. 때문에 학교에서 교사가 직접 만든 테스트는 특별한 의미가 있다. 교사는 자기가 직접 가르친 내용과 학생을 잘 알기 때문에 수업한 내용과 영역을 측정목표로 선정하고 이에 알맞은 문항을 만드는 적임자이다.

정보자료수립 원래 성취테스트는 교사가 교육적으로 정한 기준을 학생들이 도달했는가를 알아보는 일종의 학생들의 성취수준을 재는 활동이다. 이때 점수는 테스트 문항의 성취도를 나타낸다. 만일 실시한 테스트 문항의 신뢰도가 높다면 이들 점수는 학생들의 성취도를 알리는 훌륭한 지표이다. 이들 자료는 교사, 행정가, 전문가들에게는 중요한 정보를 주는 원인이 될 수 있다.

이것 이외에 점수는 계산능력, 문제해결, 개념의 전이 등에 대한 훌륭한 정보를 제공해준다. 다음 정보를 어떻게 해석하느냐는 타당성의 문제이다. 학교에서 전국적으로 실시하는 표준화된 검사(수능 테스트, 잘 정리된 모의고사)는 학생들의 성취를 알릴 수 있는 가장 믿을 수 있는 지표가 된다고 알려져 있다. 그러나 보통학교에서 월말고사 또는 기말고사에 나오는 문항은 타당도에서 의심이 가지만 학생들의 실체를 재는 가능한 지표로 널리 알려져 있다. 교사가 많든 테스트 문항은 상업적으로 활용되는 표준화 테스트 못지않게 교사 또는 학부형들에게 좋은 정보를 제공한다. 이를테면 문제의 진단, 보충, 심화를 위한 기초정보 및 학생들의 사고전략을 도울 수 있는 데이터를 제공하며, 학생들의 수학적인 아이디어를 정교하게 발전시킨다든지, 교육과정상의 지도내용의 세분화하는 등에 이들 자료는 훌륭하게 활용이 된다. 교사의 입장에서 학부형에게 그들 자녀들의 성취수준, 사고의 발달 수준, 수학적인 적성 등에 관한 정보를 제공하려 할 때 이들 테스트 점수처럼 단순하면서 명쾌하게 알려줄 수 있는 데이터는 없다.

제 4 장

수학과 성취도 테스트(보완)

: 의사소통, 문제설정

4.1 성취도 테스트 보완: 의사소통의 문항

듣기, 읽기를 통한 이해, 질문을 개발하기, 자신의 수학적 사고 과정을 말하기 등은 학습의 이해를 증진시킬 뿐 아니라 새로운 분야에 자신의 수학적 기능을 응용하고 복합적인 문제해결을 더 쉽게 하고 새로운 지식을 얻는 유연한 사고를 길러주는데 없어서는 안 될 수업요소이다. 교사 없이 독학으로 수학을 학습하고 응용력이 풍부한 사람으로 변한 이야기를 주위에서 들어본 적이 있는가? 그런 환경은 상상할 수 없다. 다음 문제를 중학교 3학년 우수여학생에게 3학년이 거의 끝나는 시기에 풀게 했다.

한 변의 길이가 1인 정사각형의 내부에 임의의 점 P를 찍어 ΔABP가 예각삼각형일 확률을 구하여라.

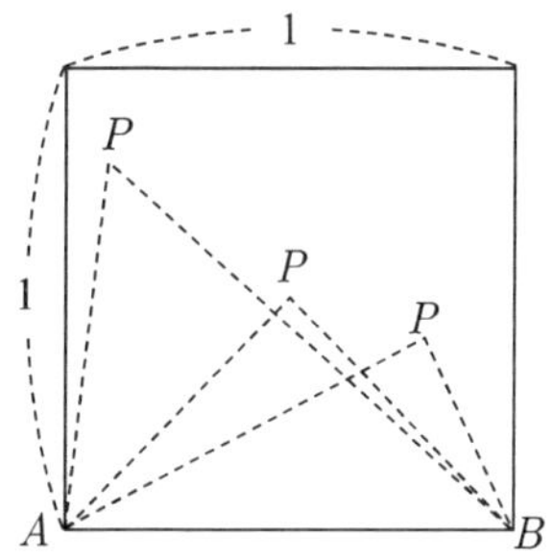

교사 : 문제를 푸는데 질문할 것이 있어요?

학생 A : 막연하네요. 비슷한 문제도 본적이 없어요.

학생 B : 예각삼각형이 될 때를 알아야 하는데 어떻게 알 수 있어요?

교사 : 점 P를 그림과 같이 여러 곳에 찍어보세요. 어떤 삼각형은 둔각을 가지고 있고, 어떤 삼각형은 예각만 가지는 삼각형이 있어요.

학생 모두 : …

쉽게 문제가 풀려지는 상황이 아니어서 교사는 힌트를 주기로 하였다. 너무 구체적 힌트는 학생들 사고에 큰 도움이 되지 못하므로 포괄적이고 추상적인 힌트를 주기로 하였다.

교사 : 원에서 같은 현에 대한 중심각과 원두각 사이의 관계(공식)를 알아요?
학생 모두 : 네. 배웠어요.
교사 : 현이 지름이라면 중심각은 180°이고, 원주각은 90°이지요.
학생 : …
[얼마 후 한 학생이 손을 들고 아이디어를 얻었다고 말한다.]
교사 : 말해보세요.
학생 : 변 AB를 지름으로 하는 반원을 원의 내부에 그리면 쉽게 얻어질 것 같아요.

이후 그 학생은 그림을 그리고 점 P가 반원 주위에 있으면 직각삼각형이 되기 때문에 예각삼각형이 되는 영역을 빗금쳐 확률계산을 하였다.

〈토론〉 다음 문제를 학생들이 풀도록 질문(힌트)으로 유도하여라. 그리고 교사와 학생, 학생과 학생 간에 어떤 대화가 있는 기록하여라.

• 다항식 $(x^2+1)^{100}$을 x^4+1로 나눈 나머지를 구하여라.

• 칠판 위에 100부터 999까지의 자연수를 한 번씩만 임의의 순서로 적어간다. 이때 각 단계에서 적혀진 수의 각 자리의 숫자의 하나을 기록하여 그 합이 이전에 세 번 나왔으면 칠판에 수를 쓰는 작업을 멈추기로 한다. 자연수를 최대한 몇 개까지 적을 수 있는가?

• 어떤 학교에서 다음은 참이라고 해본다.
Ⅰ : 약간(some)의 학생들은 정직하지 않다.
Ⅱ : 모든 독서회 회원들은 정직하다.
필요한 결론은 다음 어느 것인가?
(1) 약간의 학생들은 독서회 회원들이다.
(2) 약간의 독서회 회원들은 학생들이 아니다.
(3) 약간의 학생들은 독서회 회원이 아니다.
(4) 독서회 회원은 학생이 아니다.
(5) 학생은 독서회 회원이 아니다.

자주적 학습을 강조한 비그(Biggs, 1982)의 실험에서는 수학의 학습은 수학적 의미를 구성해가는 과정으로 본다. 따라서 교실의 학습환경은 학생들의 구성과정을 촉진시켜 주는데 강조를 두어야 한다고 말한다. 그러면 '어떻게 해야 교사는 구성과정을 촉진시키는 교육환경을 만들 수 있을까?'를 깊이 고민하는 수학교사는 자연스럽게 학생들 간의 대화 또는 아이디어 교환을 생각한다. 이를 의사소통이라는 용어로 나타낸다.

본격적으로 의사소통을 수학과 교육과정에 도입한 NCTM(1989)에 의하면, 수학을 이용하는 학생의 능력 개발은 기호와 부호, 수학용어의 학습을 통해 이루어지며, 읽고, 쓰고, 아이디어를 토론하는 과정을 통해 수학언어가 획득이 되며, 특히 의사소통은 문제상황 속에서 성취가 가장 잘 이루어진다고 한다. 우리나라 학생들의 수학적 개념과 기호 의미를 어떻게 얻는가를 실험한 결과에 의하면 개념과 기호 사이에 숨어 있는 관련성을 파악해야 하는데 이 과정은 친구들과 의견교환 또는 수학일기 쓰기를 통해 이루어진다는 것이다(박석훈, 2009). 따라서 수학교사가 의사소통을 어떻게 수업에 활용하느냐는 수학의 이해와 깊은 관련이 있다. 다음은 ○○교사가 태백시에서 수업 중에 일어난 일을 소개한 것이다. 그녀는 수업 중에 자주 "여러분의 친구가 어제 결석을 했다. 여러분은 어제 배운 수학내용을 친구한테 설명하여라."와 같은 측정·평가 과제를 주었다(신진희, 2004).

이러한 평가 과제를 어떻게 점수화할 것인지는 또다른 학교의 고민이다. 학생이 보여준 해결방법을 종전의 만점과 부분 점수로 채점할 수는 없다. 여러 연구가들이 채점 방식을 제시했다. 이를테면, 1~4등급(점수)을 정하고 각 등급에 알맞은 학생의 완성도를 서술하였다. 위 과제의 경우에 만점 4점을 얻을 수 있는 학생은

- 설명하는 수학내용이 바른 과정이어야 하고,
- 설명이 전달하고자 하는 핵심내용을 담고 있어야 하며,
- 그림, 기호, 부호 등이 정확히 수학내용의 전개와 일치되며
- 수학내용의 진술과 설명과정이 논리적이어야 한다.

과 같은 조건을 모두 만족할 때이다.

다음 평가 문제를 네 사람이 같이 풀고, 네 사람이 아이디어 교환(풀이)을 한 결과를 A4용지에 정리하여 제출하여라. 단, 자기 생각을 더해서 정리해도 좋다.

다섯 개의 양의 정수가 있다. 이들 중 임의의 두 개 양의 정수를 택하여도 그들의 최대공약수가 두 수의 차이와 같게 해야 한다. 이 다섯 개의 양의 정수를 말하여라. 예를 들면 ×, ×, 40, 42, ×에서 40과 42의 최대공약수는 2이고, 두 수의 차이도 2이다.

정희순(2006)의 구성적인 수업을 보면 그녀가 등비 급수는 공비 $|r| \le 1$일 때 수렴하고 그 합은 $\frac{(\text{초항})}{1-(\text{공비})}$임을 그들의 아이디어 교환을 통해 개념을 구성하도록 도와준다.

이를 위해 학생들 간의 의견나누기를 강조하면서 영상적인 자료를 보여주기로 하고, 활동적으로 종이를 접는 행동을 도입하며 파워포인트로 프랙탈 소재를 TV에서 보인다. 즉, 그녀는 이미 충실한 학생교사 대화를 강조하고, 학생들의 자주적인 활동을 스스로 반영하게 하고, 수업 중 몇 사람과 의미교섭을 장려한다.

따라서 7차 수학과 교육과정 이후에 학교교육은 자주적 학습, 구성과정을 중시하는 교재개발, 창의적인 활동을 스스로 할 수 있는 교실환경을 만들기 등 종전과 다른 교육목표를 두고 있다. 이러한 교사의 지도에 대한 변화는 자연스럽게 측정·평가의 변화로 이어진다. 이를테면 다음 자료를 보면 현행 교육과정의 특징이 잘 들어나 있다. 개인의 탐구활동을 통하여 개념의 구성 과정을 교재로 만든 것이 특징이다.

교실에서 다음을 관찰하여라. 그리고 이들 점수로 환산하여라.

"두 학생을 한 팀으로 하고 한 학생이 다른 학생에게 다음 문제의 풀이를 설명하게 한다."

(1) 수박이 한 단위 무게에 380원이다. 다음 표를 완성하고 물음에 답하여라.

단위 무게의 수	가격(단위 백원)
1	0.38
2	0.76
3	1.14
⋮	⋮

(a) 방정식을 써라. 그리고 방정식의 그래프를 그려라.

(b) 직선의 기울기는 얼마인가? 기울기 의미를 설명하여라.

(2) 다음 그래프는 일하는 시간에 따라 받는 임금을 나타낸 것이다.
두 그래프의 기울기를 어림하여 비교하여라. 비교하는 두 기울기는 어떤 의미인가?

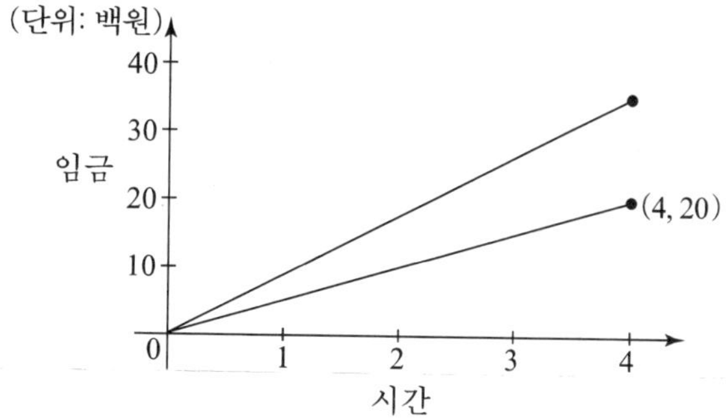

위와 같은 수업을 가능하게 한 목표는 종전의 강의식 수업에 관련된 학습목표와는 크게 다르다. 다시 말하면 선언적으로 개념교육을 하는 교실수업에서는 개념의 형성 과정을 묻는 평가문항을 줄 수는 없다. 학력고사에서나 볼 수 있던 문제들이 평가에 이용되었기 때문에 정답을 보고 개념형성도 바람직했고, 개념형성의 결과도 옳았다고 짐작했다. 반면 결과(답)가 잘못된 학생은 모든 학습활동을 부정적으로 보았다. 이러한 종전의 측정·평가 시각으로 위 학습결과를 잴 수 있을까? 하는 문제가 교실에 항상 존재한다.

종전의 수학과 교육과정과 현행 교육과의 차이는 거의 없으나, 현행에서 일반목표에 구성의 관점은 물론이고 의사소통을 중요한 목표항목으로 놓았다는 점이다. 일단 일반 목표에 반영되면 당연히 초등학교에서 고등학교 1학년까지 교수요목에 의사소통의 목표를 달성하기 위한 구체적인 지시내용(개념, 기능, 문제해결)과 평가를 상세화해야 한다.

일반 목표 수준에서 의사소통은 지식, 생각, 의견, 정보를 말하기, 듣기, 읽기, 쓰기, 토론하기 등의 방법으로 상호간에 전달, 교환하는 과정과 행동을 의미한다. 이를 학년목표 또는 단원목표 수준으로 상세화해야 하나 국가에 따라서는 일반 목표수준을 그대로 학년목표나 단원목표로 놓아두는 경우가 많다. 왜냐하면 일반 목표로서 위계가 확실한 수학개념 또는 문제해결에 비해 의사소통에 관련된 교수요목은 위계를 정하기 어렵기 때문이다. 다만 교사가 의사소통의 정의에 따라 말하기, 듣기, 읽기, 쓰기에 대한 적절한 수업목표를 정해야 한다. 현행 수학과 교육과정은 후자의 관점에 따랐다. 이를테면, 다음 문제상황은 의사소통의 듣기에 대한 측정·평가문항으로 이 문항을 꼭 완성도가 높은 것일 필요는 없다. 오히려 문제 만들기 수준이나 부분적으로 문항을 보완 수정하는 소재도 좋다. 교사에 따라서는 관찰지를 사용하여 학생의 듣기과정을 점검할 수 있다.

다음 문제풀이를 동료학생이 칠판에서 설명할 것이다. 동료가 말하는 것(풀이)을 잘 듣고 노트정리하여 제출하여라.

• 김○○씨는 다음 지도의 힘 A에서 D로 여행한다. 그런데 D로 가기 위해 B 또는 C를 거치려 한다. 그의 차 속력은 시간당 60km이고 항등속력이며 정확히 1시간에 끝내려 한다. 그는 B를 거쳐야 하는가?

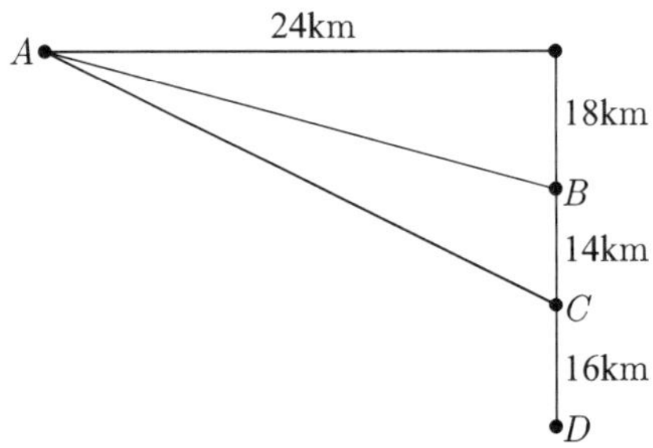

의사소통은 수학의 절차 또는 과정에 대한 지식이므로 뚜렷한 교수과목(예, 함수의 그래프, 지수, 로그 등)으로 표현할 수 없다는 약점이 있다. 그러나 앞에서 강조한 바와 같이 의사소통의 기능은 문제해결의 전략 지식 및 개념적 지식 등의 획득에서 없어서는 안 될 과정이다. 개념적 지식의 수업에서 의사소통이 어떤 역할을 하는지는 자기수업보다 다른 사람의 수업을 보면 금방 알 수 있다. 전보람(2003)의 "함수 $y=\sin x$의 그래프라는 개념형성 과정을 강조한 개념적 이해 수업을 보자. 아마 이 수업을 어떻게 하느냐?"하는 질문보다 이런 수업을 한 후 "평가를 어떻게 해야 할까?"라는 고민이 앞설 것이다.

〈조사활동, 방영적 활동〉

학생과 교사는 종이접기를 이용하여 포물선을 얻는다. 학생들은 모둠별로 서로 토의해가면서 포물선이 어렴풋이 나오기 시작하는 광경을 본다. 어떤 학생은 실험과정을 잘못 해석하여 시행착오를 하는 경우도 있으나 결국 옆 친구에 의하여 잘못이 교정이 된다.

〈실험의 끝날 무렵 교사활동〉

각 모둠의 실험이 거의 끝날 무렵 교사는 다음과 같은 질문을 던진다.

교사 : 여러분이 실험으로 얻은 곡선은 어떻게 만들어졌을까요? 즉, 그 패턴이 어떻게 나왔는가요.

학생들 : [각 모둠에서는 각자 실험에서 얻은 결과를 놓고 어떻게 해서 이러한 패턴이 나올 수 있는지 논의한다.] 우리 모둠에서 의견을 모은 결과 다음과 같은 결론을 얻었습니다. …
[교과서에 있는 포물선의 정의에 똑같은 대답은 아니지만 비슷한 내용으로 개념을 잘 이해하고 있음을 알 수 있다.]

위의 수업을 교사가 칠판에 포물선을 그려가면서 교과서에 있는 포물선의 정의를 읽고 보기하나를 들었다고 하자. 이런 종류의 수업은 우리나라 70년대, 80년대에 흔히 볼 수 있었던 것으로 교사의 설명식 수업이라 이름을 붙였다. 설명식 수업을 받은 학생들에게 의사소통의 문제는 없으나, 앞의 조사활동과 반영활동을 강조한 수업에서는 의사소통이 수업의 중심에 서기 때문에 수업목표로 의사소통이 들어간다. 이 측정·평가 문제를 만드는 일은 교사의 가장 어려운 일이기도 하다.

다음 서로 다른 두 수업을 비교하여라.

(상황) 질문과 의사소통이 활발하게 있는 수업 A와 교사의 권위 있는 설명 수업 B를 비교해보고 교육적인 논의를 해보아라.
후보 4명에게 유권자 18명이 무기명으로 투표를 할 때 네 후보가 얻을 수 있는 서로 다른 투표의 수의 결과는 몇 가지인가? (무효, 기권은 없다)

교사 A : 옆 동료와 같이 선생님이 나누어준 표를 완성한다.

	A	B	C	D
방법 1	10	3	3	2
방법 2				
⋮				

표를 만드는 과정에서 모둠 내 모든 학생은 활발하게 자기 아이디어를 발표해야 한다.

교사 A : 작성한 표를 모둠 내 하나의 표준이 되는 표로 통일한다. 그리고 다음 질문에 답한다(질문지 배부).

(1) 네 후보 A, B, C, D가 얻은 투표수를 a, b, c, d라 할 때, 이들 사이의 관계식은?
(2) 네 후보 A, B, C, D가 얻은 투표수가 각각 10, 3, 3, 2라고 하면 다음 그림과 같이 결과를 나타낼 수 있다.

○○○○○○○○○○○↑○○○↑○○○↑○○

네 후보 A, B, C, D가 얻은 투표수가 각각 8, 4, 0, 6이라면 위 그림과 같이 결과를 나타내어라.

(4) 있을 수 있는 투표의 결과는 위에서 보는 것과 같이 18개의 ○과 3개의 ↑를 늘어놓는 방법의 수와 같다. 이를 이용하여 투표결과의 모든 경우의 수를 구하여라.

교사 A : 모둠에서 서로 이야기한 결과를 이용하여 공 18개를 서로 다른 네 개 이하의 상자에 집어넣는 방법의 수를 생각해 보자.
[이하 교사의 설명]
⋮

교사 B는 위와 같은 많은 활동과 질문, 수학적 아이디어에 교환, 결과를 생각하는 환경 등을 제공하는 것은 교육적으로 바람직하게 보일 것 같지만, 교실에서는 수행하기 어려운 그리고 시간이 너무 많이 소요하는 수업이라고 생각한다.

교사 B : 서로 다른 n종류의 물건 중에서 중복을 허용하여 r개를 뽑는 경우의 수는 ${}_{n+r-1}C_r$이다. 다음 보기를 보자.

교사 B : 5개의 학급에서 8명의 임원을 뽑는 방법의 수를 구하여라. 우선 위의 공식에서 $r=8$, $n=5$로 하여 $13C_8 = 495$(가지)를 얻을 수 있다. 실제 일어나는 경우 하나를 그림으로 나타내면 다음과 같다. 학급을 A, B, C, D, E라 하면 A학급에서

○○	○○	○	○○	○
A학급	B학급	C학급	D학급	E학급

위 토론에서 말하려는 것은 우리나라 교실에 두 가지 전형적인 수업이 공존하고 있다는 것을 말하려 한다. 누구의 수업이 더 효율적인가를 논할 수는 없고, 두 교사의 교육에 대한 신념의 차이가 있다.

교사 A는 수업에서 질문과 탐구, 다양한 실세계 상황에서 수학의 개념(도합공식)을 논의해야 한다는 의사소통의 이론을 매우 중시하는 교사이고, 교사 B는 수학 교사는 충실하게 수학내용을 전달하고 학생들은 인류가 남긴 문화유산인 수학을 잘 이해해서 기억하고 필요하면 그것을 꺼내어 활용한다는 믿음을 가진다.

이때 측정·평가에서 교사 A는 심각한 도전을 받는다. 이러한 수업에서 학생들은 탐구활동, 실세계 상황으로 활용, 의사소통에 대한 수업활동에 자주 참여했기

때문에 교사 B 수업방식의 측정·평가는 큰 의미가 없다. 가능하게 다음 측정·평가를 생각해 보자.

n이 반지름이 1인 원의 내부 점 P의 개수라 하자. 그리고 원의 지름 양쪽 A, B에서 점 P까지 거리의 제곱의 합이 3이다. n은 얼마인가? (답: 무수히 많음)

(질문Ⅰ) (a) 이 문제를 해결하는데 좌표평면에 원을 그려 해결하는 것이 바람직한가?
(b) 예라면, 좌표평면을 그리고 문제의 뜻에 맞게 그림을 그려라.
(c) 그림이 문제의 표에 정확히 맞는지 이유를 설명하여라.

(질문Ⅱ) (a) 같은 반 친구 2~3명에게 자기의 풀이과정을 설명하려라. 필요하면 칠판 또는 교육자료를 이용해도 좋다.
(b) 자기 설명에 대한 질문을 받아라. 그리고 이해하기 쉽게 질문에 대한 답을 설명하여라.
(c) 자기의 해법과 다른 친구의 해법을 비교하여라. 다른 점이 발견되었는가? 이유는?

(질문Ⅲ) 이 문제를 실생활 응용문제로 약간 수정하여라. 이때, 혼자하지 말고 친구들과 공동으로 생각하여라. 혼자 할 때보다 훨씬 문제만들기가 쉬웠는가? 이유는?

이 문제의 해는 학생들이 좌표평면에 문제 표에 맞게 반지름 1인 원을 그릴 수 있느냐가 핵심이다. 다음을 문제조건에 맞게 식

$$[(x+1)^2+y^2]+[(x-1)^2+y^2]=3$$

을 세우고 $x^2+b^2=\frac{1}{2}$을 얻을 수 있다.

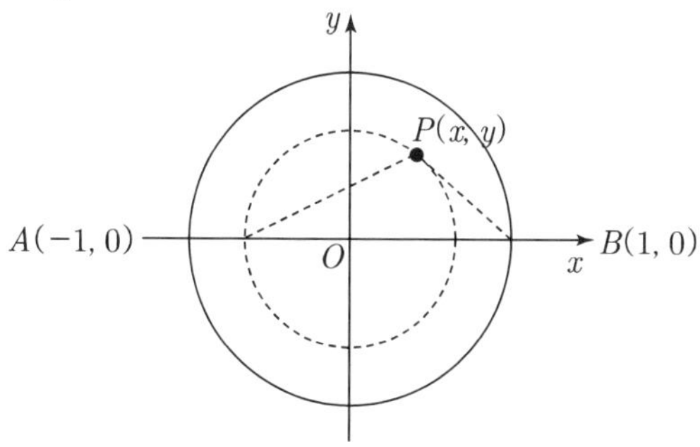

두 교사에게 6년을 배운 학생은 어떻게 변할까? 분명한 것은 교사 A가 교사 B보다 노력을 많이 해야 한다. 교사 A는 수업계획을 세울 때 질문을 가장 중요하게 생각하며 질문이 학생의 일생을 바꿀 수 있는 동기를 부여한다고 본다. 물론 수업자료 준비를 철저히 하고, 특히 탐구활동 또는 조사활동을 중시하여 생각하는 태도를 길러준다. 자료는 실세계에서 얻은 친근한 소재를 가지고 개념적 이해에 접근한다. 교과진도는 느리고 학생들 중에는 질문하고 친구들과 토론하는 것을 싫어한다. 의사소통에 관한 평가문항은 한 문제를 단답식으로 물어볼 수 없는 성질의 것이기 때문 학생들의 수업 또는 문제 풀이과정에서 학습활동의 체크리스트 기업도 훌륭한 평가방법이다.

다음 학생들의 활동을 관찰하여 생활기록부에 이 학생의 의사소통의 문제를 기록하여라.

(1) 김○○는 다음 문제를 어떻게 해결했는지 친구한테 설명하고 친구들의 질문에 답하시오.

○○지역에서는 1990년 2000년 사이에 판매된 TV 대수를 조사해보니 1년에 3.6천대가 팔렸다는 것을 알았다. 이런 경향이라면 2000년에는 얼마나 팔렸을까? 또, 1990년에 30.6천대가 지역에 있었다면 2000년에 이 지역에는 몇 대의 TV가 있는가?

년	TV 수(단위: 천원)
1990	30.6
1991	34.2
⋮	⋮
2000	?

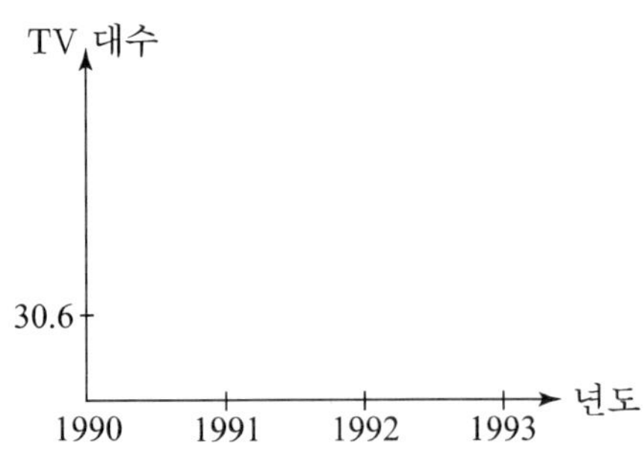

그래프를 그려 생각하라. 이때, 그래프 기울기는 이 상황에서 무엇을 의미하는가?

(2) 다음 자동차 스피드 경기에서 해마다 기록된 속력을 나타낸 표이다. 변화율을 설명하여라.

년	MPH	년	MPH
1947	357.5	1970	622.40
1963	407.45	1983	633.46
1964	536.71		
1965	600.60		

위 경우 체크리스트에는 세로에 평가 세부항목, 가로에서 성취수준을 기록해서 체크해야 한다.

앞의 교사 B는 우선 자기설명을 많이 하기 때문에 수업에서 많은 에너지를 소비하여 연속해서 수업할 경우에는 교실에서 서 있기 곤란한 경우도 있다. 그러나 항상 건강을 관리하면 이런 문제는 더 이상 이야기 대상이 못된다. 교사 B가 걱정하는 것은 교과진도, 수업분위기 등이 아니고 학생들이 정말 교사가 설명하는 것을 이해하고 가는지, 이렇게 수동적으로 배운 다음 대학교 또는 직장에 갔을 때 매사에 수동적인 행동을 보이지 않을까 등등이다.

그동안 20년간 실험한 자료를 보면 교사 A의 수업을 지지한다. 수학시간에 단순히 수학을 전달하는 수업은 별의미가 있다고 보지 않는다. 머릿속에 잔득 쌓여놓는 수학지식을 나중에 잘 활용할 것이라는 생각은 상상에 불과하고 더구나 교사의 설명만으로 학생들이 내용을 이해한다는 것은 믿을 수 없다는 것이다.

수학시간에 교사는 학생들이 배운 내용을 스스로 잘 이해하며 나중에 사회에 나가 직장을 가지면 이를 잘 활용하여 실세계의 여러 문제에 잘 적응하기를 바란다. 문제는 학교에서 배우는 수학내용은 직장에서 접하는 수학 관련 과제에 크게 다르다는 점이다. 직장에서 대하는 문제는 한결같이

- 시내 8차선도로 양 끝 두 차선에 주차장을 만들면 주차난이 훨씬 덜어질 텐데, 수학적으로 이 과제를 해결할 수 없을까?
- 새로 출시하려는 휴대폰은 내부공간을 적게 하여 휴대폰의 부피를 적게 하고, 두께를 얇게 하려 한다. 수학에서 배운 최적이론을 적용하여 이 문제를 풀어라.

등 과제성격이 혼자 해결할 수 없고 팀을 만들어 팀 사고를 통해 어떤 결론을 이끌어 내야 한다. 각자는 창의적인 아이디어가 풍부해야 하고, 토론을 통해 결론을 이끄는 기술 또는 태도가 탁월해야 한다. 또, 과제는 수학의 어떤 내용을 응용하는

것인지 판단하기도 쉽지 않다. 만일 수학의 방정식에 관련된 과제라고 정확하게 집어낼 수 있다면 반은 성공한 셈이다. 이후는 전문가들을 찾아가면서 자기의 부족한 능력을 보충하면 된다.

다음 과제를 학생 소집단에게 주고 공동으로 생각하여 학급에서 발표하게 하라.
다음은 5년 간격으로 유행하는 남자 옷의 가격추이를 조사한 자료이다. 그래프를 그리고 물음에 답하여라.

년	가격
0	30
5	36.50
10	44.41
15	54.03
20	65.73
25	79.98
30	97.30
35	118.38
40	144.03
50	213.20
60	315.59

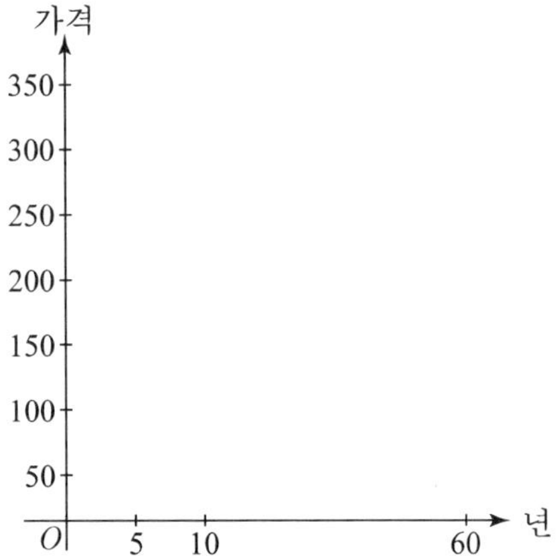

1년간 가격의 변화(변화율)를 어떻게 설명할까?

수학에서 의사소통 문제는 현재 교육과정에서도 중심적인 아이디어이고, 따라서 평가에서도 매우 중요한 관심사항이 되었다.

전통적인 성취도 평가에서도 의사소통은 측정·평가 대상으로 존재하여 세 가지 테스트 형식으로 된다.

연습테스트 – 학생들은 수업시간에 곧잘 계산 또는 기능훈련을 한다. 간단한 계산활동에서 종이(또는 칠판 등)에 계산을 직접하고 그 과정을 설명한다. 설명은 하면서 계산의 각 단계가 이루어지는 이유를 말한다.

다음 계산과정을 노트(칠판)에 쓰고, 각 단계가 이루어지는 이유를 설명하여라. 삼각형의 밑변의 길이가 10% 증가하고 밑변에서 올린 삼각형의 높이가 10% 감소했다. 넓이의 변화는 어느 것인가?

① 1% 증가 ② $\frac{1}{2}$% 증가 ③ 0%

④ $\frac{1}{2}$% 감소 ⑤ 1% 감소

(풀이) b, h를 각각 밑변과 높이라고 하면 넓이는 다음과 같다.

$$\frac{1}{2}(1.1b)(0.9h) = 0.98\left(\frac{1}{2}bh\right)$$

따라서 원래 넓이의 98% 증가했다.

이 문제에서 계산과정을 노트(칠판)에 쓰고 설명할 때 부분 점수를 주는 것은 또 다른 채점시스템으로 이의 객관성을 유지해야 한다.

만일 학생이 교사 앞에서 직접 풀이과정을 보이면, 교사는 오류가 생긴 부분을 물어볼 수 있다. 아마 오류가 본인의 실수이면 고칠 수 있지만 구조적 오류인 경우는 낮은 점수를 받을 것이다. 또, 앞에서 이미 설명했던 형태의 문항도 생각할 수 있다. 즉 다음과 같은 교사의 문제풀이가 끝난 다음에 교사는 학생들에게 "친구가 결석을 해서 문제풀이 설명을 들을 수 없었다. 여러분은 그 친구에게 설명을 해야 한다. 친구에게 설명할 수 있는 내용을 A4용지에 쓰게 하자."와 같은 지시를 준다.

다음 방정식을 만족하는 실수 x의 수를 기술한 것은?

$$(3^{6x+3})(4^{3x+6}) = 8^{4x+6}$$

① 0 ② 하나

③ 둘 ④ 세 개

⑤ 세 개보다 크다.

(풀이) $(2^{6x+3})(2^{2(3x+6)}) = 2^{3^{3(4x+5)}}$

양변을 간단히 하면

$$2^{12x+5} = 2^{12x+15}$$

따라서 답을 고른다면 ⑤이다.

물론 주관식 문항에서 학생들이 제출한 노트정리, 즉 노트에 쓰여진 학생의 풀이과정을 채점하는 것도 의사소통에 대한 성취도 검사이다. 박석훈(2009)은 쓰기

를 이용한 의사소통의 효과에 대한 실험에서 쓰기평가 후에 피드백으로 의견조사를 했다. 다음은 학생들의 대답이다.

학생 A : 배웠던 것을 정말로 다시 정리하는 기회를 가졌다.

학생 B : 평소에 잘못 사용한 말도 있고 개인적으로 질문을 할 수 있는 기회를 가졌다.

학생 C : 내가 이해를 잘 할 수 없는 부분을 알 수 있고, 자기반성을 통해 내 모습을 개선할 수 있었다.

학생 C의 경우 박 교사가 쓰기문항으로 제시한 것은 "$1+2+4+\cdots+2^{n-1}=2^n$을 보이고 이유를 써보아라."이었으며, 다음과 같은 풀이과정을 보였다.

학생 C : $S_n=1+2+4+\cdots+2^{n-1}$이라 놓고 $S_n=2^n$을 증명한다.

$n=k$일 때 $S_n=2^n$이 성립.

따라서 $S_{k+1}=S_k+a_{k+1}=2^k+2^k=2^{k+1}$. 그러므로 $S_n=2^n$을 모든 자연수 n에 대하여 성립.

여기서 틀린 곳은 잘 모르겠음.

이후 박 교사와 학생 C 사이에 대화가 이어졌다.

학생 C : 선생님께서 여기를 지적하셨는데 어디서 틀린지 잘 모르겠어요.

박 교사 : 좋아요. 혹시 수학적 귀납법의 정의를 아니요?

학생 C : 예.

박 교사 : 그래? 한번 말해 볼래?

학생 C : 네. n에 관한 식에서 임의의 자연수 n에 대하여 그 식이 성립함을 보이는 것인데, 먼저 $n=1$일 때 n에 관한 식이 성립함을 보이고, $n=k$일 때 식이 성립함을 가정하면, $n=k+1$일 때에도 식이 성립하는 것을 보이는 거예요.

박 교사 : 그렇지, 그런데 지금 풀이를 보면 $n=1$일 때를 보여주었니?

학생 C : 제가 실수했네요. 저런 ….

학생은 곧바로 자기의 풀이를 다시 검토하면서 빼놓은 부분을 정리하기 시작했다. 이와같이 학생에 따라서는 의사소통이 교사에게 친근하게 갈 수 있는 디딤돌 역할을 할 뿐 아니라, 자기의 풀이방법, 이해과정 속에서 실수하기 쉬운 부분을 보충하고, 모니터링하는 기회를 가진다. 그러나 이 연구에서 의사소통에 대한 부정적인 견해를 밝힌 학생들도 있었다.

> 학생 D : 물론 조금은 반성도 되지만, 자기가 이해 안 되는 부분은 스스로 더 살펴보는 것이 더 좋은 것 같아요.
>
> 학생 E : 자기가 쓴 것을 다시 보고 느낀다면 좋겠지만, 대부분 억지로 쓰거나 써도 다시 보지 않기 때문에 ….

이 연구과정에서 박 교사의 의사소통(쓰기)을 강조한 수업에 매우 친밀감을 가지는 학생들이 있었다. 이들 학생의 수업태도는 우리가 왜 교실에서 의사소통이 중요한지 말해준다. 학생 F는 "선생님한테 찾아가서 질문할 수도 있었지만 엉뚱한 생각 같기도 하고 별것 아닌 것 같아 넘어가기도 하고 했지만 수학일지를 쓰려다 보니까 이런저런 것들을 적게 되었어요. 그냥 평소에 궁금했던 것을 질문할 수 있어서 좋아요."와 같이 자기 의견을 동료 앞에서 발표했다. 의사소통은 칠판수업이 가지는 엄격한 교실환경, 즉 학습환경을 정보화 사회에 알맞게 고쳐나갈 수 있는 기회를 준다.

집단테스트 – 테스트 문항을 주는 방법은 위와 같으나 문제해결의 과정은 공동으로 산출한다. 집단의 해답 및 풀이과정이 높은 점수를 얻느냐는 그 집단이 얼마나 효율적인 의사소통을 했느냐와 관련이 있다. 다음은 집단테스트를 한 과정이다.

> 3명의 학생이 밭을 가꾸는 일을 했다. 3명의 학생 영수, 지영, 필용이 함께 일을 하면
>
> 영수가 혼자 할 때보다 6시간 적게,
> 지영이가 혼자 할 때보다 1시간 적게,
> 필용이가 혼자 완성하는 시간의 반
>
> 만 걸린다. 만일 h가 영수와 지영이가 같이 일을 했을 때 걸리는 시간이라면 h는 얼마인가?
>
> ① $\frac{4}{3}$ ② $\frac{5}{2}$ ③ $\frac{3}{2}$
> ④ $\frac{6}{4}$ ⑤ $\frac{9}{4}$

(집단풀이)

영수 : 비슷한 문제를 초등학교에서 한 번 했던 것 같은데…. 그때, 각자 걸린

시간을 a, b, c로 했던 것 같아.

지영 : 그렇다, 그러면 한 시간에 할 수 있는 일은 분수로 나타냈어.

$$\frac{1}{a},\ \frac{1}{b},\ \frac{1}{c}$$

영수 : 그러면 한 시간에 어느 정도 할 수 있지?

지영 : 당연히 $\frac{1}{a}+\frac{1}{b}+\frac{1}{c}$이지.

필용 : 그런데, 그 다음 조건하고 어떻게 연결해?

영수 : $\frac{1}{a}+\frac{1}{b}+\frac{1}{c}=\frac{1}{a+6}$, 맞나?

지영 : 왜 분모가 $a+6$이지, 6시간 적게 걸린다 했을 때 $a-6$으로 해야 하지 않아?

필용 : 그럴 것 같다.

영수 : 이유는 모르지만 $\frac{1}{a-6}$, $\frac{1}{b-1}$로 하는 것이 옳을 것 같아.

필용 : 마지막 것은?

지영 : 당연히 $\frac{1}{c/2}=\frac{2}{c}$이겠지.

영수 : 좋아, 정리해보자.

$$\frac{1}{a}+\frac{1}{b}+\frac{1}{c}=\frac{1}{a-6}+\frac{1}{b-1}+\frac{2}{c}$$

어때?

지영 : 왼쪽은 세 사람이 한 시간에 할 수 있는 거고, 오른쪽은 왜 더했는지 모르겠다.

영수 : 맞아, 따로따로 연결해야겠지 ⋯.

지영 : 다시 정리하면

$$\begin{aligned}\frac{1}{a}+\frac{1}{b}+\frac{1}{c}&=\frac{1}{a-6}\\&=\frac{1}{b-1}\\&=\frac{2}{c}\end{aligned}$$

어때. 맞지⋯

세 사람 : ⋯ 그래.

영수 : 또, 뒷부분을 보면 $\frac{1}{a}+\frac{1}{b}=\frac{1}{h}$이고, $\frac{1}{h}+\frac{1}{c}=\frac{2}{c}$이라서 $h=c$가 된다.

지영 : $\frac{1}{a-6}=\frac{2}{h}$이고, 여기서 $a=\frac{h+12}{2}$,

또 $\frac{1}{b-1}=\frac{2}{h}$이고 $b=\frac{h+2}{2}$.

또 $\frac{2}{h+12}+\frac{2}{h+2}=\frac{1}{h}$이야.

영수 : 간단히 하면

$$3h^2+14h-24=0 \text{ 또는 } (3h-4)(h+6)=0$$

따라서 $h=\frac{4}{3}$ 맞지?

세 사람 : …

이러한 집단테스트는 교실에서 실행하기 쉽지 않은 방법이기 때문에 교사들은 모둠활동을 권장한다. 사실 모둠활동은 집단테스트의 한 종류에 해당한다. 모둠활동을 할 때는 공동 아이디어를 내어 개념 이해나 문제해결을 하기 때문에 위의 보기처럼 공동으로 쓰기 활동은 하지 않지만, 형식은 각자 아이디어를 내어 토론하면서 문제해결이니 과제를 해결하는 것이다. 이 속에는 말하기, 듣기, 쓰기, 읽기와 같은 활동이 실제적으로 일어난다. 다만, 쓰기에서는 이들 아이디어를 교섭에 의하여 정리가 되면 다른 사람이 적을 뿐이다. 이들 과정을 옆에서 체크리스트로 평가하는 경우가 있다. 이때의 체크리스트는 종이의 세로에는 상세화된 수학적 활동, 의사소통, 수학적 태도 등이 기록되었고, 가로에는 학생들의 이름이 적혀 있다. 이들 활동을 거의 완벽하게 하는 학생이 있으면 만점 4점을 주고, 그렇지 않을 경우에는 1~3점 사이를 배정한다. 때로는 집단테스트 또는 모둠테스트 형식을 변형하여 교사가 직접 추론 테스트를 면담형식으로 측정·평가하는 경우가 있다.

수학을 배우는 이유 중 하나는 수학적 추론을 들 수 있다. 사실 추론교육은 어른들이 생각하는 것과 학생들이 생각하는 것과는 큰 차이가 있다. 학생들은 수학적 추론의 교육에 앞서 수학과목 밖에서 추론교육을 받는다. 동네 마트에서나 친구들과 대화하는 과정에서 추론의 기본적 교육 또는 경험을 한다. 추론에 관련된 에피소드로 NCTM(1993)에서 다음과 같은 소개를 한 적이 있다.

○○는 피자 하나의 $\frac{1}{2}$을 먹었다.

△△는 다른 피자 하나의 $\frac{1}{2}$을 먹었다.

○○는 △△보다 자기가 더 많이 먹었다고 주장하고, △△는 둘이 똑같다고 한다. 여러분은 호세의 주장을 그림으로 설명하여라.

이 과제에 대해 학생들의 반응을 보자. 그림에서 첫 번째 학생은 같은 크기의 피자를 가정하고 두 사람 모두 먹은 양이 똑같다고 말한다. 두 번째 학생은 그림으로 우선 그의 추론 과정을 짐작할 수 없다. 그러나 세 번째 학생은 그의 생각이 명확하다.

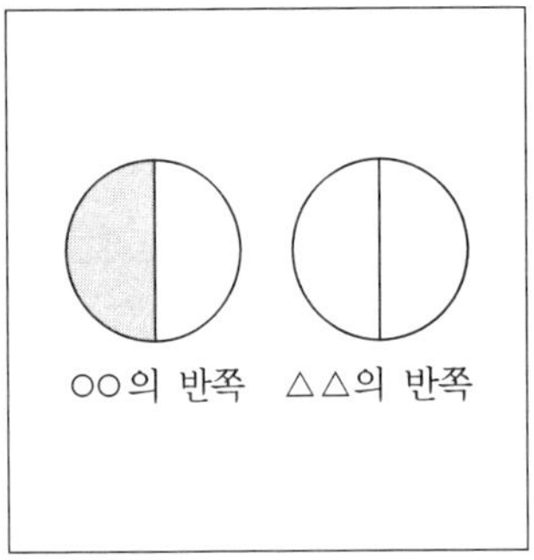

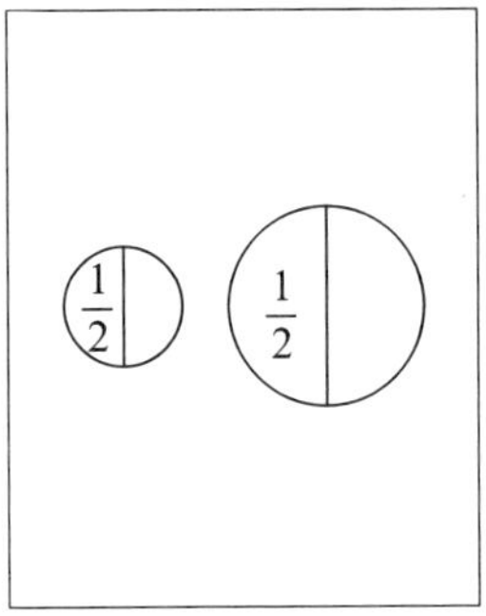

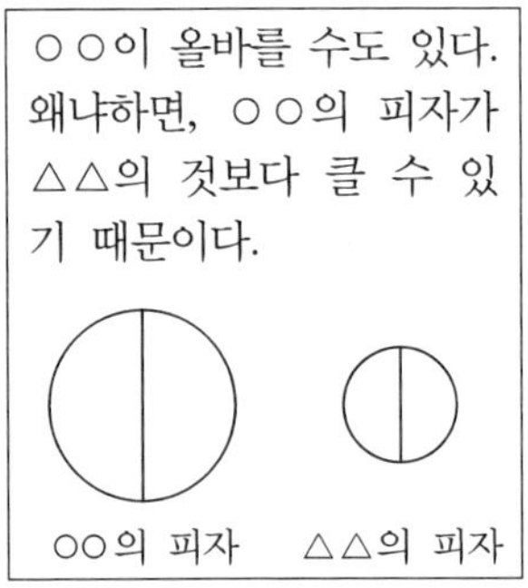

고학년이 되면서 학생들은 문제해결 속에서 추론활동을 경험한다. 이때는 제법 기호 또는 수학적 언어, 정의와 정리 등을 활용하여 추론을 한다. 이때까지만 해도 논증 수준은 어떤지 예측하기 어렵다(조영익, 2007).

x, y에 대한 이차식 $x^2-2xy+ky^2-x+3y$를 인수분해하여 $(x+ay+b)$ $(x+cy+d)$와 같이 두 개의 일차식의 곱으로 나타낼 수 있기 위한 실수 k의 값은? (단, a, b, c, d, k는 상수)

이 학생은 두 가지 해법을 이용하여 문제를 풀었다. 하나는 계수비교를 통해 k 값을 구하는 것이었고, 다른 하나는 판별식을 이용한 방법이었다.

(풀이1) $x^2-2xy+ky^2-x+3y=(x+ay+b)(x+cy+d)$

이므로 전개하여 계수를 비교하다. 전개를 하면

$$x^2+(a+c)xy+acy^2+(b+d)x+(ad+bc)y+bd$$

따라서

$$a+c=-2,\ ac=k,\ b+d=-1,\ ad+bc=3,\ bd=0$$

$$\therefore\ k=-3$$

이다.

학생은 이 풀이를 쓰기를 통해 보여주었고, 인터뷰에서 그가 생각한 것을 설명하였다. 아마 이 학생에게 증명 과정은 훨씬 복잡한 추론과정일 것이다. 그러나 대수에서 추론활동은 증명을 하는 학교 과제를 해결할 때 훨씬 도움이 되었으리라 생각한다.

학습자 문제만들기 – 의사소통에 대한 문항으로 학습자가 실생활 또는 책속에서 문제를 만들고, 그 문제를 교실에 있는 다른 학생들이 풀게 하는 문제해결 시간은 그들에게 매우 중요한 경험이다. 이런 수업은 수학능력이 수준에 올라온 학생들에게 가능하다는 연구결과가 있다. 그렇기 때문에 운영하는 방식에 따라서는 수학적으로 약간 능력이 떨어진 학생들도 활발하게 참여할 수 있다.

현재 교사의 관심에 따라서 학교현장에 도입하는 경우가 있다. 다음 자료를 보자.

(초등학교)

교사 : 다음은 여러분이 배운 막대그래프를 6개 그려놓은 그림이다. 그런데 가로축, 세로축에는 어떤 정보도 없다. 여러분이 ○시간 동안 어떤 문제 상황을 만들고 그 상황에 알맞게 가로축, 세로축에 정보를 써넣고 주어진 막대그래프에 선택한 문제 장면에 맞는 그래프를 완성해야 한다. 또 여러분이 도입한 문제 장면이 왜 막대그래프에 알맞은지 이유도 설명해야 한다.

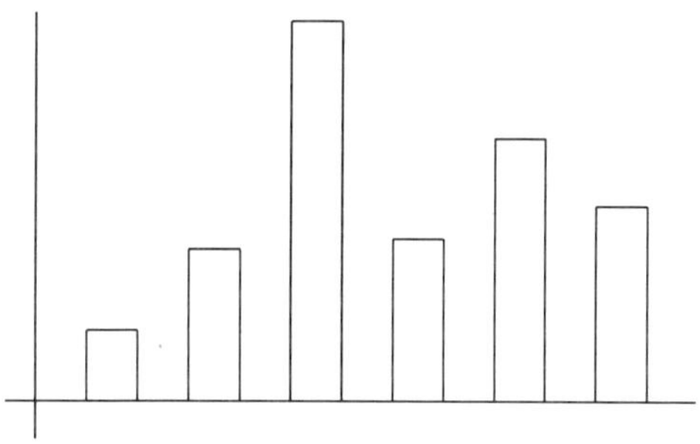

[얼마 시간이 지난 후 학생들은 정리된 문제 장면을 쓴 큰 종이에 적어 가지고 온다.]

학생 : 저는 가로축에 연봉액수를 산고 세로축에는 우리 동네의 직업을 가진 성인 남녀의 해당 연봉 액수에 관련된 인원수를 적었습니다.

이 경우 교사는 50%는 이미 문제만들기의 방향을 암시했다고 볼 수 있다. 이 과제 이후에는 교사의 힌트 없는 순수한 문제만들기로 들어간다. 어떤 교실에서는 문제만들기가 어려운 작업이므로 숙제로 제시하여 충분한 시간을 주고 그 결과를 측정문항으로 채점하는 경우가 있다.

(중학교)

교사 : 여러분은 이번 주에 ○○시의 다양한 비즈니스를 방문하게 된다. 여러분은 가장 적합한 장소(쇼핑센터, 마트, 관공서 등)를 방문하고 수학적인 문제를 하나 만들어야 한다.

[얼마의 시간이 흐른 다음 학생들은 자기가 만든 문제를 써 칠판에 걸어 놓고 문제를 만든 경험, 장소, 이유 등을 설명한다.]

학생 : 춘천의 중앙로에는 최근 개장한 지하상가에 유행에 민감한 여성 옷을 파는 가게가 있다. 가게주인 김씨는 T-셔츠를 춘천도매상에서 사는 것이 유리한지 또는 서울 동대문상가에서 사가지고 오는 것이 유리한지를 알고 싶어 한다. 춘천도매상에서는 T-셔츠 하나에 3만 원을 달라고 하고, 동대문상가에서는 2만 4천원을 달라고 한다. 만일 김씨가 서울 동대문시장에 사러 간다면 여러 비용이 들기 때문에 한두 벌은 안 된다는 생각이 든다. 김씨가 서울에 가서 산다면 몇 개 이상 사야 춘천도매상에서 사는 것보다 이익인가?

교사는 이 문항을 받고 "채점을 어떻게 해야 할까?"하고 많은 생각을 한다. 이러한 문제만들기는 한 학기에 몇 번 있는 평가시간으로 전통적인 성취도 평가에서는 생각할 수 없다. 그러나 이러한 평가활동을 통해 학생들은 자기의 이제까지 경험해보지 못한 수학적 능력을 평가받기 때문에 자기에 대한 중요한 정보가 수집이 되는 셈이다.

원래 측정·평가는 학생들의 숨겨진 정보를 밖으로 나오게 하는 역할이 있으므로 교사의 입장에서도 중요한 정보를 얻는 셈이다.

혹시 실험에서 순수 수학적인 문제만들기를 성공하지 못하는 경우도 있다. 대부분 문제를 어떤 자료집에서 적어오는 수준이었기 때문에 문제만들기의 목표에 적당치가 않았다. 그러나 수학적 능력이 탁월한 학생의 경우 종전에 볼 수 없었던 문제를 제출한 경우도 있다. 이를테면, 어느 학생이 완전한 문항 형식은 아니고 대강의 아이디어를 가져오면 다른 사람이 불완전한 것을 완성한다. 다음 문항

ΔABC에서 이 삼각형의 넓이는 삼각형의 둘레의 길이와 수치적으로 같다. 이 삼각형에 내접하는 원의 반지름은 얼마인가?

은 원래는 잘 다듬어지지 않았지만, 여러 사람의 수정이 끝난 다음에 위와 같은 문항으로 소개될 수 있었다. 아마 이 학생은 삼각형의 넓이와 둘레에 대한 동기가 다른 학생보다 강했을 것이고 이 삼각형에 내접하는 원을 놓고 알맞은 문제조건들을 생각했을 것이다. 이러한 문제만들기 또는 집단으로 한 아이디어를 살려 완전한 문항으로 만드는 학습활동을 평가하는 일은 쉽지 않다. 사실 의사소통에 관한 학생들의 능력과 생활기록부에 학생의 잠재적 학습능력을 평가하는 측면도 있지만 교사에게 테스트 결과라 수업을 강하게 연결해주는 끈과 같은 역할을 한다. 원래 측정·평가의 목적은 교수의 학습을 증진시키기 위한 것으로 방법상으로 공식적으로 연필과 종이로 하는 성취도 검사(표준화된 테스트)를 하고 그 결과를 점수화하여 기록한다. 그런데 매일 교실에서 일어나는 교수학습에 피드백을 제공하는 역할을 테스트가 하기 때문에 관찰과 같은 비공식적 테스트로 활용이 되어야 한다. 다만 적절한 채점 방식을 고안하는 것이 중요하다.

학생들은 다음 주어진 문제를 크게 수정하여 새로운 문항으로 만든다. 이때 교사는 새로 만들어지는 문제에 대한 측정·평가 방법을 말하여라.

- 각 자릿수의 합이 43인 다섯 자리의 수 집합에서 임의의 한 수가 뽑아진다. 이 뽑혀진 수가 11로 나누어질 확률을 구하여라.

- 다음은 정사각형의 그림과 이 정사각형의 대각선의 길이를 한 변으로 하는 다른 정사각형을 보인 것이다. 다음에 알맞은 질문을 만들어라.

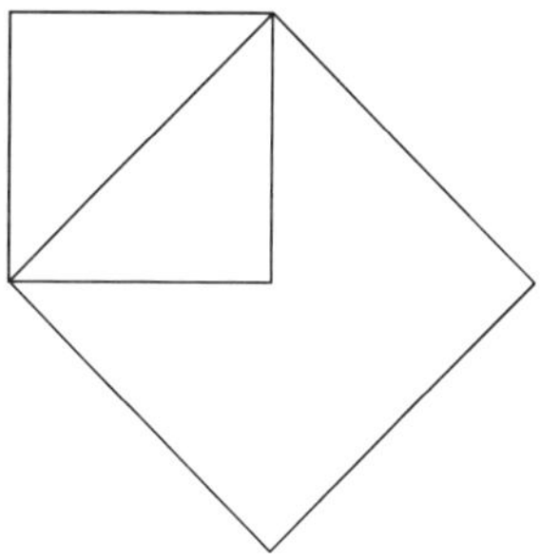

이러한 문항은 전통적인 테스트 문항에서 측정하는 수학적 지식을 얼마나 기억하여 문제를 푸는데 이용하느냐와는 서로 대조되는 문항이다. 학생들의 풍부한 상상력과 아이디어를 요구한다.

앞에서 전통적인 성취문항은 교사가 참고할 수 있는 정보가 너무 적다고 했다.

그런데 이 경우는 교사가 문제를 표현하는 방법을 다양하게 변화시키든지 학생들이 대답하는 방법을 변화하는 방향으로 적절하게 대처할 수 있다. 이를 위한 몇 가지 전략을 생각할 수 있다.

첫째는 선택을 권장하는 문장이다. 문항이 개인의 의사결정을 존중하는 것으로 중학교에서 흔히 볼 수 있는 문항으로 다음과 같다.

물품 A 2만 원	물품 B 2만 5천원	물품 C 2만 원	물품 D 2만 5천원
가진 돈	1만 7천원, 14만 6천원, 30만 원,	2만 3천원, 20만 원,	3만 2천원 2만 8천원

둘째는 수와 연산에서 문제 장면에 알맞은 연산으로 문맥을 완성하는 문항이다. 물론 이 활동도 문제만들기의 일종이지만 위에서 예로 든 문제만들기와는 성격이 약간 다르다. 다음 문항을 보자.

- 교사가 $96+84=180$을 칠판에 쓰고, 결과 180에 알맞은 연산을 선택하여 계산식을 만들어라.
- 여러 방정식, 즉 일차방정식, 이차방정식, 분수방정식 등을 이용하여 결과 10이 나오도록 문제를 만들어라.

이러한 문항은 초등학교에서 더 재미있게 문항만들기를 할 수 있다. 왜냐하면 사칙연산은 수학과 교육과정에서 가장 중점적으로 다루는 교수요목이기 때문에 다양한 문제 소재를 가지고 좋은 문맥을 만들 수 있다. 수 160을 주고 마트에서 초콜릿, 과자 사과 등을 가지고 알맞은 연산을 택하여 재미있는 문맥을 만든다든지, 학급의 동료들을 상대로 좋은 문제를 만들 수 있다. 이러한 활동은 중등으로 이동하여 한층 복잡구조를 가진 문제만들기로 이어진다. '넓이'라는 주제로 소집단 활동을 권장한다. 이때, 교사는 넓이에 관한 문제를 모범적으로 제시하여 동료들과 활발한 의사소통을 하는 방법을 제시해야 한다.

정삼각형의 한 변의 길이가 s이다. 이 삼각형에 내접하는 원이 있고, 다시 원에 내접하는 정사각형이 있다. 이때, 정사각형의 넓이는? (답: $\frac{s^2}{6}$)

① $\frac{s^2}{24}$ ② $\frac{s^2}{6}$

③ $\frac{\sqrt{2}\,s^2}{6}$ ④ $\frac{\sqrt{3}\,s^2}{6}$

⑤ $\frac{s^2}{3}$

넓이에 대하여 우수학생이 만든 문제를 보면 "직사각형의 넓이가 변하지 않게 하고, 이 직사각형은 가로 l을 $\frac{5}{2}$ 길게, 세로와는 $\frac{2}{3}$ 짧게 한다. 또 이번에는 같은 직사각형은 l을 $\frac{5}{2}$ 짧게, w는 $\frac{4}{3}$ 길게 한다. 원래 주어진 직사각형의 넓이는?" 와 같은 좋은 문맥을 가진 문항이 학생들로부터 나올 수 있다. 고등학교 3학년 학생은 고급개념을 이용하여 문제를 만드는 데 몇 사람과 토론해서 문제를 만들어야 한다.

다음 그림은 고속도로 인터체인지에 있는 간선도로 4개를 그래프로 나타낸 것이다. 이 도로의 방정식은

$$x^{\frac{2}{3}} + y^{\frac{2}{3}} = 4$$

이다. 점 $(2\sqrt{2},\ 2\sqrt{2})$에서 접선 l(도로)을 긋고, x축, y축, 접선 l과 둘러싸인 넓이를 구하여라. 또, 질문을 하나 만들어라.

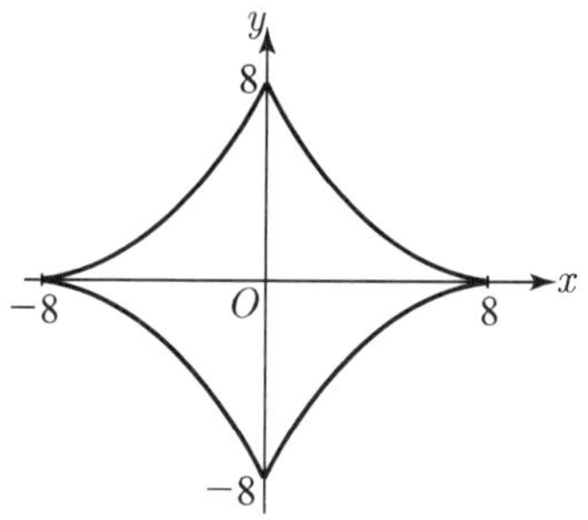

집단 또는 모둠 테스트의 채점 – 앞에서 집단 테스트나 모둠 테스트에서 가장 어려운 점은 멤버들의 개인 점수를 어떻게 산출하느냐 와 같은 문제였다. 여기 소개하는 것은 미국의 ○○주에서 활용하는 방법이다.

학생이름 : ________________

	점수			
	4점	3점	2점	1점
(1) 참여 정도				
• 집단 토론에 적극적으로 참여한다.	○	○	○	○
• 다른 사람의 토론활동을 방해한다.	○	○	○	○
• 너무 자기 위주의 토론을 주장한다.	○	○	○	○
• 집단 내 작업에 공평하다.	○	○	○	○
(2) 토론 주제에 집중				
• 다른 사람의 발언에 성의 있게 경청한다.	○	○	○	○
• 다른 사람의 견해에 코멘트를 자주한다.	○	○	○	○
• 자꾸 토론 주제를 바꾸려 한다.	○	○	○	○
• 토론 주제에 계속해서 집중한다.	○	○	○	○
(3) 유익한 아이디어를 제공				
• 다른 사람의 발표에 유익한 정보를 준다.	○	○	○	○
• 다른 사람 또는 집단 전체에 좋은 비판을 자주한다.	○	○	○	○
• 집단의 의사결정과 계획 설정에 영향을 미친다.	○	○	○	○
• 항상 집단 전체에 좋은 아이디어를 제공한다.	○	○	○	○
(4) 타인에 대한 고려				
• 집단 멤버들에게 용기를 주는 발언 기회가 많다.	○	○	○	○
• 다른 사람의 좋은 발표에 칭찬을 한다.	○	○	○	○
• 집단 전체에 비호감되는 발언을 자주한다.	○	○	○	○
(5) 집단 프로젝트에 활발한 참여				
• 질문, 도전, 반복과 같은 활동을 한다.	○	○	○	○
• 다른 사람과 공동작업을 자주한다.	○	○	○	○
• 다른 사람의 아이디어를 매우 소중하게 생각하고 적극적으로 참여한다.	○	○	○	○
(6) 의사소통				
• 다른 사람이 잘 듣게, 잘 이해하게 명확히 이야기한다.	○	○	○	○
• 자기 아이디어를 논리적으로 잘 설명한다.	○	○	○	○
• 다른 사람과 작업을 같이 하는 것은 항상 즐거움을 준다.	○	○	○	○

4.2 성취도 테스트 보완 : 문제설정

(1) 성취도 테스트 보완 : 문제설정의 문항

우리 교실에는 다양한 사회, 경제 및 문화 계층으로부터 학생들이 모인다. 이들 중 일부는 수학이 재미있어 열심히 수학을 하는 학생들이 있지만, 수학개념을 학습하는 것 자체를 싫어하는 학생도 있다. 오래 전 학력을 학교의 최고 가치로 생각했던 시대에는 한 학급 60명 중에 5~6명을 대상으로 수학 수업을 하고 나머지는 거의 무관심 속에서 수학시간을 보낸 일들이 많아 사회적인 문제가 되었다. 이때는 대부분의 학교가 상급학교 진학에 알맞은 수학내적 연결망에 중점을 둔 문제해결을 강조했다. 다음 문항은 그 풀이에서 연결망을 생각할 수 있다.

다음 x를 참이 되게 하는 범위는 어느 것인가?

$$x = \frac{a_1}{3} + \frac{a_2}{3^2} + \cdots + \frac{a_{25}}{3^{25}}$$

여기서 $a_1 = 0$ 또는 2, $a_2 = 0$ 또는 2, $\cdots$, $a_{25} = 0$ 또는 2이다.

① $0 \le x < \frac{1}{3}$　　② $\frac{1}{3} \le x < \frac{2}{3}$

③ $\frac{2}{3} \le x < 1$　　④ $0 \le x < \frac{1}{3}$ 또는 $\frac{2}{3} \le x < 1$

⑤ $\frac{1}{3} \le x \le \frac{3}{4}$

[풀이]

$$0 \le x \le \sum_{n=1}^{25} \frac{2}{3^n} < \sum_{m=1}^{\infty} \frac{2}{3^n} = \frac{\frac{2}{3}}{1-\frac{1}{3}} = 1$$

$a_1 = 0$이면

$$0 \le x < \sum_{n=2}^{\infty} \frac{2}{3^n} = \frac{\frac{2}{9}}{1-\frac{1}{3}} = \frac{1}{3}$$

$a_1 = 2$이면

$$\frac{2}{3}+0+0+\cdots \le x < 1$$

따라서

$$0 \le x < \frac{1}{3} \text{ 또는 } \frac{2}{3} \le x < 1$$

이다.

이들 문제의 특징은 수학의 개념적 지식(예, 다항식, 함수, 인수분해 등)을 잘 알고 있으면 문제가 풀려지는 특징을 가진다. 문제해결에 관련된 중요한 지식으로 개념적 지식과 전략적 지식이 있는데 후자에 대해서는 폴리아(polya, 1973)가 발견전략(또는 발견술)이라고 말하면서 이용 가능한 지식체계를 제시했다. 위의 문제를 측정·평가문항으로 사용했을 때 평가의 채점방식을 목적에 맞게 고칠 수 있다. 쉐엔(1985)은 문제해결에서 풀이가 완벽한 경우 만점, 답이 틀린 경우 영점을 주는 방식을 수정하여 문제해결을 4단계로 부분 점수화하는 방식을 택했다. 이 방법은 학교에서 흔히 사용하는 부분점수 방식과 다르다. 학교에서 부분점수는 다음

$0 \le x \le 1$을 유도하면	3점
$a_1 = 0$일 때 식을 유도하면	4점
$a_2 = 2$ 알맞은 전개식을 유도하면	5점(만점)

과 같이 5점 만점에 부분점수를 주어 풀이과정을 고려한 채정방식을 선호하지만, 쉐엔의 방식은 문제해결의 과정을 4단계로 나누어 부분점수를 준다. 같은 문제에서

이해과정을 보였으면	3점
해결계획을 세우면	2점
실행과정을 오류없이 이끌어 갔으면	2점
반성과정을 충실히 수행했으면	1점
	총 6점

와 같이 부분점수를 정하고, 각 블럭에서 실제 풀이과정을 채점하는 형식이다. 위의 학생의 풀이를 보면 이 학생은 정답을 보였기 때문에 사실은 생략된 반성 과정을 빼고 받을 수 있지만, 많은 학생은 반성 단계까지 오기 쉽지 않다. 이 학생의 문제 풀이에서 관찰할 수 있는 사고과정이 위 풀이에서는 대폭 생략이 되었지만 교사가 풀이과정에서 옆에 앉아 관찰하는 관찰지기법(체크리스트기법)을 이용하거나, 소리내면서 풀기(Thinking aloud) 방법을 써서 녹음 또는 비디오로 프로토콜

을 만들었다면 학생의 이해과정, 계획과정, 반성과정이 모두 들어난다. 여기서 이해과정은 앞의 문제에서 x를 구체적으로 알기 위하여

$$a_1 = a_2 = \cdots = a_{25} = 0 \text{ 또는 } a_1 = 2,\ a_2 = 0,\ \cdots,\ a_{25} = 0$$

을 놓아 x의 범위를 대략 짐작하는 학생의 활동을 말하고, 계획과정은 어떻게 문제를 풀어야 할까 라는 스스로 질문에 이어 시그마를 이용하여 x의 범위를 두 가지로 나타내면 어떤가 라는 말을 하면 계획과정이 정상적으로 이루어졌다고 본다. 실행과정은 위에 정확히 나타냈기 때문에 부분점수를 모두 얻을 수 있다. 그러나 실행과정은 이보다 훨씬 많은 정보를 종이에 쓰는 경우를 자주 본다. 예를 들면, 계산을 하다가 지운다든지 기호를 잘못써서 다시 고친다든지 등등. 이러한 정보는 문제해결 수업을 개선하는데 매우 필요한 정보들이다. 반성과정은 위의 풀이에서 조금도 보여지지 않지만 이 과정에는 정답을 다시 검토한다든지 풀이과정을 수시로 검토한다든지 그리고 다 풀고 난 다음에 다른 해법이 없을까 하는 질문을 스스로 던진다든지 주로 메타 인지에 관한 활동이다. 이러한 메타 인지는 문제해결 능력을 신장시키는 일과 대단히 관련이 있다. 문제해결의 교육에서는 전략적 지식을 개념적 지식보다 중요시한다. 개념적 지식은 수학책을 보면 수없이 볼 수 있다. 즉 덧셈, 곱셈, 비례, 측정 단위 등등 12년 동안 배우는 개념적 지식은 수없이 많다. 그런데 우리 교실에서는 전략적 지식을 거의 강조하지 않고 용어자체도 잘 모른다. 다음 앞에서 취급했었던 문제해결에서 전략적 지식이 무엇인지 알아보자.

> 소를 관리하는 목동이 동쪽으로 흐르는 직선형의 강 남쪽 4마일 지점에 있다. 이 기점은 목동의 집에서 보면 서쪽으로 8마일, 북쪽으로 7마일 떨어진 지점이다. 목동은 현재 위치한 지점에서 강까지 가서 소에게 물을 먹이고, 집으로 가려 한다. 그가 여행하는 가장 짧은 거리(마일)는?

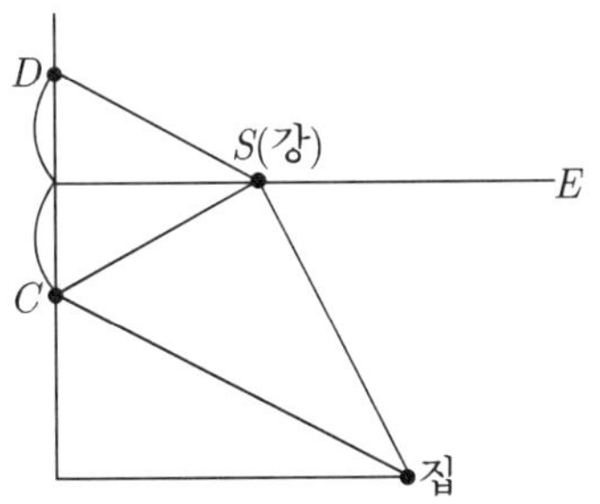

$\sqrt{8^2 + 15^2} = \sqrt{289} = 17$ (마일)

이 문제의 해결에 들어가는 개념적 지식은 두 지점 사이 최소거리를 가지는 직선, x축 대칭이고, 전략적 지식은 폴리아의 계획세우기에 관련된 것으로 그림그리기, 조직하기, 유추하기, 부분계획세우기 등등 13개를 나열할 수 있다. 우선 위의 문제는 문제의 뜻에 알맞은 그림그리기가 가장 중요한 전략적 지식임을 알 수 있다.

그러면 위의 학력고사에서 볼 수 있는 학력중심 문항에는 어떤 전략적 지식이 있을까? 거의 없음을 곧 알 수 있다. 즉, 다음 풀이과정에서 보는 것처럼 몇 가지 개념적 지식만 잘 기억하고 있으면 풀 수 있는 문제들이다. 이러한 측정·평가문항은 교육에서 장점도 있지만 단점이 더 많다.

학생들이 학교를 졸업하고 사회에 나가면 수학연구소와 같이 수학을 직업으로 하는 사람을 제외하고는 전략적 지식이 훨씬 생활에 유용하다. 물론 두 분야 사이에 겹치는 부분은 있다.

교실에서 위의 두 문항을 측정·평가문항으로 자주 사용했을 때 다음 교육현장에서 자주 나오는 질문에 답할 수 있는가의 문제가 있다.

측정·평가는 학생들이 알고 있는 것을 충분히 물어보았는가?
이때, 가장 바람직한 측정방법은?
측정은 어떻게 수업에 도움을 주는가?

다른 나라의 경우에 이 세 가지 질문에 대한 답을 교사들한테 얻었는데, 크게 만족스럽지 못하였다. 위의 세 가지 질문을 무시하면 학교교육에서 수업 - 측정·평가 - 수업으로 이어지는 순환조직은 크게 타격을 받는다. 말하자면 학생이 알고 있는 것을 충분히 파악하지 않고 그 학생들에게 만족할 만한 수업을 한다고 말할 수 없다. 현재 학교에서 실시하는 학력중심의 측정·평가문항은 제한된 범위 내에서 정보를 얻는다는 약점이 있다. 월말고사, 모의고사, 확인평가 등에서 얻는 정보는 점수이기 때문에 이 학생이 목표에 도달했다 또는 못했다 하는 희미한 사실만 확인할 수 있다. 어떻게 도달했는지 또는 왜 도달하지 못했는지에 대해서는 어떤 정보도 얻을 수 없다. 점수가 나쁘면 그 학생의 모든 수학적 능력이 묻혀버린다.

다음 문제를 읽고 문제 장면에 알맞은 질문을 하나 만들어라. 이러한 평가는 수업을 개선하는데 어떤 도움을 주는가?

재만이가 마지막 시험을 치르기 전 그때까지 평균은 89점이고, 마지막 시험(한 개 시험)을 치른 뒤 얻는 점수는 97점이었다. 이때, 모든 시험점수를 평

균해 보니 90점이었다. 그런데 마지막 시험점수가 73점이면 모든 점수의 평균은 87점이다.

위의 이야기를 좀더 설명하면 전통적인 테스트는 수학내용(함수, 방정식 등)을 물어보는 문항으로 구성되어 학생들이 자신 있게 할 수 있는 것을 보일 기회가 적다. 즉, 비록 수학내용은 기억이 안 되어 좋은 점수를 받지 못하지만 테스트에서 할 수 없는 다른 능력으로 학생의 진실한 얼굴을 볼 수 있다.

첫째는 쉬운 문항을 이용하여 수학내용의 직접적 표현 없이도 학생의 능력을 측정하는 것이다. 이를테면, 다음

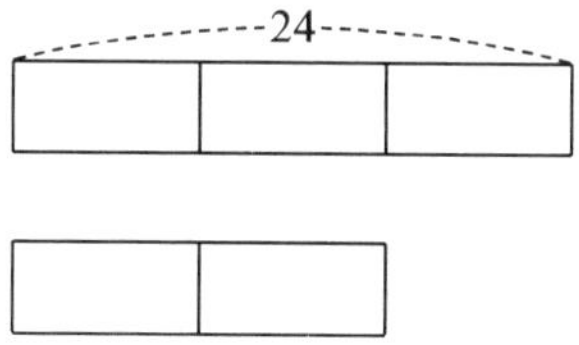

의 문항은 3등분이 된 막대의 총길이 24에 2등분 된 막대를 쉽게 비교할 수 있도록 놓은 것이 있다. 학생들은 자유롭게 자기 생각을 정리한다. 한 학생은 비례개념을 이용한 문제를 만들 수 있고 다른 학생은 두 막대 길이의 차이를 식으로 나타낼 수 있다.

위의 두 소재를 보면 가정 또는 학교에서 시간만 허락하면 해 볼 수 있는 과제이다. 이들 과제를 앞에서 소개한

> 시내 또는 관공서를 찾아가 도시의 교통문제를 논의하고, 인터뷰 중에 얻은 담당자의 문제를 수학적으로 해결하여라.

와 같은 과제와 비교하면 크게 다름을 알 수 있다. 우선 문제 속에 있는 상황이 다르고 과제를 수행하는 방식도 다르며 학생들의 목표 설정도 다르다. 어떤 학생은 후자 실생활 문제를 더 재미있게 생략하며 쉽다고 한다. 그러나 전통적인 성취도 검사에 이러한 문항을 추가해서 교실 분위기를 바꾸려하면 교사는 종전과 다른 채점을 해야 한다. 순수 수학적인 문맥으로 이루어진 문제들 중에서 개별성취의 목적으로 비공식적인 측정 형식의 문항을 권장할 수 있다. 학교에서 실시하는 테스트 문항은 한 문항당 5분 이내에 문항을 해결해야 하기 때문에 개인의 여러 능력, 즉 창의력, 비판력, 수준 높은 추론력을 측정하기 쉽지 않다.

다음은 함수 f와 g의 그래프이다. 주어진 문제를 풀고 수준높은 추론력, 비판력, 창의력을 묻는 질문을 만들어라.

• 두 함수 f, g의 그래프는 그림과 같다.

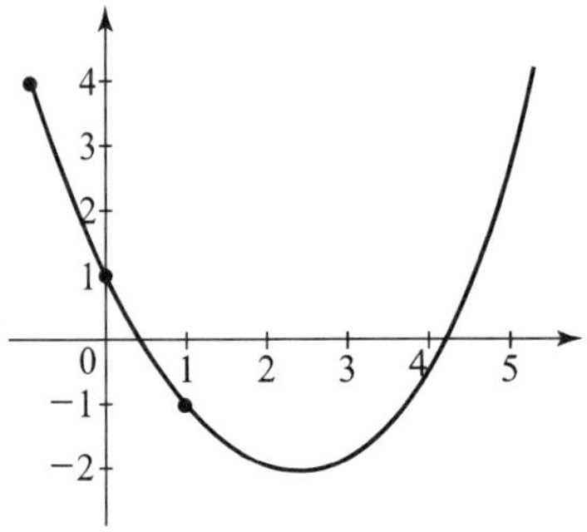

그림 a

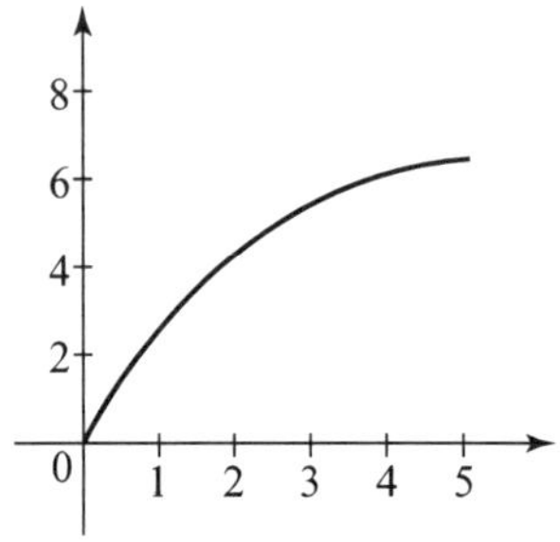

그림 b

(1) 그림 a에서 $f'(0)$, $f'(1)$, $f'(2)$, $f'(3)$의 값을 어림하여라.

(2) 그림 b에서 다음 두 값 중 어느 쪽이 큰가? 예측하여라.

① 구간 $[1, 3]$에서 함수 g의 평균변화율

② 구간 $[2, 5]$에서 함수 g의 평균변화율

둘째는 시간이 제한된 테스트에서는 한 과제를 놓고 오랜 시간을 생각하면서 해결하는 경험을 가지지 못한다. 이를 위해 숙제 또는 방과 후 과제 형식으로 개인의 성취능력을 측정하는 것이다. 중학교 3학년에 있는 과제를 보자.

순서쌍 (b, c), b와 c는 정수이고 $|b|, |c| \le 5$, 이 무작위로 추출이 되며, 각 순서쌍은 똑같은 기회를 선택이 된다. 이차방정식

$$x^2 + bx + c = 0$$

이 서로 다른 양의 실근을 가지지 않을 확률을 구하여라.

이 문항은 선택형 문항으로 알맞지만 이 문항을 해결하기 위해서는 많은 시간이 필요하다. 이차방정식에 관련된 여러 정리를 분석, 종합하고, 문제해결의 발견 전략을 생각해야 하고 논리적인 추론이 필요한 문항이다. 문맥이 순수 수학적인 소재로 되어 있지만 수학의 내적 통합문제로도 적당하다.

앞의 시내교통 문제와 같은 실생활 소재나 확률은 문항들은 지필검사의 약점을 보완할 수 있는 한 문항 유형이며, 문항 형태가 열린 질문으로 되어 있기 때문에 개인의 창의성 또는 통찰 등을 파악하는데 좋다.

셋째는 비록 지필검사로 개별성취도를 알아보기에는 많이 부족하지만 부족한 부분을 인터뷰검사를 통해 얻을 수 있다는 것이 측정·평가에서 말하는 아이디어이다. 우선 인터뷰검사의 장점을 말해보자. 학생은 잠재적인 자기기능 또는 능력을 직접 또는 활동적으로 교사에게 보일 수 있다. 실제로 필자가 있는 춘천지역에서 인터뷰검사는 "전통적 측정·평가에서 잴 수 없는 정보를 얻을 수 있는가?"라는 연구문제를 가지고 실험한 적이 있었다. 이때 실험과제로 다음을 선택했다.

함수 $f(x)=x^2$일 때 $x=1$이 접하는 접선의 기울기를 구하여 한다.

(1) 다음 표를 완성하여라.

h	-0.02	-0.01	-0.001	0	0.001	0.01	0.02
$\dfrac{f(x+h)-f(x)}{h}$							

(2) 기울기를 예측하여라.

(3) 위 자료를 이용하여 다음을 설명하여라.

미분계수 $f'(x)$는 다음과 같다.

$$f'(x)=\lim_{h\to 0}\frac{f(x+h)-f(x)}{h}$$

수준 상·중·하로 한 명씩 인터뷰를 했는데 우수학생도 $f'(x)$와 $h\to 0$일 때 극한값을 구하는 것을 결부시키지 못하였다.

지필검사에 불안을 느끼는 학생들은 매번 테스트마다 테스트 지연 또는 불안으로 충분히 자기실력을 발휘 못하는 경우가 많다. 이 경우 인터뷰검사는 이 학생이 자기의 숨겨진 기능 또는 능력을 자세하게 말할 기회를 준다. 다음 문항은 지필검사에 약한 학생들이 각 항목에 대한 정확한 추론(이유말하기)을 하기에는 부담이 되는 명제이다. 오히려 말로 설명하는 것이 그 학생한테는 편안함을 준다.

---

a, b, c, d가 각각 사각형 $MNPQ$의 변 MN, NP, PQ, QM으로 각 변들의 길이라 하자. 만일 A가 $MNPQ$의 넓이라면 다음 중 어느 것을 알 수 있

는가? (정답: ②)

① $A=\left(\frac{a+c}{2}\right)\left(\frac{b+d}{2}\right)$이면 $MNPQ$는 볼록다각형이다.

② $A=\left(\frac{a+c}{2}\right)\left(\frac{b+d}{2}\right)$이면 $MNPQ$는 직사각형이다.

③ $A\leq\left(\frac{a+c}{2}\right)\left(\frac{b+d}{2}\right)$이면 $MNPQ$는 직사각형이다.

④ $A\leq\left(\frac{a+c}{2}\right)\left(\frac{b+d}{2}\right)$이면 $MNPQ$는 평행사변형이다.

학습에서 얻은 높은 인지적 수준, 즉 판단, 비판, 통합논증 등은 오히려 지필검사보다 인터뷰 방법이 적절하다. 올림피아드 같은 고도의 창의성을 요구하는 테스트에서는 인터뷰를 통하여 그 학생의 진정한 재능을 알아보는 경우가 많다.

이러한 장점을 이용하기 위해서는 잘 구조화된 인터뷰 양식을 개발해야 한다. 이러한 인터뷰는 학생들에게 일정한 점수를 주는 행위이므로 일종의 인터뷰가이드가 필요한 셈이다. 이 가이드에는 세 가지 절차가 있다. 첫째는 측정목표를 설정하고, 둘째는 구두질문을 준비하고, 셋째는 인터뷰를 실행하는 것으로 점수는 학교에서 평소 이용하는 백분율을 사용하거나 성공적인 해결, 힌트제시 후 완성, 실패된 해결, 무응답 등으로 점수를 줄 수 있다. 그런데 주의할 점은 단답형으로 구성된 한 개의 문제는 인터뷰검사가 정당하지 않다. 즉, 학교에서 흔히 볼 수 있는 기말고사에 있는 어떤 한 문항을 인터뷰검사로 선택하는 것은 바람직하지 않다. 위의 사각형 $MNPQ$와 같은 문제도 인터뷰를 하려면 이 문항을 몇 개의 작은 문항으로 세분해야 한다. 다음 문항이 인터뷰하기에 좋은 문항이다. 다만, 이러한 방식으로 측정·평가한 문항의 성취도를 학교에서 사용하는 평가시스템이 있느냐가 문제이다.

다음을 해결하여라.

(1) A, B, C가 서로 다른 숫자이다. 이를테면, $A=3$, $B=2$, $C=1$은 서로 다른 숫자이다. A, B, C에 관하여 적당한 질문을 만들어라.

(2) 다음 문제는 무엇이 잘못된 것일까? 패러독스를 찾아라.

다음의 정사각형의 넓이는

$$8\times 13=104 \text{ (단위)}$$

이고, 이 영역을 4개로 쪼갠 넓이의 합은

$$20+52+24+7.5=105.5 \text{ (단위)}$$

이다. 무엇이 잘못되었는가?

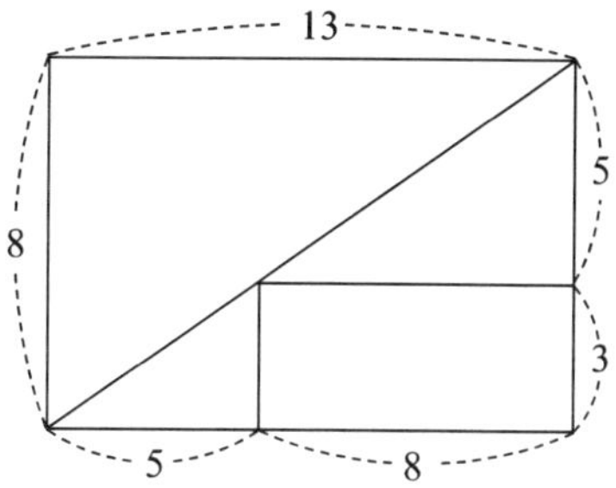

위의 각 질문에 대해 교사는 학생의 대답을 예측하여 성적을 써넣고, 교사의 총평을 기재한다. 이를테면, 다음과 같이 학생대답의 유형, 유형에 대한 채점, 학생의 특이한 사고활동 또는 학생반응에 대한 교사의 의견을 총평에 적는다. 이때 주의할 점은 채점할 때 학생이 알고 있지 못한 것에 초점을 맞추지 말고 학생이 알고 있는 것을 측정·평가하는 것에 중점을 두어야 한다.

학생대답	점수	총평

(토론) 다음은 이해문항이다. 어떤 종류의 개념적 지식을 측정·평가하는 문항인가? 이 문항은 개념수업에 도움이 되는가?

고속도로의 건설에 대한 전문가라 해보자. 어느 날 사장으로부터 그림으로 나타낸 바와 같이 두 고속도로를 잇는 과제를 제안 받았다.

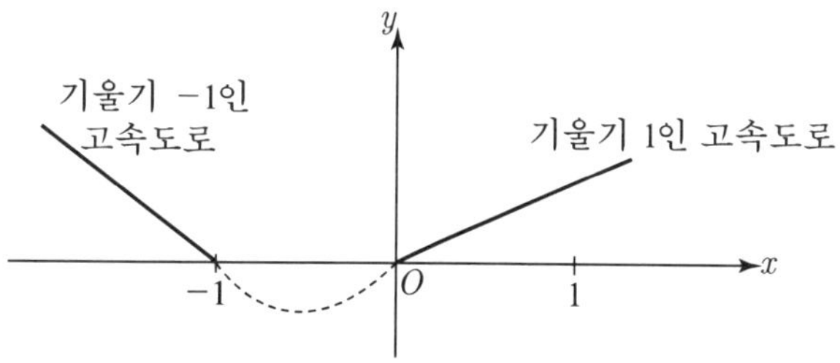

(1) $x=-1,\ 0$에서 미분 가능한 최소차수의 다항함수를 식으로 나타낼 수 있는가?

(2) (1)에서 생각한 것처럼 $x=-1,\ 0$에서 두 번 $f(x)$를 미분했을 때 여전히 미분가능한 함수를 생각하려 한다. 함수인 다항함수에서 가능한가?

(3) 위 상황에 관련된 재미있는 질문(문항)을 하나 더 만들어라.

이러한 문항도 열린질문도 있고 큰 질문을 세분해서 이해를 알아보기 때문에 인터뷰에 적당한 문항이다.

이 문제에 관련시켜 일반적으로 인터뷰에 가장 효과적인 주제가 무엇인가? 인데 앞의 과제는 이해문항을 인터뷰에 알맞게 부분문항(질문)으로 나눈 것이다. 즉, 도함수(미분계수)를 어떻게 이해하는지 포괄적인 질문에서부터 구체적인 질문으로 구성이 되었다. 다른 각도로 말하면 "미분계수의 정의를 잘 해석하는가?", "다양한 상황을 주었을 때 내적활용은 어떤가?", "외적 응용장면에서 그가 해석한 지식은 곧바로 전이가 되는가?" 등등 있을 수 있다. 그러나 인터뷰 문항으로 가장 적절한 것은 역시 개방형 문항, 프로젝트형 문항, 모델링 문항, 조사활동에 관련된 자기보고서 문항이다. 이때 주어지는 질문으로 "과제를 해결하는데 어떤 어려움이 있는가?", "더 잘 할 수 있는 방법은 없는가?" 등과 같이 학생들의 이해를 조심스럽게 그리고 더 깊게 알아보는 질문 등이 주가 된다. 앞 동물농장을 짓는 문제에서 다음

- 정사각형은 직사각형인가? 왜 그렇게 말했는가?
- 너의 직사각형의 정의는 무엇인가?
- 직변의 길이가 짝수이어야 한다고 말했지? 이번에는 둘레의 길이가 64가 되도록 하는 홀수로 한 변을 그려라.
- 네가 그린 각 직사각형의 넓이는? 어느 것이 가장 큰가?
- 네가 그린 직사각형의 모양과 넓이 사이에는 어떤 관계가 있는가?

과 같은 질문은 세부적으로 학생의 아이디어를 묻는 것으로 이해 또는 문제해결 수준을 알아보는데 유리하다.

스텐마크(stenmark, 1989)에 의하면 질문은 학생들이 편안하게 생각하는 수준에서 출발해야 한다고 한다. 또 질문은 일반적인 질문에서 출발하며 학생에 맞게 구체적인 것으로 가야 하며, 학생들이 거부하는 질문은 하지 않고 질문 후 시간을 주어 생각하는 틈을 가지게 한다. 그러나 주의할 점은 온통 단순 기능만을 묻는 질문은 인터뷰 목적에 맞지 않으며, 때로는 어려운 질문도 병행해야 한다는 것이다. 학생에 대해 많고 자세한 정보를 얻는 것은 학교 교육에서 가장 중요한 일이다.

초등학교에서부터 학생들은 문제를 풀고, 그 과정을 다른 학생들에게 설명하는 훈련을 받는다. 초등학교에서는 이 활동을 비교적 활발하게 하지만 상급학년으로 갈수록 문제를 조용히 풀고 자기 스스로 그 과정을 검토하는 시간이 많아진다. 수

학적인 아이디어를 친구와 교환하고 적절한 논리적 과정을 구사하는 학습활동은 비판적 사고에 관련되어있다. 이러한 사고를 교실에서 어떻게 훈련시키는가 는 다음 권고와 관련이 있다.

첫째는 학생들이 문제조건을 보고 그에 알맞은 질문을 설정하게 한다. 이 방법은 학생들이 문제설정에 알맞은 조건이 주어진 상태에서 질문을 구성하기 때문에 두려움은 없다.

어떤 전자상가에서는 CD를 판매한다. 어떤 것은 하나에 4000원 또 다른 것은 하나에 5000원을 받는다. 10분에 16개가 팔렸다.

지시 – 선생님이 문제를 완성하는데 하나를 잊었다. 여러분은 이 조건에 알맞은 질문을 만들어야 한다. 조건을 몇 개 더 더하여 질문을 만들어도 좋다. 그 다음에 문제를 풀어라.

이 경우 총판매한 액수를 추가하면 더 좋은 질문이 자리를 잡을 수 있다. 교사는 학생들이 만든 질문, 추가하는 조건을 보고 점수를 줄 수 있다. 이러한 문제만들기는 학생들이 주어진 조건에 추가하는 조건을 어떻게 조화시키고 이들 조건에 알맞은 질문을 구사하는지 관찰하는 측정·평가 기회를 준다. 실세계를 살아가면서도 주어진 환경에 자신을 적응시키는 노력은 중요한 능력이다. 이러한 활동에 좋은 점수를 받는 학생은 주어진 완벽한 문제를 푸는 것보다 비판적 사고에서 좋은 능력을 보인다.

다음 문제정보에 알맞은 질문을 만들어라. 누가 더 좋은 질문을 만들었는가?

(1) 제주도 여행에서 8명이 돈을 모아 모터보트를 빌렸다. 여기서 각각은 똑같은 액수를 낸 것으로 한다. 만일 4명이 더 합류해서 같이 돈을 내면 각자는 1천원을 적게 낼 수 있다고 한다.

(2) 몇 사람이 음식점에서 음식을 먹은 후 비용 12만 원을 똑같은 금액을 각자 거두어 이 돈을 내기로 했다. 그런데 카운터에 모여 보니 2명이 돈을 부담하지 않고 먼저 갔다는 것을 알았다. 때문에 종전보다 각각 5천원을 더 냈다.

(3) 8개의 숫자로 된 8자리의 수가 있다. 이 수는 두 개의 1, 두 개의 2, 두 개의 3, 두 개의 4를 가진다. 그런데 두 개의 1은 한 개의 숫자 양쪽에 있고, 두 개의 2는 ×2××2××와 같이 사이에 두 숫자가 있고, 두 개의 3은 사이에 세 개의 숫자, 두 개의 4는 사이에 네 개 숫자가 있어야 한다.

둘째는 학생들이 주어진 문제를 푼 다음에 그들 자신이 푼 문제와 비슷하거나 조금 관련이 있는 문제를 만들게 한다. 이 활동은 의사소통, 비판력 훈련에 앞서 수학교육의 전반에 걸쳐 중요한 문제를 이슈화한다. 폴랴의 이론처럼 반영(또는 반성) 활동으로 이 활동이 필요하며, 개념과 문제해결의 교육에서 중요한 개념망의 형성에도 좋은 권고이다.

지시 – 다음 문제를 푼 다음에 자신이 문제를 만들어라. 그리고 설명하여라.

철수는 6개의 오렌지와 3개의 레몬을 사서 $8l$의 혼합음료를 만들었다. 운동부 학생들을 위해서는 $40l$를 만들어야 한다. 시장에서 오렌지 한 개의 가격은 200원, 레몬은 100원이다. 과일을 모두 사고 10000원을 가게 점원한테 주었다. 얼마를 거스름돈으로 받아야 하는가?

이 문제를 실험해보면 우리는 그 학생의 수학지식과 이해 등을 알 수 있다. 문제를 단순하게 만드는 경우는 문제구조는 똑같고 숫자만 약간 바꾸는 경우를 본다. 또, 문제구조를 완전히 바꾸는 학생은 숫자 및 문맥까지 바꾸어 완성한다. 이 경우 교사는 학생의 양의 감각과 실세계와의 관계를 간접적으로 이해할 수 있다. 보통 교실에서는 단순문제 설정을 자주 본다. 이들 학생은 대부분 수 연산을 실세계와 관련시키지 않고 수학적인 식으로 연습하는 경우이다. 즉

$$2+5=7,\ \ 3+5=(\quad)$$

와 같이 의미 없는 반복계산을 수학의 계산활동으로 착각하는 경우이다. 중고등학교도 마찬가지이다. 다음은 위의 오렌지와 레몬에 관한 문제를 푼 다음 두 학생이 교사의 인도 아래 문제를 만들었다(walter, 1993).

(단순문제 1)
2개 봉지의 설탕과 4개 봉지의 밀가루로 12개 쿠키를 만든다. 48개의 쿠키를 만들려면 각각 몇 개의 봉지가 필요한가?

(복합문제 2)
$8l$의 소다와 $2l$의 주스를 이용하여 $10l$의 칵테일을 만든다. 소다는 $2l$에 1750원하고 칵테일은 $1l$에 1150원한다. $60l$의 칵테일을 만드는데 얼마의 비용이 드는가?

테스트에서 학생들이 보인 두 문제만들기에서 단순문제를 만든 학생은 수와 연

산에 대한 기초 지식이 약하며, 가장 심각한 것은 실생활과 수학을 연결하는 센스가 부족함을 알 수 있다.

다음에 주어진 문제를 잘 읽고 이것과 아주 비슷한 문제, 문제구조가 많이 다른 문제를 만들어라.

길이가 각각 1, 2, 3, …, 9인 아홉 개의 플라스틱 막대에서 3개를 선택하여 끝을 평면 위에 놓아 삼각형을 만든다. 이때, 삼각형이 될 확률을 구하여라.

이러한 현상은 어느 교실에서도 관찰되는 현상이며, 학교수학이 단순계산활동을 강조하기 때문이다.

셋째는 계산오류 또는 잘못 표현된 개념적 오류가 있는 해를 제시한다. 이러한 문제는 학생들의 비평 또는 평가하는 능력을 측정하는 것으로 이러한 능력은 학생들이 실세계에서 흔히 남의 작업 결과를 체크해주거나 주어진 생각과 다른 생각을 창안할 때 필요한 활동이다. 다음 문항은 학생들의 비판능력, 창의력 등을 알아보기 위해 수학교사가 학생들 상대로 인터뷰한 자료이다.

방정식 $m+n=mn$을 만족하는 정수 m, n으로 된 쌍 (m, n)은 몇 개인가?
(답: 2)

① 1　　② 2

③ 3　　④ 4

⑤ 4보다 많음

여기에 민수와 풀이한 과정을 소개한다.

$m+n=mn$이면

$$m+n=mn=0,\ m+n(1-m)=0 \quad \Rightarrow \quad n=\frac{m}{m-1}$$

따라서 순서쌍 $\left(m, \dfrac{m}{m-1}\right)$의 개수를 알면 된다.

m이 정수이면 m, n이 정수인 순서쌍을 얻을 수 있다.

질문 1 : 위의 풀이를 보고 민수는 좋은 추론을 했다고 생각하는가? 즉, 민수의 풀이과정에 잘못한 점이 있는가? 또는 없는가?

질문 2 : 만일 교사라면 민수의 풀이과정에서 어떤 조언을 하겠는가?

질문 3 : 위의 문제를 약간 수정해도 좋고 문제에 있는 정보를 이용해도 좋다. 너 자신의 문제를 하나 설정하여라.

위에서 질문 2는 학생들이 교사가 되었다고 가정하고 남의 풀이과정을 어떻게 평가해줄 것인지 판단능력을 알아보기 위한 것이다. 학생들은 살아가면서 매일매일 의사결정 또는 판단하는 기회를 가진다. 질문 3은 학생들의 창의성을 알아보기 위한 것으로 주어진 정보, 조건, 질문을 새로 창안하는 문제구조에 연결하는 능력을 알아본다.

다음 문제의 풀이과정을 보고 알맞은 해인지 지적하여라. 부족한 부분은 채우고 풀이과정을 완성하여라.

(1) 모니터 크기는 화면의 대각선의 길이로 나타낸다. 즉, 14인치 모니터는 화면의 대각선이 14인치라는 뜻이다. 영수네 집에서 이번에 산 모니터는 14인치이고 화면의 넓이는 종전 낡은 모니터의 화면넓이보다 2배이다. 만일 두 화면이 닮았다면 종전의 모니터의 크기는 얼마인가?

[풀이]

$$\frac{(\text{종전 화면에 직선길이})^2}{(\text{새로 산 화면에 직선길이})^2} = 2, \ \frac{x}{14} = \sqrt{2}$$

$$\therefore \ x = 14\sqrt{2}$$

(2) 곱 $2^{\frac{1}{7}} \cdot 2^{\frac{3}{7}} \cdots 2^{\frac{(2n+1)}{7}}$ 이 1000보다 크게 되는 가장 작은 양의 홀수 정수 n을 말하여라. 여기서 2의 지수에서 분모는 모두 7이고 분자는 1, 3, 5, 7, …, $2n+1$와 같이 연속적인 홀수이다.

[풀이] $1+3+5+\cdots+(2n+1)=(n+1)^2$

그런데 2^{20}이므로 대략 $\frac{(n+1)^2}{7}=20$와 같다.

넷째는 의사소통할 수 있는 문제를 창안하며 풀지는 않는다. 이 활동은 학생의 문제 또는 개념에 대한 이해의 깊이를 측정하고 아울러 의사소통하는 능력을 측정하기 위한 것이다. 학교에서 의사소통에 대한 학생들의 수준을 알아보는 데는 교사가 가르쳐 준 내용을 다음날 설명해보라든지 친구에게 알아듣도록 설명하는 활동이 있어야 한다.

친구가 결석을 했다고 생각하자. 친구가 다음 문제를 이해하도록 잘 설명하여라. 이 문제를 풀지는 말고 친구가 푸는데 도움이 되도록 해야 한다. 좌표평면에서 세 꼭짓점 (0, 0), (1, 1), (9, 1)이 있다. 어떤 수직선($x=a$ 형태)이 세 꼭짓점으로 하는 삼각형의 넓이를 이등분한다. 이때 수직선 $x=a$를 구하여라.

이 문제를 설명하기 위해서는 논리적으로 풀이를 정리하고 다른 친구를 어떻게 이해시킬까? 하는 발표요령까지 알아야 한다.

우리가 실세계를 살아가면서 남을 이해시키는 기술은 의사소통의 중요한 요소다. 문제를 자기 스스로 이해하고, 해의 과정을 잘 알지 않고서는 남에게 문제를 이해시킬 수 없다. 이 문제의 활용 또는 확장으로 여러 변수를 가진다. 이를테면, 상대방이 이해를 못할 경우에는 문제의 이해를 직접 쓰면서 설명할 수 있다.

위의 문제를 좌표평면에 그림으로 나타내면서 $x=a$는 ΔABC의 넓이 $\frac{1}{2}(1)(8)=4$를 반으로 나눈다. 다시 한 번 생각할 수 있는가?

이것은 문제의 이해에 해당하므로 상대방은 이를 보고 문제에 알맞은 적절한 풀이계획을 만든다.

그러나 풀이계획이 미흡할 때는 다른 질문을 주어 이해를 도와준다. B, C를 지나는 직선이 $x=a$와 만나는 지점을 구하여라. 이때, 반쪽삼각형에서 풀이에 대한 생각을 얻을 수 있다.

이러한 테스트는 학생이 자기생각을 명확하게 타인에게 설명할 수 있는지 알아보는 문항이다. 또 학생들이 문제이해를 잘 하는지는 대화를 하지 않으면 알 수가 없다. 학생들은 지필검사에서는 좀처럼 이해활동을 특히 어떻게 이해했는지를 나타내지 않는다. 남한테 문제를 이해시키기 위해서는 문제에 주어진 정보만을 파악하는 것으로 부족하고 적당한 다른 정보를 더해서 말해야 한다.

다음 문제의 힌트를 보고 풀이과정을 옆 사람과 논하여라. 설명이 다 끝난 다음에 상대방이 A4용지에 풀이를 정리하게 한다.

(1) 저녁 10시에 길이가 같은 두 개의 초 A, B에 불을 붙였다. 한 개의 초 A가 모두 타는데 6시간 걸리는 반면, 다른 초 B는 3시간 만에 모두 타 없어진다.

한 개 초가 다른 초의 2배의 남은 길이를 가지는 때는 불을 붙인 후 몇 시간 만인가? (도움말: 시간 h, $\frac{h}{6}$, $\frac{h}{3}$를 생각)

(2) 두 점 (a, b), (c, d)가 방정식 $y=mx+k$ 위에 있는 점이다. 두 점 (a, b), (c, d)의 사이거리를 a, c, m으로 나타내어라. (도움말: 직선과 x축 사이의 각을 θ)

앞에서 성취도 측정을 여러 측면에서 논하였다. 여기에서는 우리와 다른 교육과정을 운영하고 있는 미국의 측정·평가를 생각해보자. 성취도의 측정·평가 개념이 우리와 많이 다를 것이다. 이들 측정·평가는 수학과 교육과정과 그 지도내용에 알맞게 구성되었으며 모두 3개 영역으로 짜여져 있다(미국표준, 1989).

첫 번째 토픽은 일반적 측정방법, 두 번째 토픽은 학생측정 방법, 세 번째 토픽은 프로그램 평가로 이루어졌다. 이 중에서 가장 중요한 학생들의 측정은 모두 7개 표준으로 이루어졌으며 학생들에게 무엇을 관찰하고 학생들이 알고 있는 지식을 이해하는 방법이 무엇인지 기술하고 있다. 즉, 수학과 측정은 통합된 과제, 개념적 이해, 문제해결, 추론, 의사교환 등을 측정해야 한다고 본다. 측정을 위한 표준은 어느 측정이든 교육과정(표준) 범위 내에서 다각적으로 측정해야 하며, 마지막 프로그램 평가는 교육과정과 지도에 초점을 맞춘 측정이 이루어져야 한다고 본다. 이들을 간단히 요약해보자.

일반 측정·평가

- 학생들의 학습을 측정하는데 문항(또는 과제)은 교육과정 내용, 내용들의 관계, 도구(계산기, 컴퓨터, 도구)에 관련된 문항이어야 한다.
- 의사결정은 다양한 자료에 바탕을 두어야 하며, 다양한 학생들의 사고, 여러 과제와 문맥에서 한 개념과 절차를 측정한다.

다음 두 문제는 수학과 교육과정에 있는 내용인가? 또, 어떤 개념을 측정하기 위한 문항인가?

(1) 두 수의 곱이 19551이고, 합이 280이다. 각 a, b를 구하지 말고 두 수의 차를 계산하여라.

(2) 양궁을 선호하는 김씨는 6개의 화살을 쏘았는데 모두 과녁에 들어갔다. 과녁은 5개의 중심 원으로 되어 있으며 안쪽으로 갈수록 점수가 높다. 바깥쪽부터 1, 3, 5, 7, 9와 같다. 그가 얻을 수 있는 점수는 다음 중 어느

것인가?

$$4,\ 17,\ 28,\ 29,\ 31,\ 56$$

(3) 다음 문제를 대수적 방법, 종합적 방법, 좌표방법, 벡터방법, 변환방법으로 풀어라.

아래 그림에서 정사각형 $WXYZ$는 정사각형이고, M은 $\overline{WZ}$의 중점, 직선 XZ과 YM은 정사각형을 4등분 R, S, Q, P로 분할한다. 각 넓이는 정사각형의 넓이로 나타내고 비율 $P : Q : R : S$를 구하여라.

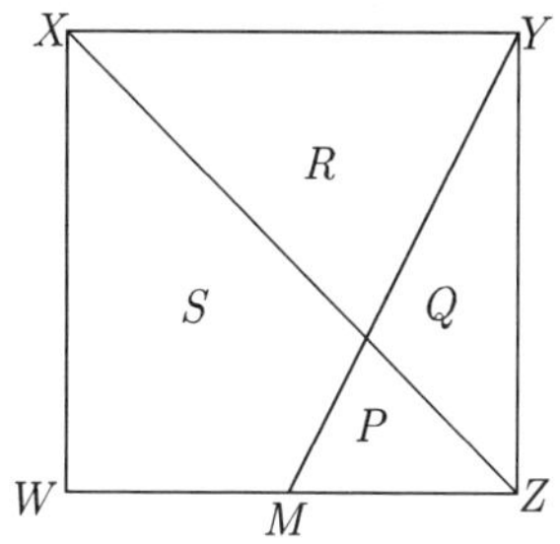

• 측정도구와 방법은 찾으려하는 정보종류, 학생들의 수준 등에 알맞게 계획되어야 한다.

학생 측정·평가

• 측정할 내용으로 문제를 해결하는 능력, 수학적 아이디어를 교환하는 능력, 추론과 분석하는 능력, 개념적 이해능력, 여러 내용의 통합능력 등을 우선으로 한다.

• 문제해결 분야에서는 문제를 구성하기, 다양한 전략을 문제풀이에 적용하기, 결과를 해석하기, 일반화 등을 측정한다.

• 의사소통에서는 수학적 아이디어를 말하고, 쓰고, 보이고, 읽는 능력을 측정한다.

• 추론분야에서는 패턴을 인식하는 귀납적 사고, 논증, 비례적 사고, 연역적 사고, 공통성질을 얻을 수 있는 상황분석, 공리론적 성질을 이해하는 능력을 측정한다.

• 수학적 개념에서는 개념의 정의, 예와 반례, 개념표현, 표현모드의 변환, 개념의 다양한 해석 능력을 측정한다.

• 수학적인 절차에 대해서는 절차의 단계설명, 정확한 절차, 예와 반례의 인식, 새로운 절차의 창조 및 의미파악 능력을 측정한다.

프로그램 측정·평가

- 교육과정 및 관련 프로그램을 평가하기 위해서는 학생성취의 결과, 프로그램의 기대효과, 교육 과정 변화를 읽을 수 있어야 한다.
- 자료는 관계, 전략, 측정방법, 과학적 도구사용에 대해 언급이 있어야 한다.

이들 중에서 학생 측정·평가는 많은 교사들이 매일 고민하고 있는 문제이다. 월말고사에 25문항을 어떤 측정방법을 이용하여 학생들의 개념, 문제해결, 기능에 관한 테스트 문항을 만들까 또는 수업이 끝날 무렵 교사의 지도내용을 학생들이 얼마나 잘 이해했는가를 측정하는 확인학습을 위한 측정문항을 어떻게 만들까 또 기말고사는 한 학기 가르친 내용을 점검하는 고사로 생각했기 때문에 한 학기 동안 가르친 내용을 어떻게 테스트 문항으로 나타낼까 하는 고민이 더 많다. 이 점에 대해 평가 표본에서는 Vergnaud(1982)의 개념마당(cnceptual fields)의 용어를 도입한다. 이를테면, 그의 이론에 의하면 수학적 파워는 기초 또는 기호에 관련된 수학적 문장들이 서로 다른 문제 장면에 연결되어 있기 때문에 이를 마당을 세분화해서 측정해야 한다고 한다. 이 세분화를 보면

- 개념을 의미 있게 만드는 문장장면의 집합
- 개념을 구성하는 불변성의 집합
- 개념의 성질을 대표하는 기호적 장면의 집합이고, 이들의 개념마당이라고 한다. 구체적 예를 "덧셈구조"에서 들어보자.
- 개념마당을 이루는 기초요소, 기호적 진술 $a+b=c$, $a-b=c$ (a, b, c 자연수)
- 해결해야 할 요소를 명확히 진술. 이를테면, a, b, c 중에서 두 수는 알려진 수이고 하나는 미지항임.
- 계산 또는 절차를 이끌어가는 전략 알고리즘, 규칙을 확인. 이를테면, $a+x=c$에서 $c-a=x$ 등등.

이상의 세 가지는 수학적 내용을 포함한 수학적 조직에 관한 내용이고 다음은 문제 장면에 관한 것이다.

- 개념을 구성하는 문제 장면의 집합. 이를테면, 덧셈구조에 대하여 부분-전체의 문제 장면, 비교의 문제 장면, 합 - 분리의 문제 장면이다.

이들 네 가지는 마당지식의 개념망(network)을 이룬다. 이러한 개념망은 다른 개념망과 연결되거나 겹쳐질 수 있다. 평가는 이러한 개념망과 연결이 된다. 교사가 1주일동안 교실에서 행하는 수업 또는 측정은 잘 다듬어진 개념망을 보고 출발한다. 누가 만든 개념망이 탁월한 기능을 발휘할까 는 교사의 능력에 의해 결정된

다. 좋은 개념망이 만들어지면 측정의 첫 단계는 성공적으로 이루어졌다고 보며, 다음 단계는 어떤 측정도구가 좋을까 하는 의사결정의 과정으로 들어간다. 보통 좋은 측정도구는 다음 사항을 고려한다고 알려져 있다.

- 측정도구는 교사의 지도(수업)의 능력을 향상시키는 데 도움을 주어야 한다.
- 측정도구는 교사가 정한 수업목표(목적)에 일치되어야 한다.
- 측정도구는 학생들이 배운 내용에 기초해야 한다.
- 한 측정도구의 결과(예, 점수)는 다른 측정도구의 결과와 의미 있게 연결이 되어야 한다.

제 5 장

다양한 측정·평가의 수업활용

: 다양한 평가전략

5.1 학생 측정·평가와 수학과 수업

(1) 학생 측정과 수학과 수업

학교에서 수업 중에 월말시험, 학기중간 또는 기말시험을 보는 이유는 교사의 수업을 향상시키는데 도움이 되는 정보를 얻는 것에 있다. 수업에 필요한 학생관련 정보는 그들의 학업성취능력, 동기유발, 수학에 대한 가치관과 태도 등이다. 이들은 한결같이 학생들이 수학을 배우는데 직·간접적으로 관련되는 정보이다. 이들 측정에 관련된 항목은 학생들의 사고방법과 능력, 추론과정에 대한 지식뿐 아니라 그들의 문제해결에 대한 일반적인 전략과 흥미·태도에 관련된 것들이다. 이들 정보는 더 좋은 수학교사가 되는데 꼭 필요한 것이다. 이를테면, 중학교 학생에게 다음과 같은 퀴즈를 주었다. 퀴즈는 원래 확인평가 또는 진단평가 용으로 사용되며 기말고사와 같이 학생들의 성취도 검사문항은 아니다. 그러나 퀴즈는 교사와 학생한테 귀중한 수업정보를 제공한다.

학교 특별활동에서 바둑클럽은 인기 있는 동아리이다. 주말마다 두 사람이 대국을 벌이는데 리그전으로 대회를 운영한다. 지난 주말에 한 사람이 이 클럽에 가입하면서 이번 주부터는 8게임이 늘어났다. 현재 이 클럽에는 몇 명의 회원이 있는가?

[학생풀이] 춘천, 2009년 4월

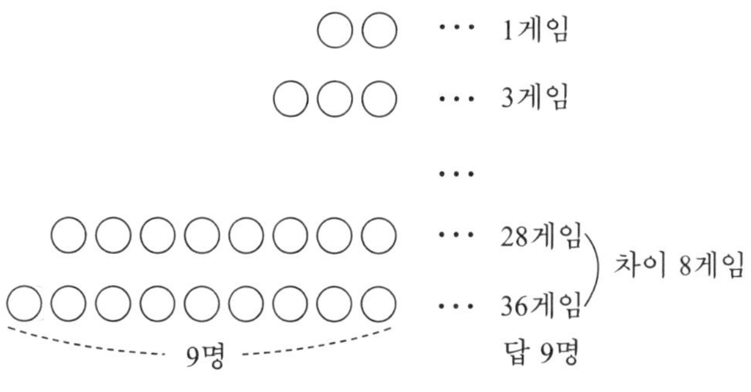

언뜻 보면 퍼즐같은 측정 문항이지만 학생들의 풀이를 보면 교실수업에 참고할 사항이 있다.

이 학생의 풀이에서 우리는 무엇을 알 수 있을까? 우선 빨리 식별할 수 있는 사항으로 몇 가지를 기술할 수 있다.

- 자기 아이디어를 문장으로 표현하는 기술
- 중요한 아이디어 제시
- 나타낸 숫자쓰기
- 수학적 단어사용
- 문제이해의 기술

종이에 나타낸 숫자나 수학적 용어들을 보면 이 학생이 문제를 읽고 문제구조를 잘 파악하고 있다는 것을 알 수 있다. 문제에 주어진 정보, 조건을 잘 분석하고 있음을 그림 속에서 파악할 수 있다. 특히 중요한 조건, 차이가 8게임, 리그, 한 사람이 클럽에 가입 등과 같은 용어 또는 문장을 바르게 잡았다는 것을 알 수 있다. 그리고 그의 아이디어, 즉 조합을 기호로 표현은 못했지만 조합적인 아이디어를 그림으로 표현하는 기술도 좋다. 즉, 중요한 수학적 아이디어를 정확히 그림으로 표현하는 기술을 가지고 있다. 그러나 아직 확실하게 얻을 수 없는 정보도 있다. 이 학생의 논리적 표현 또는 절차를 잘 알 수 있다. 몇 가지 문제에 주어진 정보와 자기가 이미 배운 지식을 이용하여 문제풀이를 이끌어가는 표현이 약간 부족하다. 또, 계산능력은 전혀 알 수가 없다. 이 학생은 계산이 거의 필요 없는 기하문제를 선호한다든지, 계산에 대한 오류가 자주 발생하는지 알 수 없다. 아마 다른 계산문제를 주어 이 학생의 수학적 특징을 파악할 수 있다.

ΔABC에서 $\overline{AB}=5\sqrt{3}$, $\angle B=20°$, $\angle C=120°$일 때

$\dfrac{\overline{BC}}{\sin 40}+\dfrac{\overline{AC}}{\cos 70}$의 값?

만일 이 학생이 이런 계산문제에 오류를 자주 발생시키면 계산에 대한 특별한 지도가 필요할 것이다. 계산기를 이용해 복잡한 계산을 하게 할 것인가? 등등 보통 교실에서 알고리즘에 관련된 문제해결의 능력이 추론과 논리적 전개과정을 중시하는 기하문제 해결에 영향을 준다고 말할 수 없다. 그러나 이 학생에게는 두 영역 간의 전이문제가 원활하게 잘되는지 오직 대안측정을 하여 그 결과를 얻을 수 있다. 교사의 관찰이 앞으로 이 학생이 좀더 수학적인 일에 전념할 수 있어 미래를 계획하는데 좋은 참고가 될 수 있다. 학부형의 입장에서 보면 자기자식에 대한 소중한 정보를 얻는 것이 그들의 자녀를 학교에 보내는 이유가 될 수 있다.

다음 박○○ 교사가 실험을 통해 변수, 일차함수, 자료수집, 그래프, 데이터 해

석, 수업확장 등을 지도하는 과정이다. 이 과정에서 학생들의 어떤 활동을 관찰하겠는가? 이러한 관찰은 일종의 확인평가로 분류할 수 있으며 평가형식은 교무실에서 인터뷰, 숙제 포트폴리오, 수업이 끝날 무렵 5분간 지필테스트 등 여러 형태로 실행할 수 있다.

집에서 사용하는 자전거에서 페달의 회전수에 대비한 뒷바퀴의 회전수를 일정한 시간에 조사한다. 다음은 어떤 학생이 조사한 자료이다. x, y를 어떻게 정했을까?

x(페달)	y(뒷바퀴)
8	16
12	25
14	30
18	36
20	41
25	52

(1) y를 x에 관한 방정식(또는 함수식)으로 쓸 수 있는가?

(2) $x = 50$, 즉 페달의 회전수가 50일 때 바퀴의 회전수는 얼마인가?

위의 (1), (2)의 답을 보고 현행 교과서의 일차함수 지도에 어떻게 활용하겠는지 간단히 논하여라. 또, 데이터 수집은 수학의 수업에서 필요한가?

(3) (1)에서 그래프를 그릴 때 기울기는 어떤 의미가 있는가?

(4) 다음 표를 완성하여라.

R_P는 페달 회전수의 평균, R_W는 바퀴 회전수의 평균을 나타낸다.

	R_P	R_W	R_W/R_P
페달, 바퀴 회전수(평균)			

여기서 R_W/R_P는 어떤 의미가 있는가?

(5) 그가 실제 바퀴의 지름을 재었더니 68.6cm였다. 둘레의 길이는 얼마인가? 또, 2.54km를 가는데 바퀴가 몇 번 회전해야 하는가?

(6) 1시간당 25.4km를 가기 위해서 페달의 회전수는 얼마를 유지해야 하는가?

수학을 가르친다는 것은 여러 요인이 복합적으로 관련되었다. 이들을 간단히 열

거해보자.

• 지도과제들을 선택하고, 개발하고, 수정하는 일
• 교실의 설명과정을 관리하는 일
• 교실의 교수학습 환경을 만들고 유지하는 일
• 학생들의 이해 위에서 과제, 토론, 교수학습 환경의 효과를 분석하는 일

이러한 지도요인들은 측정·평가와 밀접하게 관련되어 있다. Wilson(1977)은 측정·평가를 교사와 학생의 상호작용으로 본다. 교사에게는 항상 학생들이 할 수 있는 것이 무엇이고, 또 어떻게 그것을 할 수 있는지에 대한 정보를 필요로 한다. 왜냐하면, 이들 정보는 좋은 지도를 계획하는데 꼭 필요한 것이기 때문이다. 어떤 정보가 필요한지를 좀더 세분해서 알아보자.

수학적인 지식 – 교과서에서 자주 볼 수 있는 간단한 정보이고, 수학을 구성해 나가는 용어, 기호 등을 말한다. 이들에 대한 깊은 이해는 개념적 지도요목에서 다룬다. 예를 들면 순서쌍 (0, 0)은 원점을 말하며, 순서쌍 (2, 3)은 x축으로 2, y축으로 3인 점을 나타낸다.

수학적인 전략 – 새로운 문제를 접했을 때 어떤 전략을 이용하여 풀이를 계획할 것인가? 에 관련된 지식이다. 또, 개인이 사용하는 수학적인 기술(예, 어림, 측정 등)도 이 지식에 포함된다. 이를테면 수열 2, 5, 10, 17, 26, …에서 패턴을 발견하여 일반항 $a_n = n^2 + 1$을 확정하는 활동, 분류하기, 일반화 등등 수학을 할 수 있는 기술이다.

수학적인 개념과 기능 – 수학적인 개념을 이해하고, 개념들이 어떤 관련을 맺고 있는지 알아본다. 또, 절차 또는 계산에 관련된 알고리즘적인 지식을 가진다. 이를테면, 순서쌍 (a, b)의 뜻을 알고 그래프를 해석하는 것, 또는 $2x + 4 = 6$을 계산하는 것 등이다.

일반적인 전략 – 조직하기, 의사 교환하기, 우선순위를 정하기 등과 같은 전략으로 수학적인 전략은 아니지만 문제해결, 개념형성에 도움이 되는 전략이다.

수학적인 태도 – 수학에 대한 긍정적 생각, 신뢰성, 창의성, 적응, 협력 다른 사람과 교감 등을 말한다.

이러한 학습요인은 교사의 지도에 의하여 결정되기 때문에 측정을 해야 할 요목이다. 그런데 요인들 중에 수학적인 지식, 수학적인 개념과 기능은 쉽게 모든 학교에서 측정을 한다. 그러나 수학적인 전략, 일반적인 전략, 수학적인 태도는 쉽게

측정할 수 없는 대상이다. 이 요인들은 전통적으로 한 문항을 가지고 측정할 수 없는 것들이다. 가능하게 다음을 생각할 수 있다.

- 두 선수가 재미있는 게임을 한다. 두 선수는 자연수 1에서 10까지 어느 수를 선택할 수 있다. 다음 표와 같이 합이 100이 되게 하는 선수가 이긴다. 표에서는 첫 번째 선수가 이겼다. 옆 사람과 몇 게임을 해보고 이기는 게임을 하기 위해서는 어떤 전략을 써야 하는지 말하여라.

첫 번째 선수	두 번째 선수	총 점수
10 7 4 9 8 9 4	6 9 8 8 8 10	10 16 23 32 36 44 53 61 69 77 86 96 100

[자기생각을 쓰시오]

- 한 변의 길이가 1인 정사각형이 있다. 점 P를 내부의 임의의 점이라 할 때 ΔABP가 예각삼각형일 확률은?

이 문제를 다음 두 가지 관점으로 측정하여라.

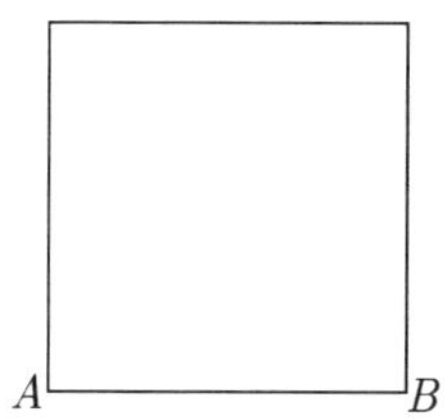

(면담시험) 교사가 학생들의 전략과 생각을 들어보고 필요한 질문하기.

(주관식 시험) 자기가 생각한 것을 모두 쓰기.

앞에서는 문제해결의 전 과정을 4단계 이해, 계획, 실행, 반성으로 나누어 부분 점수를 주는 평가방식을 쉐엔의 방법으로 설명했다. 여기서는 수업한 내용에 대해 위의 두 과제를 보면 첫 번째 과제에 관심을 가지는 교사(아래 학년)가 많다. 두 번째 과제는 수능을 준비하는 고등학교에서 측정대상으로 하기에 알맞지만, 학생들의 다양한 상상과 생각방법을 이끌어가는 데는 부족한 면이 있다. 학생의 생각한 결과를 어떻게 채점을 해야 하는지를 정하는 것도 중요하다. 다음과 같은 평가항목을 설정하고 체크리스트를 작성하여 적당한 점수를 할당한다.

(1) 과제(문제)의 이해와 정답: 학생들이 문제에 알맞은 수학적인 전략을 사용했는지, 풀이과정을 자신이 잘 알고 있는지 등을 측정한다.

(2) 연역적 추론과 귀납적 추론: 패턴, 일반화, 결론을 이끌어가는 과정이 적절한지 등을 측정한다.

(3) 과제에 대한 수행: 학생이 과제수행에서 적절한 데이터를 수집했는지 계산은 정확하게 수행했는지 스스로 풀이과정에서 생기는 어려움을 극복했는지 계획을 세워서 풀이과정을 이끌어 갔는지를 측정한다.

(4) 도구활용: 학생들은 컴퓨터와 소프트웨어를 잘 활용하는지 컴파스 등과 같은 도구를 올바르게 활용하는지 등과 같이 문제를 해결하는데 적절한 도구의 도움을 받는지를 측정한다.

(5) 암산과 어림의 활용: 수학의 계산 기능에 들어가기 때문에 (1)에 합류시킬 수 있으나 실생활 과제에서 실질적이고 감각있는 근사과정을 사용할지 등을 측정한다.

(6) 의사소통: 학생의 자기 아이디어를 정확히 발표하는지 그의 풀이결과를 종이에 논리적으로 잘 정리하여 몇 사람에게 설명하는지 다른 사람들 앞에 자기의견을 정확하고 효과적으로 전달하는지 등을 측정한다.

• 다음 문제를 학생에게 풀게 하고 위에서 기술한 채점과정을 생각하여라. 위의 평가항목 어느 것에 알맞은 측정문항인가?

(1) 긴 철사의 길이가 52단위이다. 이것을 두 부분으로 잘라 각각 구부려 2개의 정사각형을 만든다.
이때, 두 정사각형의 넓이의 합은 97단위였다. 넓이가 큰 정사각형의 한 변의 길이는 넓이가 작은 정사각형의 한 변의 길이보다 얼마나 긴가?

(2) 십진법으로 된 양의 정수 N은 세 자리 정수이다. 이 수가 무작위로 뽑

아질 때 $\log_2 N$이 정수일 확률은 얼마인가?

• 위의 평가항목의 어느 것에 알맞은 문항인가?

(1) 다음 두 정삼각형의 넓이의 합과 같은 넓이를 가진 삼각형을 작도하여라.

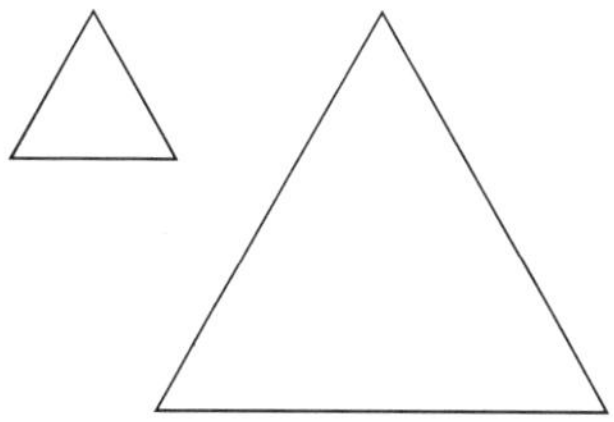

(2) 다음 $GRAW$는 한 변의 $a$cm인 정사각형이고, ΔGMR은 정삼각형이다. ΔRCA의 넓이는 얼마인가?

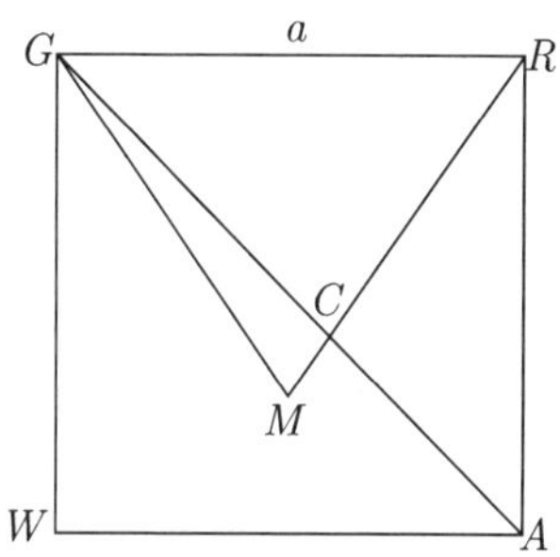

위의 8가지 관점을 측정대상으로 하고 총점수가 10점이 되도록 교사가 부분점수를 할당한다. 좀더 채점을 신뢰 있게 하려면 여러 교사들이 한 학생의 풀이결과를 놓고 토론하는 것이 좋다. 그래서 채점(부분점수)을 하는 과정을 명확히 기록할 필요가 있다.

교사의 지식

앞에서는 교실에서 지도 및 측정에 이용할 수 있는 네 가지를 예시했다. 그런데 교사는 이들을 잘 수행하기 위해 어떤 지식을 가지고 있어야 할까? 하는 의문이 생긴다. 학생들은 수학적 구조를 잘 이해하지 못하는 경우가 많다. 다시 말하면 순간의 아이디어를 활용하여 문제를 풀어나가는 기술은 있으나, 이 기술의 배경인 수학의 구조지식에는 매우 취약하다. 이러한 학생의 약점을 고쳐주기 위해 수학교사는 대학 또는 자기 연수를 통해 수학적인 구조지식을 얻는다. 한 예를 들어보자.

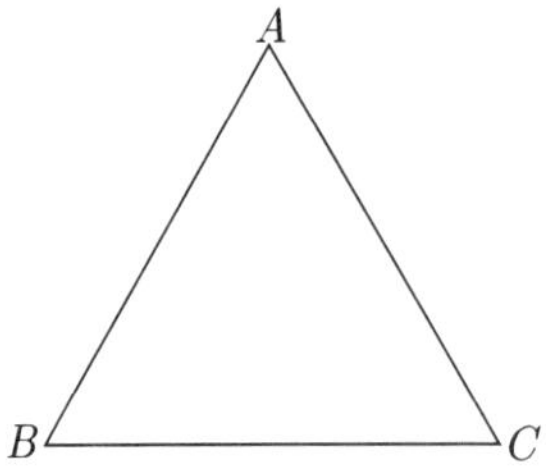

어느 초등학교 교실에서 다음과 같은 의미 있는 시간을 가졌다. 교사는 칠판에 ΔABC를 그림으로 그리고 "삼각형 ABC" 또는 "ΔABC"라고 쓴다. 연습과정에서 몇 개의 삼각형이 칠판에 그려지고, 학생들은 쉽게 정답을 말하였다. 수업이 거의 끝날 무렵 한 학생이 교사에게 질문을 했다.

"만일 선분에 한 구멍이 있을 때 여전히 ΔABC라 할 수 있을까요?"

이 질문은 매우 중요한 의미를 가지며 위상에 관한 지식이 없는 학생들에게 쉽게 설명한다는 것은 거의 불가능하다. 하지만 교사는 위상동형이라는 수학적 아이디어를 충분히 알고 있으면 가능하게 설명할 수 있을 것이다. 이 학생에게 알맞은 동기유발은 배경지식을 충분히 가지고 있는 교사에게 가능하다. 또 다른 예로써 두 종류의 나눗셈 개념에 대한 사례를 들어보자.

- 15개의 사과가 있다. 한 사람에 3개씩 분해하면 모두 몇 사람에게 줄 수 있는가?
- 15개의 사과가 있다. 3사람에게 각각 똑같은 수의 사과를 주려한다면 한 사람에 몇 개씩 돌아가는가?

교실에서는 대부분 학생들이 두 번째 문제를 푸는데 더 어려움을 느낀다. 학생들 중에 두 번째 문제를 첫 번째 문제를 푸는 기법으로 해결하는 학생이 종종 있는데 이 학생은 수학적인 사고가 잘 발달된 학생이다. 만일 교사가 두 문제의 성격을 모른다면 위에서 말한 학생을 정확히 평가했다고 말할 수 없다. 배경지식이 풍부한 교사는 학생들이 나눗셈에 관한 문제 상황을 해결했다 또는 못했다고 보지 않고 학생들이 어떤 전략을 선택하여 문제를 풀었는지를 관찰한다. 문제를 푸는데 사용된 사고전략은 그 학생의 이해에 크게 관련되어 있다. 첫 번째 나눗셈에 관한 문제구조에서도 다양한 사고전략이 동원된다.

학생 A : 바둑돌 15개를 일렬로 나열해놓고 3개씩 차례로 묶는다. 다음 모두 5 사람한테 줄 수 있다고 말한다.

학생 B : 손가락으로 하나, 둘, 셋, …, 열다섯 세면서 하나, 둘, 셋[손가락 하나 올리고], 넷, 다섯, 여섯[손가락 둘 올리고], 일곱, 여덟, 아홉[손가락 셋 올리고] …와 같이 한 다음에 올린 손가락을 세어 답을 말한다.

학생 C : $3\times5=15$이기 때문에 $15\div3=5$.

학생 D : $3\times10=30$, $3\times5=15$[15는 30의 반이므로]

이와 같이 학생들이 사용한 문제해결의 전략은 그들의 학문에 대한 구조를 나타내며, 각 구조는 서로 다른 이해로 연결된다. 위의 학생 C는 다른 학생에 비해 추상적인 연역적 사고구조를 가지고 있다. 이들 나이에 비해 월등한 생각을 할 수 있는 학생으로 다른 학생 A, B, D와 같은 생각은 이미 오래전에 할 수 있다. 교사의 입장에서 보면 전통적인 측정·평가에서 위의 두 문제를 맞았다(1점). 틀렸다(0점)로 보는 것보다 성취도를 보는 것은 물론이고 학생들이 보인 다양한 전략 또는 오류를 보인 전략 등을 관찰, 분석하여 정보를 얻는 것이 향후 교사의 수업을 더욱 의미 있게 한다. 좀더 중등학교를 옮겨 이 관점을 논하여 보자.

중등에서는 풀이과정의 절차에 대한 관심이 많아서 학생들이 문제를 풀 때 "너의 풀이과정을 모두 이 종이에 보여라." 또는 "너의 풀이과정의 중간 단계를 확인하여라. 바른가?" 등과 같은 질문을 자주한다. 숙제는 학생들의 풀이과정을 체크하는데 좋은 기회이다. 학교에서 전통적인 방식의 성취도만을 생각하면 이러한 질문은 필요가 없다. 대안측정·평가에서는 학생들의 성취도도 수업에 활용하지만 절차에 대한 학생들의 전략과 잘못된 생각 등을 점검함으로써 학생들에서 얻는 지식도 매우 중요하게 생각한다.

대학생 김○○는 고등학생인 동생의 수학을 도와주고 있다. 그의 동생은 5.37을 소수점 첫째자리에서 반올림하면 3을 4로 바꾸고 7을 무시한다. 김○○는 그 이유를 어떻게 설명해야 하는가?

이 문항은 흔히 교실에서 취급하는 성취도를 측정하는 문항 "5.37을 소수점 첫째자리에서 반올림하여라. 답은 얼마인가?"와는 성질이 다른 문항이다. 학생들이 이 문항에 답을 하려면 단순히 규칙에 의하여 7은 5 이상이므로 앞자리도 1이 올라간다와 다른 무엇을 준비해야 한다.

학생들은 0.37은 0.30과 0.4 사이에 있고 0.40에 가까이 있기 때문에 이 답이 가능하다는 것을 알아야 한다. 더불어 이 문항은 반올림 개념에 연결되어 있어 그 개념을 정확히 이해해야만 규칙을 설명할 수 있다는 것을 알아야 한다. 또 학생들의 풀이과정(절차적 지식)에서 오류가 발생하는 오류개념도 매우 중요한 정보이다. 이제는 교실에서 수업 중에 컴퓨터나 계산기를 자연스럽게 사용한다. 어떤 면에서는 수업에 긍정적인 신호를 주어 중요한 수학적 아이디어를 발견하는데 큰 도움을 준다. 이를테면, 다음 실생활 문제에서 ○○시는 8차선인 중앙로의 맨 끝 2개의 차선을 주차장으로 개조하여 한다. 그런데 실제 도로 폭을 재어보니 1.8m이고, 승용차의 길이는 2.2m이기 때문에 직각주차를 할 수 없고, 사각주차를 해야 한다는 사실을 알았다. 도로의 총길이가 600m라면 최대 몇 개의 주차장을 설치할 수 있는가? (NCTM, 1989)

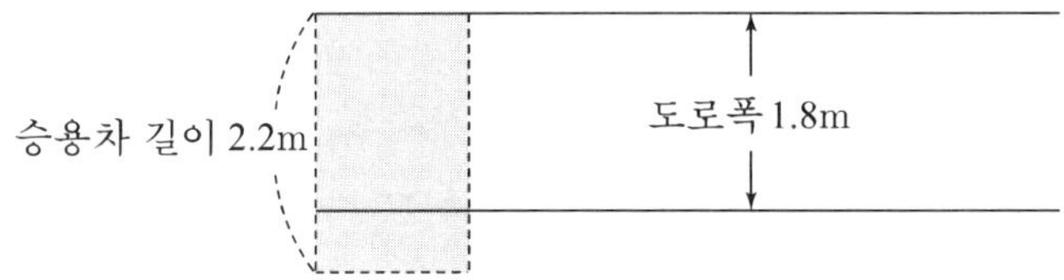

학생들은 이 문제를 해결하기 위하여 중요한 수학적 아이디어 θ를 정하고 $\sin\theta$, $\tan\theta$ 값을 얻어야 하는데 복잡하고 많은 시간이 소요되는 계산과정이 연결되어 있다. 따라서 학생들은 복잡하고 시간이 걸리는 계산 때문에 정확한 풀이에 대한 생각은 있지만 문제를 포기하는 상황이 교실에서 자주 생긴다. 연필과 종이가 동원되는 복잡한 계산 때문에 문제해결에 대한 중요한 아이디어를 결국 얻어낼 수 없는 교실상황이 항상 존재한다.

하지만 계산기 사용의 중심적인 면의 또 다른 측면을 보면 부정적인 면이 교실수업에 있다. 계산기를 사용하면 버튼만 누르면 계산결과가 홍수처럼 쏟아진다. 다시 말하면 컴퓨터 또는 계산기에는 올바른 절차만 강조할 분이다. 수업에서 중요한 것, 즉 개념 또는 기능교육에서는 모두 올바른 답 또는 절차만 강조되는 것은 개념의 획득과정에 부정적으로 작용할 때가 많다.

올바른 절차를 이해하기 위해서는 바른 답 또는 과정이 아닌 경우를 대조함으로 가능하다.

다음 문제를 보자.

상인 A는 다음과 같이 말한다.
10에서 40으로 증가했기 때문에 300% 증가했다고 말할 수 있으며, 마찬가지로 40에서 10으로 감소했으므로 300% 감소했다고 말한다.

이 사례는 계산에 관련된 문제 장면인 것 같지만, 사실은 교실에서 흔히 잘못

이해하기 쉬운 개념이 포함되었다. 이와 같이 계산규칙을 이용하고 이런 문제는 쉽게 답을 얻는다고 생각하지만 중요한 개념의 이해 없이는 성공적인 수업을 할 수 없다. 감소하는 경우는 100%를 넘어갈 수 없기 때문이다. 지금까지 말한 것은 계산에 관련된 수업내용인데 쉬운 것 같으면서 함정이 많은 수학적인 사고이다. 이들에 대한 학생들의 정보는 좋은 수업을 개발하는데 중요한 정보이다. 또, 계산에 관련된 정보 중 대강 넘어갈 수 없는 것으로 계산과정에서 발견되는 그들의 다양한 숨은 전략을 발견하는 일이다. 초등학생들한테 다음 문제를 풀어 보라고 하자.

$$5+7=(\quad)$$

교과서에서는 $5+7=12$이면 정답이고, 답 12를 쓴 학생은 모두 만점을 얻을 수 있는데, 수업에 도움이 되는 정보는 답 12가 아니고 그들이 어떤 생각을 했는지가 더 중요하다. 몇 가지 그들의 사고전략을 보면

- 손가락으로 7부터 8, 9, 10, 10, 11, 12와 같이 센다.
- $5+5=10$을 암산으로 처리하고 10, 11, 12와 같이 센다.

이 정보는 수업을 개선하는데 꼭 필요한 것인데 성취도 검사에서는 종종 빠진다. 교사가 계산 또는 알고리즘 지도를 좀더 개선하고 싶으면 어떤 정보가 필요할까? 몇 가지 적어 보자.

- 학생들이 정확한 계산 절차를 수행한다 해도, 그들은 어떤 절차(전략)를 가장 편하게 생각하는가?
- 학생들은 절차의 각 단계를 수행할 때 그 이유를 말하는가?
- 학생들은 계산절차를 수행할 때 오류가 발생한 순간과 발생이유를 이해하는가?
- 학생들은 여러 계산전략 중에서 가장 효과적인 것을 이해할 수 있는가?

교실에서 종전과 같이 계산 또는 기능의 수행절차를 교사가 칠판에 보이고, 학생은 정확하게 교사가 보인 절차를 따라서 올바른 답이 나오면 수업이 성공적으로 진행되었다고 판단하는 것은 문제가 있다고 한다. 왜냐하면 앞으로 수학교육은 절차를 암기하고 단순히 이용하는 수준에서 깊은 이해에 바탕을 둔 교육, 배운 절차를 좀더 수준이 높은 개념교육에 이용하는 방법을 찾고 그것을 정상화하는 사고 등을 강조하기 때문이다. 실체적으로 학생들이 성인이 되어 직장생활, 예를 들면 토목공사에서 삼각비 값을 계산하는 과정은 교실의 칠판에서 계산하는 것과 근본적으로 다르며, 또 대학의 화학과에서 수학시간에 배우던 계산 또는 절차를 이용

하는 것은 크게 다르다.

다음은 수학에서 가장 중요한 개념적 지식을 얻는 교육을 생각해 보자. 수학교사는 누구나 개념을 수학적인 절차나 이해에서 가장 중요한 요소임을 안다.

성취도 측정에서 낮은 성취도는 이 두 요소에서 나온다. 교사는 개념교육에서 알고자하는 정보가 참으로 많다. 이를테면,

- 그들은 삼각형의 정의를 구두로 말할 수 있는가?
- 그 정의의 각 부분을 설명할 수 있는가? 또 모델을 만들 수 있는가?
- 다양한 보기를 들 수 있는가? 보기가 아닌 것을 설명할 수 있는가?

학생들은 삼각형을 다른 도형과 비교도 하고, 구두로 의사교환하고, 쓰기로 하고, 기호로 나타내어야 한다. 예를 들면,

---

다음 두 도형의 비슷한 점과 서로 다른 점을 말하여라.

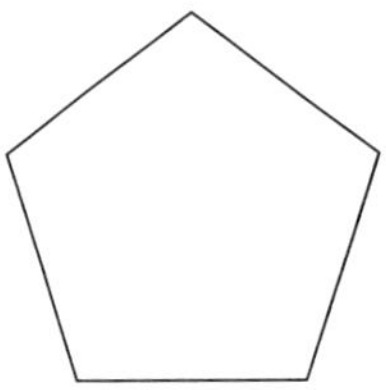

그림 A

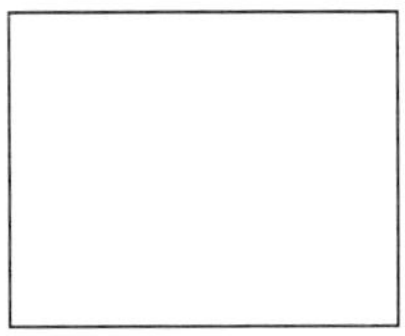

그림 B

그림 A와 같은 도형을 노트에 그려라. 이때, 그린 도형이 그림 A와 같은 도형임을 설명하여라.

이 질문은 교실에서 이용할 수 있는 오각형 개념을 얼마나 이해하고 있는가를 알아보는 문항이다. 이 문항의 주목적은 오각형의 개념(정의)을 알고, 다른 도형과 확연히 구분할 수 있는가를 묻는 문항이다. 아울러 세 변, 선분, 각 사각형에 관련된 용어를 학생들이 이해하는지 알아보는 문항이다. 조사에 의하면 학생들에게 정의만 쓰라 또는 말하는 것으로 그 개념의 이해를 측정할 수 없다는 것이다. 보다 다양한 경험, 즉 모델을 그리고 만드는 활동, 응용 또는 활용이 포함되어야 한다. 개념, 문제해결에 대한 자세한 측정방법은 다음 장에서 나온다.

(2) 비공식적인 측정·평가의 수업활용

M학교에 새로 부임한 여자 수학교사는 수업을 다른 교사와 크게 다르게 한다. 다음은 그녀의 수업의 예이다.

수학교사는 1~11반 학생들의 각각에 대해 그들이 사용하는 수학적 생각을 대략 알고 있다. 학생들이 자주 사용하는 자연수의 크기를 알고 있고, 계산을 할 때 더하는 활동, 분리하는 활동을 자주 사용한다는 것을 안다. 또, 서로 다른 아동은 각각 다른 전략을 곧잘 사용하여 덧셈 또는 뺄셈을 한다는 것을 관찰해서 알고 있다. 또, 대부분의 아동들은 직접적인 모델링, 즉 손가락, 산가지, 그림 등과 같은 모델의 설정을 즐기는 것을 잘 알고 있다. 때문에 그녀는 아동들에게 그들의 흥미, 능력, 공부 방법을 잘 활용할 수 있는 문제해결의 소재를 준다. 그녀는 자주 학생들에게 다음과 같은 질문을 하여 학생의 사고 특징을 파악한다. 이런 점들은 반 아동들이 그녀의 수업에 신뢰성을 가지고 즐겁게 참여하게 한다.

다음을 학생들에게 풀어보게 하고 어떤 전략(생각)을 사용하는지 조사하여라.

• 몇 개의 가장 작은 삼각형이 있는가? $n=2$일 때는 $n=1$일 때보다 몇 개가 더 많은가? $n=3$일 때는 $n=2$일 때보다 몇 개가 더 많은가?

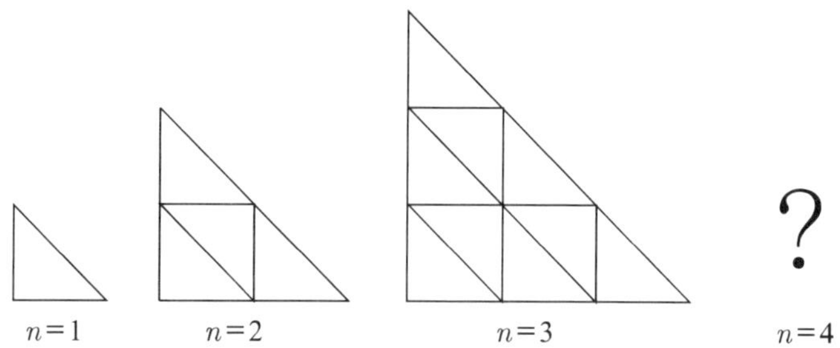

이들 차이를 계산하면서 어떤 패턴이 있다는 것을 알았는가?

수업의 특징은 일방적으로 설명하는 방식이 아니고, 최대한 학생들 자발적으로 수업에 참여하도록 배려한다. 즉 문제를 해결하는 절차 또는 방식, 더하는 방법과 뺄셈하는 방법을 직접적으로 설명하는 식의 수업을 관리하지 않는다. 그녀는 다음 문제 장면을 통해 수업을 시작한다.

내일 우리 반 축구시합을 위해 음료를 준비한다. 이미 19개의 콜라가 준비되었으나 23명이 경기를 하므로 몇 개를 더 준비해야 한다. 마트에서 얼마를 더 사야 하는가?

수학교사는 많은 어린이들이 문제를 푸는데 많은 시간이 필요하다는 것을 잘 안다. 아마 수일이와 혜진이는 가장 빨리 이 문제를 풀 것이라 예측한다. 왜냐하면 이들은 수학적인 능력이 탁월하여 구체적 모델(산가지 등 구체물)을 사용하지 않고, 올바른 뺄셈식 또는 덧셈식을 이용하기 때문이다. 그러나 수학교사는 다른 학생이 더디게 문제를 풀 동안 수일이와 혜진이에게는 다음과 같은 어려운 보충문제를 주려한다. 그녀는 항상 학생들이 생각하는 방식을 관찰하여라. 이 관찰된 결과를 수업에 어떻게 활용하겠는가 를 생각한다.

• 다음 패턴을 계속하여라.

$$1^3 = 1^2 - 0^2$$
$$2^3 = 3^2 - 1^2$$
$$3^3 = 6^2 - 3^2$$
$$4^3 =$$
$$5^3 =$$

복남이와 영희는 큰 수에 대한 인식이 부족하여 이 문제를 어려워하기 때문에 문제를 약간 변형시켜 숫자를 작게 사용하려 한다. 교사는 학생들이 문제를 푸는 동안 꼭 관찰을 하며 그들의 질문 또는 옆 사람과 대화하는 것을 꼭 듣는다. 희영이는 사고가 느린 학생으로 특별히 관심을 가진다. 그는 어떻게 시작하는지 불과 계속 망설이고 있어서 수학교사는 문제를 약간 변형하기로 했다. 그는 다음과 같은 문제를 먼저 준다.

여기 4개 콜라가 있다. 그런데 모두 9개의 콜라가 있어야 한다. 몇 개가 더 필요한가?

희영이는 손가락 4개에서 5, 6, 7, 8, 9을 세고 "5개가 더 필요해요"라고 대답한다. 교사는 희영이에게 원래 문제를 읽어주고 풀도록 용기를 준다. 수영이와 정희는 이미 문제를 다 풀었다. 교사는 그들에게 풀이과정을 설명하라고 한다. 정희는 "선생님이 20개를 가지고 있으면 3개가 필요하고, 19개를 가지고 있으므로 4

개가 더 필요합니다.” 수영이는 $9+9=18$이고, $9+19$는 28이고 23을 얻기 위해서는 9보다 5가 적어야 하므로 4라고 대답한다.

학생들의 문제풀이 습관(방법)을 관찰하고 적당한 채점기준을 설정하여 점수를 주어라. 사지선다형 문항의 채점과는 다르게 나왔는가?

- 1시와 2시 사이에서 두 바늘인 시침과 분침이 정확히 겹치는 시각을 말하여라.
- 둘레가 6π인 원에 내접하는 정삼각형의 넓이는 얼마인가?

교사는 교무실에 칠판을 놓고 학생들의 문제풀이 전략을 기록하고, 개인 학생의 공부특징을 기록한다. 때문에 그는 학생들의 풀이를 꼭 검토하고, 필요하면 인터뷰를 하여 수학적인 잠재력 등을 확인한다. 이를테면 기대치 않은 답과 설명을 들었을 때, 다른 학생과 다른 풀이방법을 보였을 때, 괄목할 만한 지적성장을 했을 때에는 기록을 한다. 이러한 노력으로 교사는 개인의 발달상황과 잠재능력을 알아보며 매일 관찰을 통한 측정을 통해 개인발달 상황을 점검할 수 있으나 어떤 학생에게는 단순히 그 학생이 가진 지식을 점검하는 경우가 있다. 교사는 매일매일 특수한 문제를 갑자기 잘 풀고 있는지 등 지속성이 없는 지도는 하지 않는다. 그가 원하는 것은 어제의 배운 지식을 이용하여 오늘 얼마나 그의 지식을 확장하는지 점검한다. 또 문제해결을 강조하여 새로운 문제 장면 또는 문제, 과제가 주어질 때 당황하지 않고 침착하게 문제를 공략하는 태도를 중요시한다. 다음과 같은 에피소드는 그가 항상 경험하는 사안이다.

다음 문제를 2명이 한 모둠이 되어 풀게 한다. 그들 사이의 어떤 아이디어, 전략 등 다양한 대화가 오고갔는지 기록하여 발표시킨다. 교사는 이들 자료를 수업에 어떻게 활용하고 있는지를 반성한다.

영어단어 “mathematics”의 각 글자를 무작위로 나열할 때 다시 mathematics로 나열될 확률은 얼마인가?

또 그는 학생들이 친구들과 아이디어를 토론하면서 합리적인 결론(문제의 해)에 도달하는 과정을 중요시한다. 그래서 가능하면 많은 아동들이 개인의 풀이전략을 다른 사람 앞에 발표하도록 기회를 준다. 앞의 문제를 모든 학생이 완성한 후에 교사는 학생들이 연습한 종이를 모두 회수하여 가능하면 개인의 풀이전략을 꼼꼼히 점검한다. 이를 통해 다음 지도에 대한 의사결정을 한다. 이 의사결정에는 여러 가지가 있으나 이들 중 적절한 것을 선택한다.

- 모둠별로 문제를 풀게 하고 우수한 학생과 그렇지 않는 학생 간에는 생각하는 방법에 어떤 차이가 있었는지 조사하여라. 또, 이들 결과를 수업에 어떻게 활용하겠는지 생각하여라.
- n^3-2가 $n=4$의 배수가 되는 모든 양의 정수 n을 말하여라.
  (도움말: $\dfrac{n^3-2}{n-4}=x^2+4n+16+\dfrac{62}{n-4}$)

(선택사항)

- 위의 비슷한 문제를 다시 할 것인가? 문제 장면이 다른 소재를 가져올 것인가?
- 손가락으로 처음부터 세어가는 전략(직접적 세기전략) 학생들에게는 다음과 같은 문제를 줄 것인가?

희망이는 7개의 단추가 필요하다. 그는 벌서 12개의 단추를 바느질에 사용했다. 작업이 다 끝난 후 옷에는 모두 몇 개의 단추가 달려 있겠는가?

- 곱셈에 관련된 문제 장면을 소개할까? 구성적인 관점으로 보면 문제 장면을 통해 이 개념을 도입할 수 있다고 읽었다.

희망이는 3개의 껌 봉지를 샀다. 각 봉지에는 12개의 껌이 들어 있다. 그는 모두 몇 개의 껌을 샀는가?

위와같은 학습 경험이 끝나면 그는 다음 학생들에게 풀게 하고 다 푼 학생에게는 수준이 높은 문제를 주도록 한다. 이때, 이 과제와 연결되는 문제인가? 아니면 전혀 성격이 다른 문제인가? 어떤 쪽이 그 학생들에게 학습의 효과가 큰지 논의한다.

그림과 같이 정사각형이 4개의 합동인 직사각형에 둘러싸였다. 각 직사각형의 둘레는 20단위이다. 4개 직사각형의 넓이의 합은 얼마인가? 그리고 내부에 있는 정사각형의 넓이는 얼마인가?

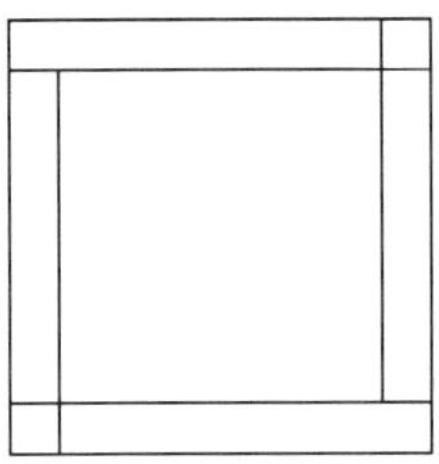

(다른 선택사항)

- 위와 다른 전략을 사용하는 문제를 설정할까? 이를테면 다음 설정은 학생들을 당황하게 만든다.

  우리 반에는 23명의 학생이 있다. 나는 20개의 자를 가지고 있다. 그런데 모든 학생이 하나씩 자를 가져야 한다. 몇 개를 더 준비해야 할까?

- 다음을 학생들이 풀게 하고 오류를 조사할까? 이 오류를 수업에 어떻게 활용할까?

  다음 두 성질을 만족하는 모든 직사각형을 말하여라.
  조건 1 : 가로, 세로 모두가 정수단위의 길이를 가진다.
  조건 2 : 넓이와 둘레가 같다.

교실에서 교사의 활동에 대한 지금까지 읽은 자료를 생각하면서 비공식적으로 하는 테스트의 목적과 이유를 논하여 보자.

Gardner(1992)는 측정을 개인이 속해있는 커뮤니티에 도움을 줄 수 있는지 개인의 피드백을 포함하여 잠재력과 능력에 대한 정보를 얻는 것으로 나타내었다. 교실에서 교사는 항상 학습자(학생)의 여러 정보를 필요로 한다. 그들은 어떤 방법으로 수학 과제를 이해할까? 그들이 자주 범하는 개념, 문제해결의 오류는 어떤 것들이 있을까? 등등 대안평가는 학생들의 넓은 지식과 수학의 이해에 대한 통찰을 준다. 이 평가의 목표를 열거해보자.

- 교사지도와 학습의 발전
- 학생들의 성취와 진행의 평가
- 학생들의 피드백 - 부적절한 사고전략, 사고오류, 사고습관에 대한 정보제공
- 의사소통
- 수학에 대한 태도발전

여기서 피드백은 교사가 꼭 해야 할 수업활동이지만 종종 생략하는 경우가 많다. 숙제를 피드백 하는 일도 매우 중요한 일이다. 다음 문제풀이에서 학생들의 피드백을 생각하여 보자.

모든 10자리 수, 즉 1000000000과 같은 모든 10자리 수의 합을 구하여라. 이를테면, 1000000000 + 10000000 + ⋯을 말한다. 또, 모든 자릿수의 합을

구할 수 있는가?

이러한 과제는 학생의 다양한 사고를 점검해주는 기회가 된다. 학생들은 교사의 피드백으로부터 고쳐야 할 점과 바람직한 점을 스스로 확인해 간다.

위 항목 중에서 처음 두 가지는 표준화된 테스트에서도 얻을 수 있는 정보이고 나머지 세 가지는 종전에는 관심을 두지 않았던 평가항목이다. 특히, 마지막 수학에 대한 태도 발전(정의적 영역)은 현행수학과 교육과정의 일반목표에 기술되어 있지만, 이것에 대한 지도목표, 교수요목, 평가방법 등은 언급이 없다. 이와 같은 수학과 교육과정이 가진 약점을 극복하기 위하여 교실에서는 다음을 생각할 수 있다.

(학생 A와 풀이과제)

도서관에서 책을 그림과 같이 쌓아 올린다. 가운데 가장 높은 곳의 책의 높이는 3(3개의 책)이다. 가장 높은 곳의 책의 높이가 11일 때 모두 몇 권의 책이 쌓여 있는가?

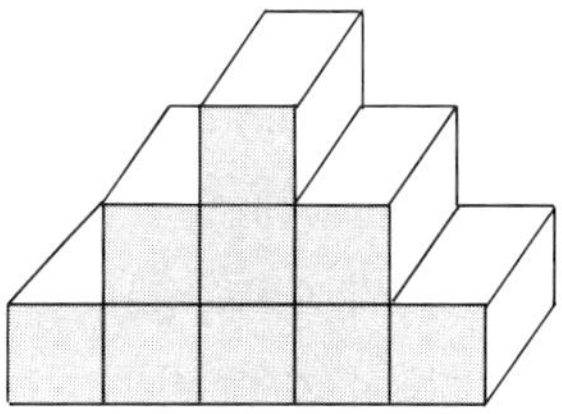

(학생의 풀이)

가장 높은 책의 수	총개수	(바로 뒤) (앞)
1 2 3 4 ⋮	1 4 9 16 ⋮	+3 +5 +7 ⋮
위의 패턴으로 볼 때	1 4 9 16 25 36 49 64 81 100 121 +3 +5 +7 +9 +11 +13 +15 +17+19 +21	

답: 121

항상 (책의 수)^{2}을 하면 총 쌓여진 책의 수를 구할 수 있다.

(평가 리스트)

이 학생에게 더 연습을 시켜야 할 사항이 있으면 다음에 점수를 채워 넣어라.

2 : 많다.

1 : 보통이다.

0 : 필요없다.

(1) 이 학생에게는 세는 기술과 표를 만드는 기술을 더 연습시킨다. ☐

(2) 이 학생에게는 정보를 잘 정리해서 결론을 이끌어내는 기술을 더 연습시켜야 한다. ☐

(3) 이 학생에게는 수학의 논리적인 성질을 잘 느낄 수 있도록 동기부여를 해주어야 한다. ☐

(4) 이 학생에게는 수학적인 아이디어를 간결하게 표현하는 기술을 연습시켜야 한다. ☐

(5) 수학내용 이외의 책을 쌓기, 책의 높이 등과 용어의 훈련이 필요하다. ☐

(6) 수학적인 용어 제곱과 같은 정의를 좀더 연습시켜야 한다. ☐

(7) 수학적 아이디어를 말하고, 쓰고, 읽는 법을 좀더 연습시켜야 한다. ☐

(8) 실생활에서 수학이 얼마나 가치 있는 과목인지 느끼게 할 필요가 있다. ☐

다음을 학생들이 풀게 하고 그 결과를 위의 평가 리스트로 채점하여라.

• 두 사람이 점심을 위해 어떤 레스토랑에서 무작위로 12시에서 1시 사이에 만나기로 했다. 두 사람이 도착하는 시간의 차가 15분 안으로 될 확률을 구하여라.

• 다음 연립방정식의 정수해를 구하여라. (답: 3, 5, 7)

$$x^3 + y^3 + z^3 = 495$$
$$x + y + z = 15$$
$$xyz = 105$$

지금까지는 교사의 측정에 해당하는 문항을 제시했다. 이러한 측정·평가는 매일 수업 중 같은 학생에게 할 필요는 없다. 교실에서 가능한 많은 학생에게 자주 해 볼 수 있는 시간여유가 수학교사에 없기 때문에 학생은 선별적일 수밖에 없다. 이와같은 이유로 교사의 측정에 이어서 그 학생 스스로 자신을 측정하는 시간을 마련한다.

(학생 A의 측정)

(1) 수학교과서가 모든 것을 해 주기 때문에 나는 교과서에서 지시하는 대로 단계만 밟아간다.
(2) 수학은 공식, 기호, 용어가 산더미 처음 쌓인 과목이다. 크게 가치를 못 느낀다.
(3) 수학은 '일방통행'처럼 길이 하나밖에 없다. 따라서 그 길만 익히면 쉽다.
(4) 수학은 하는 것은 차근차근 건물을 짓는 것과 같아서 벽돌을 순서 있게 쌓아 올려야 한다. 즉, 수학적인 아이디어를 순서 있게 정리하고 연결해야 한다.
(5) 수학은 이해할 필요가 없다. 공식을 외우고 풀이과정을 외우면서 연습하면 된다.
(6) 수학의 배운 것은 처음 간 정글에서 길을 탐구하는 것과 같아서 문제해결에 많은 전략과 해야 할 또는 가야할 길이 많다.
(7) 수학은 많은 아이디어와 생각하는 방법이 아름답게 연결이 되어 이주 한곳만 소홀히 해도 전체를 이해하는데 어려움이 있다.
(8) 수학은 복잡한 게임에서 올바른 길을 찾아가는 의사결정과 같다. 많은 생각을 적시에 해서 가장 좋은 방법을 찾아가야 한다.
(9) 수학의 여러 내용(개념)을 먼저 이해해야 한다. 이해가 부족할 때는 좋은 수학의 길을 찾을 수 없다.

위의 두 종류의 측정도구를 검토했지만 여전히 수학적 태도, 가치 등을 측정·평가하는 것은 신뢰성의 문제가 있어 점수가 중요한 의사결정의 수단이 될 때는 정의적 영역의 평가는 주의해야 한다. 다시 다섯 개의 목표로 돌아가서 좋은 교사는 표준화된 검사이든 대안검사이든 이들을 이용하여 자기의 수업을 반성하고 학생들을 진단할 수 있다.

다음 문제를 풀게 하고 학생들이 보이는 태도, 흥미를 간접적으로 측정하여라. 우수하게 푼 학생들은 항상 수학적 문제해결에 긍정적인 태도를 보이는가?

• 다음 방정식을 만족하는 모든 실수 x를 구하여라. (답: 1, 2, 3, 4, 또는 5)

$$(x^2 - 5x + 5)^{x^2 - 9x + 20} = 1$$

• 다음은 두 개의 이등변삼각형이다. (1)은 두 변의 길이가 각각 13, 밑변의 길이가 10이고, (2)는 두 변의 길이가 각각 13이고 밑변의 길이는 아직 모른

다. 두 삼각형의 넓이가 같다면 (2)의 밑변의 길이는 얼마인가? (답: 10 또는 24)

대안측정·평가의 장점은 다양한 질문과 접근을 통하여 학생들을 평가하고 자신의 수업을 모니터링 할 수 있다는 점이다. 이런 점은 표준화된 측정에서는 얻기 어려운 것이다. 앞의 다섯 개 항목에서 처음 두 개는 표준화된 테스트(성취도)나 대안측정에서 꼭 필요한 항목이다. 다만, 문제양식이 다를 뿐이다. 이를테면 두 문제(교과서형, 표준화검사) 직사각형 모양의 닭장이 있다. 가로의 길이는 6m, 세로의 길은 12m이다. 이 닭장의 둘레는 모두 몇 m인가?

(대안측정문항)
김○○씨는 36m 둘레를 가진 닭장을 만들려 하며, 최대로 하려 한다. 어떤 모양으로 해야 할까?

우리가 예측한대로 교과서형의 문제는 교과서에서 배운 절차, 지식, 해결방법을 따라하는 연습에 가까운 문제들이다. 문제의 본질을 이행하기보다 알고리즘적인 생각을 하도록 권장한다. 만일 교사가 대안평가적 아이디어를 선호한다면 질문을 보다 열린 형태(open-end)로 해야 한다. 그런데 학생들은 단답형 문제에서 변형된 열린질문으로 가면 항상 대답하기 어려워한다. 심한 경우에 위의 문제는

닭장을 한 면이 집의 벽이고, 나머지 3면은 철망으로 울타리를 만들려 한다. 계획을 세워라.

와 같이 제시될 수 있다. 이때는 학생들이 정보를 상황 속에 넣어 자신만의 문제를 만들고 해의 전략을 세운다.

우리가 자주 사용하는 교과서형의 문제(또는 질문)는 채점을 하기에는 간편하다. 왜냐하면 옳은 대답 아니면 틀린 대답으로 채점하고 학생들이 교과서에서 나온 대로 절차를 잘 따라갔는지 확인하면서 계산오류 정도를 지적하면 된다. 그러나 학생들이 사용한 추론과정, 의사소통의 기술, 개념의 진실한 활용, 발전적인 수학아이디어, 다양한 사고 전략 등을 사용했는지 알아보기 힘들다. 초등학교 중간 학년에서 할 수 있는 대안평가를 살펴보자.

(과제) 동서남북 4방향에서 완구용 정육면체를 쌓아올려 중앙의 한 곳에서 만났다. 즉 동서남북 방향에서 중앙의 한곳으로 정육면체로 성벽을 쌓아 중앙

한곳에서 만나게 하는 탑이 맨 마지막에는 1개의 정육면체가 있다고 생각한다. 탑을 쌓을 때는 정육면체 한 개씩 높아지는 방법으로 쌓는다.

(교사의 질문)

(1) 선생님이 그림과 같이 탑을 쌓으려면 모두 몇 개의 단위 정육면체가 필요한가?

(2) 이번에는 한 중앙에 있는 가장 높은 탑(현재 6개)보다 2배(12)의 높이로 쌓는다면 모두 몇 개의 단위 정육면체가 들어가는가?

(3) (2)번의 답을 어떻게 구했는가?

(4) 원래 중앙의 탑의 정육면체의 개수가 n개일 때는 모두 몇 개의 단위 정육면체가 필요한가?

학생들은 중앙의 높이가 6일 때 세어서 전체 개수를 알아보다가 어떤 패턴을 생각한다.

미란 : 네 개의 성벽에 들어있는 개수의 합에서 중앙의 탑에 들어 있는 6개의 정육면체를 세면 어떨까?

$$4\times(1+2+3+4+5)+6$$

옥주 : 중앙의 탑에 있는 총개수가 n이어야 하는가?

혜린 : 중앙에 6개 있을 때 미란이가 계산했으므로 $n \leq 6$,

$$\text{괄호를 } 1+2+3+4+5+\cdots+(n-1)$$

로 하면?

미란 : 쉽게 식을 세울 수 있다.

$$4\times(1+2+3+4+\cdots+(n-1)+n$$

이때?

교사 : 다른 방법은 없을까?

영희 : 이쪽 친구들하고 수평으로 자를 때 생기는 평면에 놓인 개수를 생각했어요. 6층인 경우는

$$1+5+9+13+17+21$$

이므로 중앙에 n개 있으면 아마도

$$1+5+7+13+\cdots+(n\text{항 개수})$$

교사 : n항 개수를 식으로 말할 수 없을까?

이러한 과제에서 교사는 표준화 검사에서 잴 수 없는 추론하는 기술, 의사소통하는 기술, 발전적인 생각을 하는 기술, 특수화하는 기술, 다양한 사고를 할 수 있는 능력을 측정한다. 많은 교사들은 수학의 지도 또는 평가에서 문제해결, 개념이해, 개념 및 기능의 활용에 큰 비중을 둔다. 전통적인 측정은 맞음 또는 틀림에 의하여 진행되기 때문에 어려운 고등정신 능력을 올바르게 측정할 수 없다. 교실에서 계산 기능을 지도, 평가하는 것과 고등정신 능력을 지도·평가하는 것은 교사의 업무이다. 교사의 입장에서 보면 많은 시간과 노력을 들여 지도한 높은 수준의 지도내용을 단순히 맞고, 틀림을 써서 측정·평가할 수 없는 어려움이 있다.

또 다른 약점은 전통적인 표준화 검사로는 사고의 과정을 수시로 피드백할 수 없다는 데 있다. 근래에 교사들은 다양한 사고전략을 이용하여 문제해결 또는 개념적 이해를 지도한다. 흔히 사용하는 전략으로 문제읽기, 표와 그래프 만들기, 추측과 점검하기, 문제 분할하기 등 전에는 교실에서 사용하지 않은 전략을 쓴다. 이런 노력은 교육에서 큰 영향을 줄 수 있는 발전적 수업기법이다.

다음을 학생들이 풀게 하고 그들이 사용한 전략을 자기보고서 형식으로 적어내도록 하여라.

높이 22단위이고 밑면의 지름이 18단위인 원기둥 모양의 물탱크가 그림처럼 누워 있다. 여기에 물을 부어 깊이가 13.5단위가 되도록 하였다. 1단위의 물의 부피가 231(단위)일 때, 이 탱크에 들어 있는 물의 양은 몇 개 물의 단위인가?

(답: $54\pi + 20.25\sqrt{3}$, 약 19.497 물의 단위)

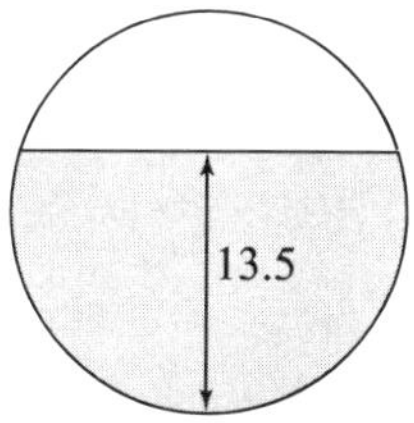

그런데 이러한 지도를 측정·평가할 수 있는 방법으로 종전의 측정방법은 별 효과가 없다. 왜냐하면 문제의 답이 맞다, 틀리다는 관점으로 측정을 보았지만 풀이과정에서 창의적 또는 효율적으로 본 학생들의 노력은 보지 않았기 때문이다. 이를테면 수학의 이해와 문제해결에서 학생들이 가져야 할 기능으로 다양한 생각을

하게 하는 것은 기본이다. 어떤 개념형성이나 문제해결에서 다양한 사고를 한다는 것은 그만큼 이해나 해결전략을 더 쉽게 얻는다는 뜻이다.

이러한 과제로 확률에 관한 과제는 좋은 예가 된다(초등학교).

> 성냥개비 5개를 그림과 같이 연결하면 정오각형이 만들어진다. 주사위 하나를 던져 나온 수만큼 지점 1에서 시계바늘 반대방향으로 간다면, 지점 4에 올 확률을 구하여라.

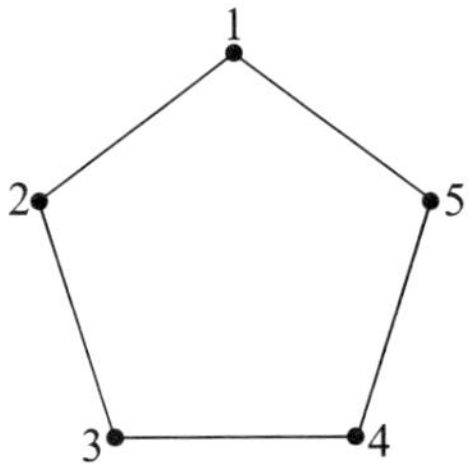

이 측정은 표준화 검사(학교 기말테스트 또는 모의테스트)에서 흔히 볼 수 있는 문제이기도 하다. 학생들이 어떤 전략을 사용하는지 또는 여러 가지 해법을 준비하는지 관찰할 수 있다. 이때 교사는 다음 사항을 관찰하고 점수를 줄 수 있다.

- 학생은 이 과제를 어떻게 잘 이해하고 있는가?
- 학생 고유의 특징있는 해를 얻는가?
- 학생의 해는 교실토론을 재미있게 이끌어갈 소재를 가지는가?
- 학생의 수학적 소양이 반짝이는가?
- 학생자신의 생각을 잘 정리하고, 논리적으로 표현하는가? 등등

전통적인 시각으로 볼 때 위의 과제를 종전의 테스트 문항으로 하면 채점에 큰 어려움이 없다. 5점을 만점으로 하면 5점, 아니면 0점으로 처리할 수 있기 때문이다. 그러나 이를 대안측정(관찰 또는 인터뷰)으로 처리하면 부분점수를 주어야 하는데 이 부분점수는 주로 열린 질문으로 된 문항에서 자주 선택하는 방법이다. 예를 들어 3점 만점을 택했다면

3점 - 정답으로 이끌어간 풀이, 수학에 대한 바른 생각과 문제이해, 논리적 풀이방법 등 일반화와 발전된 사고를 보임.

2점 - 풀이방법은 적절하나 풀이과정에서 오류가 발생하여 정답으로 이끌지 못함 또는 일반화와 발전된 생각이 부족함.

1점 - 부정확한 풀이과정, 모든 정보를 활용하지 못함. 그러나 정확한 풀이에 많

이 접근함.

이러한 부분점수는 학생들이 과제를 어떻게 이해하는지, 특히 과제의 구조를 어떻게 이해하는지 등등 여러 정보를 제공해준다. 위에서 2점을 받은 학생은 수학의 학습에서 중요한 일반화의 과정을 썩 잘하는 학생이 아님을 알 수 있다. 앞의 정답(5점), 틀린 대답(0점)과 같은 접근보다 학습 부분점수를 이용한 측정은 더 자세한 정보를 교사 또는 학생 자신에게 전달한다.

여러 나라의 평가를 보면 우리 교실처럼 대안측정을 학교의 중요목표로 생각하지 않는 나라도 있고, 대안평가를 매우 중요하게 생각하는 나라도 있다.

영국과 미국의 교실에서는 대안측정을 중요하게 생각한다. 학생들의 수학적인 능력의 발전은 단순히 표준화된 테스트의 결과만으로 잘 설명이 되지 않기 때문이다.

다음 문제를 풀고 이 풀이 속에 있는 수학적 아이디어, 수학적 언어, 추론과 해석을 말하여 보자.

- 둘레가 8단위이고 각 변의 길이가 정수단위인 모든 삼각형 중에서 가능한 나올 수 있는 모든 넓이를 생각하여라. (답: $\sqrt{8}$)

- 그림은 정팔각형의 점 F에서 A, C에 선분을 그은 그림이다. 두 선분이 $\angle EFG$를 삼등분할 때 $\square ABCF$의 넓이를 구하여라. (답: $16+16\sqrt{2}$)

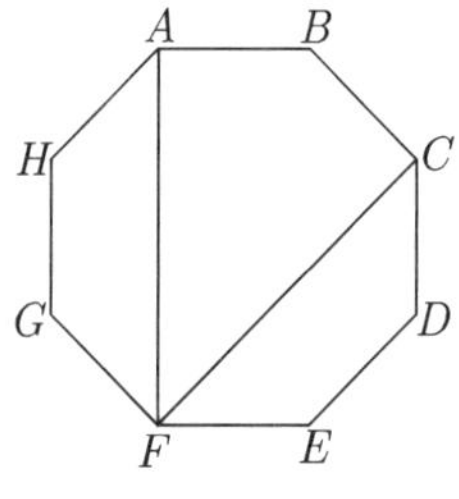

현행 수학과 교육과정은 수학을 학생 개인에게서 측정하는 것을 가장 중요하게 생각한다. 교육과정의 일반목표를 분석하면 수학의 측정·평가영역은 다음과 같다.

- 수학의 내적 활용문제를 푸는 수학지식의 활용
- 수학적 아이디어를 교환하는 수학적 언어 활용
- 추론과 해석
- 수학적 개념과 절차의 이해

• 수학의 가치

위의 항목에 알맞은 문항의 개발은 종전의 테스트 문항의 기법으로는 대신할 수 없다. 앞에서 예를 들었지만 전통적인 사지선다형 또는 주관식 문항은 개념과 절차를 활용하여, 때로는 추론과 해석능력을 사용하여 문제의 답을 구한다. 이러한 문항에서 의사소통의 기술, 수학적 논의를 사용하는 것은 어렵다. 이를테면 앞에서 소개한 닭장 문제를 전통적인 테스트 문항으로 기술하면

도심 속 채소밭을 가꾸기 위해 김씨는 세로 9m, 가로 18m의 직사각형의 땅을 정리했다. 이 직사각형의 둘레는?

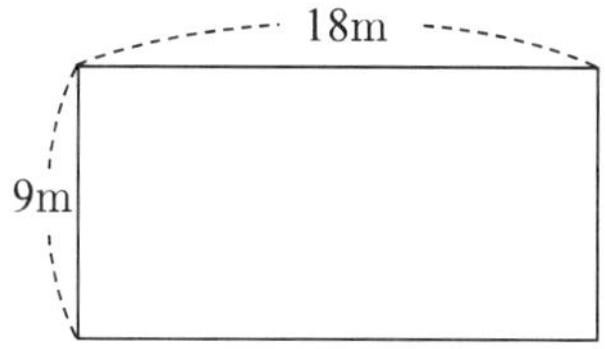

① 3.6m ② 27m
③ 45m ④ 46m

와 같은 문제 형태로 된다. 이 문제를 풀기 위하여 몇 가지 수학개념(가로, 세로, 둘레)과 절차(가로$\times 2+$세로$\times 2=$둘레)를 이용하여 해결한다. 이를 표준에서 강조하는 대안측정의 문항으로 바꾸면 아래와 같다.

도심 속에서 어떤 축제를 계획하기 위해 넓이 162m^2에 해당하는 직사각형의 땅을 확보했다. 직사각형의 둘레에는 하얀 테이프로 사람들이 접근하지 못하도록 하려 한다. 가능한 여러 직사각형을 그려라. 이 직사각형의 둘레의 길이를 구하여라.

이러한 문항의 특징은 다양한 해의 접근과 전략의 사용을 담고 있다. 물론 학생들은 전통적 문항처럼 수학적 개념과 절차의 활용하여 문제를 풀어야 한다. 두 가지 관점이 담겨져 있기 때문에 문제를 푸는데 시간이 걸리고 많은 생각을 해야 한다. 학생들은 종이에 해를 쓰고 논리적으로 간결하게 풀이과정을 기술해야 함은 물론이고 이러한 문항에 대한 그들의 정의적인 영역의 능력까지 보여야 한다.

이들 문항의 특징은 학생들의 사고방법을 측정하고, 그들이 수학의 개념과 절차

를 어떻게 통합적으로 보는가를 알아보고, 아이디어를 응용할 수 있는 문제 장면의 해석 등을 알아본다.

이상의 대안측정은 현행 수학과 교육과정에 도입할 수 있는 가능한 방법이다. 물론 우리 교육과정에도 문제해결 전략이용, 창의적 문제해결 등과 고등정신의 능력을 강조는 한다. 그러나 이러한 능력을 측정하는 테스트 문항은 전통적인 문항, 사지선다형, 주관식 등의 형태를 가지기 때문에 항상 교육과정의 시행과 평가 사이에 불균형이 존재한다.

(3) 대안측정의 설계, 수업의 효율성

학교에서 흔히 관찰하는 것으로 학생들의 성취도 검사결과를 보면 많은 교사들이 실망을 한다. 왜냐하면 대부분 학생들은 교사와 바라는 것처럼 좀더 깊은 수학적 사고를 하지 않고, 기본적인 지식, 단순한 기능, 어려운 활용문제에만 매달리기 때문이다.

특히 학생들이 어려운 활용문제에 주로 많은 시간을 투자하고 주위의 시선도 이러한 현상을 당연시 하는 것은 경향이 있다. 무엇이 교실의 평가를 꼬이게 만들까? 우리는 자연스럽게 다음과 같은 수능관련 문항에서 원인을 찾으려 한다.

수열 a_1, a_2, $\cdots$과 b_1, b_2, $\cdots$이 등차수열이고 $a_1 = 25$, $b_1 = 75$, $a_{11} + b_{100} = 100$이라 하자. 수열 $a_1 + b_1$, $a_2 + b_2$, $\cdots$의 초항에서 100항까지의 합은 얼마인가?

① 0 ② 100
③ 10000 ④ 505,000
⑤ 정보가 충분치 않다.

이 문제를 푸는데 학생들은 수학의 기초개념을 기억하여 이들을 연결해야 한다. 만일 그러한 기술이 없으면 문제를 쉽게 해결 할 수 없다. 우리학교 또는 우리 교육과정은 이러한 문제의 성취에 너무 민감하다.

따라서 이 문제를 풀지 못하는 학생은 낮은 성취도를 나타내고 수업을 소홀히 한 결과를 보이거나 수학적인 능력에 문제점을 제시한다. 좀 다르게 생각하면 학생이 정말로 아는 것이 무엇이고, 그가 가장 잘 할 수 있는 것이 무엇인지를 찾아 테스트하면 어떤 일이 일어날까? 하는 생각을 가진다. 학교에서 시간을 내어 다음 문제를 모든 학생에게 풀게 하고 한 반에서 풀이과정에 있는 수학적 지식을 모두 알고 있는 학생이 몇 %인지 조사하여 보자. 만일 거의 모든 학생이 이들 지식을 알고 있으나 풀지 못하였다면, 이 현상을 수업에 어떻게 반영할 것인지, 또는 반대의 경우도 생각하여 보자.

- $f_0(x)=\dfrac{1}{1-x}$, $f_n(x)=f_0(f_{n-1}(x))$, $n=1, 2, 3, \cdots$라고 하자. $f_{2000}(2000)$의 값을 구하여라. (답: 2000)
- 그림에서 ΔACT는 정삼각형이고 둘레는 45단위이다. 지금 점 M이 삼각형의 내부의 한 점이다. 점 M에서 $\overline{AC}$, $\overline{CT}$까지 거리가 각각 3, 4(단위)일 때 M에서 $\overline{AT}$까지 거리를 구하여라. (답: $7 \cdot 5\sqrt{3}-7$)

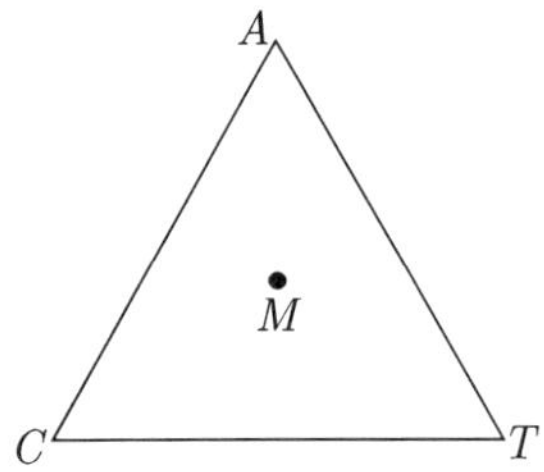

앞의 답지가 5개인 수열문제에서 연구에 의하면 교사가 학생들과 일대일 면접하며 수학문제 또는 수학적 활동을 측정해보면 학생들은 교사 자신도 깜짝 놀랄 정도론 좋은 성취를 보인다는 것이다. 즉 위의 문제를 잘 못 풀었다고 해서 모든 수학적인 활동에 낮은 성취와 의미 없는 아이디어를 가진다는 것이 아니다. 우리는 아마도 교사 자신이 가장 효율적인 수업은 어떤 것인가 또는 아동(학생)이 가장 잘 할 수 있는 것이 무엇인가 를 측정하는 방법은 있는가? 를 생각해야 한다.

위의 문제를 풀어라 했을 때 대부분의 학생들은 5개의 답안 중에서 하나를 택한다. 다행이 ③번 택한 학생은 만점을 받으나, 다른 가지를 택한 학생은 0점을 받는다. 이 점이 학교에서 시행하는 성취도 검사의 약점이다. 이 문항을 인터뷰를 통해 성취수준을 점수로 나타내면 안 될까 하는 의문이 생긴다.

교사 : 문제를 이해했어요? 무엇을 구하라는 것인가요?

학생 : 등차수열에 관한 문제인 것 같아요. 그러나 수열 a_1+b_1, a_2+b_2, $\cdots$의 공차 d를 알면 쉬울텐데.

교사 : 좋아요. 공차 d를 2, 4, 6, 8, 10, 12에서 생각해 보세요. 아마 (6째 항

12)−(첫째 항 2)= 5. (공차 2)인 관계를 얻을 수 있지요.

학생 : … 그러면, $(a_{100} + b_{100}) - (a_1 + b_2) = 100 - (25 + 75) = 0$인가요?

교사 : 그래요. d에 관련된 식을 생각해 보아요.

학생 : $99d = (a_{100} + b_{100}) - (a_1 + b_1) = 0,\ d = 0$

교사 : 문항 $a_1 + b_1$에서부터 100항 $a_{100} + b_{100}$까지의 합은?

학생 : 계산할 수 있을 것 같아요. (3)번이 정답이네요.

이 학생의 경우 주어진 시간에 위의 문제를 풀게 하면 아마 틀릴 확률이 높다. 교사의 유도된 질문에 의해 문제를 풀었지만 이 학생에게 성취도 0점을 줄 수는 없는 상황이다.

이 학생의 추론은 아주 우수한 수준은 아니지만 좋은 편이기 때문에 문제해결에 아주 낮은 점수를 주는 것은 잘못된 생각이다. 따라서 대안측정·평가는 현재 학교에서 수행하는 성취도 측정의 문제점을 개선하는 프로그램으로 볼 수 있다. 몇 가지 중요한 점을 논하여 보자.

측정대상의 선정 − 대안측정을 교육청 단위로 모두 실시하기에는 연구해야 할 문제가 많다. 우리나라의 경우 학부형 또는 행정가편에서 쉽게 동의하지 않을 수 있다. 그만큼 채점의 객관성이 떨어져 그 결과를 학생들 점수에 반영한다면 사회적인 문제가 일어날 수 있다.

그러나 교사의 수업, 상담, 생활지도에 반영시킬 정보를 얻기 위한 방법으로 대안측정을 계획한다면, 거의 모든 학교에서 당장 실시해야 한다. 어느 학급을 대상으로 측정을 실시하는지에 대해선 충분히 생각을 해야 한다. 즉, 가장 알맞은 대상은 학생들의 배경이 다양하고, 다양한 능력을 가진 학생들의 흥미, 능력, 관심이 서로 다른 때 효과적이라 한다.

다음으로는 전통적 지도에서 좋은 성취도를 보이지 않는 집단도 대안측정에 알맞은 학생들이고, 특이하게 창의적이어서 지적호기심이 강하고, 열린 질문과 수업 등에 관심이 많은 집단에도 대안평가는 효력을 가질 수 있다.

측정결과의 예측 − 전통적인 성취도 평가(학교기말고사, 모의고사, 수학능력고사)든, 대안평가든 이들 평가의 목적은 학생들의 수업(교수, 학습)에 도움을 주고, 그들의 수학적 태도와 흥미를 개발하기 위한 것이다. 우리 교실에서 일어나는 수업광경을 상상해보자. 우리의 고정관념으로는 가장 인기 있고, 효과 있는 수업은 학생들에게 다음과 같은 순서로 .

• 교사의 짧은 강의(설명)
• 가능하면 적은 수의 보기(한개 또는 두 개)
• 비슷한 연습반복

진행하는 수업일 것이다. 학부형 쪽에서 보면 수업을 받은 자녀들이 금방 성취도가 올라가고, 수학이 쉽다고 하니 학교수업을 좋아한다. 이러한 수업은 수업의 알고리즘적인 측면을 강조하는 것으로 계산활동, 반복적인 문제해결, 공식을 이용하는 활동에 적당한 수업방식일 뿐이다. 이러한 낮은 수준의 수학목표를 달성하는 일은 모든 수학교사가 잘 할 수 있는 영역이다. 그러나 이러한 영역은 수학의 지도와 학습에서 극히 일부분에 해당하며, 장기적인 실험연구에서 수학교육에 부정적인 영향을 준다는 보고가 있다.

그러나 우리의 학생들이 처음 보는 문제의 해결, 추론(증명)하는 기술, 지식의 응용기술, 다른 사람과 수학적인 아이디어 교환(의사소통), 합리적인 수학적 사고의 획득 등에 익숙해지려면, 교사는 종전의 수업방식과 평가방법을 버려야 한다. 다음 수업과정을 상상해 보면서 교사의 교육적인 의도를 말할 수 있다.

(과제 1) 비례식에서 $2x-y=x+y=1=\frac{2}{3}$일 때 $x=y$의 비의 값은?

(과제 2) 과제를 교실에서 소집단으로 나누어 친구들과 같이 풀어보고 다른 학생들 앞에 풀이결과를 발표하여라. 어떤 질문들이 있었는가? (NCTM, 1989)

주어진 사다리꼴 $ABCD$에서 대각선 $\overline{AC}$, $\overline{BD}$는 점 X에서 교차한다. 같은 넓이를 가진 삼각형을 찾아라. (답: ΔAXD, ΔBXC)

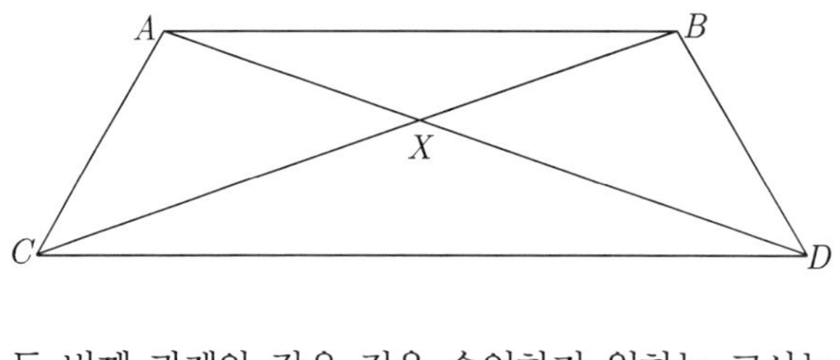

분명한 것은 두 번째 과제와 같은 것을 수업하기 원하는 교사는 전통적인 수업방식을 버리고, 그들이 친구들과 컴퓨터를 수학에 어떻게 활용하는지, 새로운 수학적 문제해결에 그들은 어떻게 협력하는지, 수학적 실험을 이용한 수업들을 어떻게 하는지, 구체물 도구를 활용하여 개념, 문제해결을 어떻게 수업하는지 등등에 관심을 가져야 한다.

교실에서 교사가 수업하는 방식(수업모델, 질문, 활동, 의사소통 등)은 직접적으로 학생들에게 영향을 준다. 단순한 영향을 주어 성취도가 올라간다 표는 내려간다는 것이 아니고 수학에 대한 학생의 태도와 신념, 학생의 장래직업 및 사회관 등에 영향을 준다. 때문에 수학교사가 매일매일의 수업을 더욱 발전시키려 하는 이유가 분명히 있고, 그 원인을 대안측정·평가에서 찾으려 한다.

새로운 과제 모형 – 위에서는 교실에 새롭게 도입하려는 측정·평가에 대해 말했다. 가장 중요한 요인은 우리가 재려하는 수학적 이해, 지식, 과정에 관련된 과제의 종류(모형), 질문, 문항 등이다. 이 중에서 어떤 종류의 질문이 학생들에게 좋은가? 는 가장 어려운 교사의 의사결정이다. 다음 문항은 살펴보자.

• 성냥개비로 그림과 같이 붙여서 정사각형들을 만든다면 10개의 정사각형을 만드는데 몇 개의 성냥개비가 필요한가?

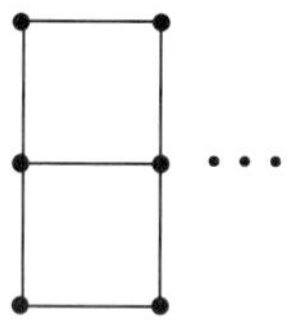

• 사칙연산을 이용하여 가능하게 그 결과가 100이 되는 많은 방법을 말하여라.
• 직사각형 모양의 장난감에 페인트를 칠하는데 길이(가로)에 관련하여 들어가는 페인트 양(밀리미터)은 다음과 같은 패턴을 가진다.

장난감의 길이	페인트 양
1	4
2	12
3	28
6	80

이러한 패턴은 계속된다고 하면 길이가 10, 50, 100일 때는 얼마의 양이 들어가는가? 풀이를 하고 그 이유를 발표하여라.

위의 3개 문항은 학생들로 하여금 넓고 깊은 방법으로 수학적인 생각을 이끌어내는 문항이다. 교사의 입장에서 보면 단순히 답을 보는 차원을 넘어 학생들의 추론, 수학적 지식, 개념들 사이 연결을 평가할 수 있는 기회이다. 맨 마지막 구두문항은 3학년 학생에게 적당한 모델링 문제이며, 서양학생들은 이러한 구두 문항을 재미있게 생각하지만, 우리나라 학생들은 구두로 답변을 하기에는 매우 어려운 문항이다. 이 문항의 목표는 학생들이 교사 앞에서 $x-y$좌표 평면을 그리고 가능하게 위의 데이터에 알맞은 이차함수의 식을 어림하는 것으로 학생들은 함수값, 그래프, 예측 등 많은 추론과 수학적인 소질을 동원해야 한다. 물론 문항출제자가 앞에 있기 때문에 의문이 가는 점에 대해 질문을 던질 수 있다. 그런데, 구두문항으로 다음 같은 수학적인 소재는 어떤가? 하는 질문을 할 수 있다.

> 다음 5개의 명제 중에서 "만일 P가 참이면 Q가 거짓이다."와 같은 것은 어떤 것인가?
> ① P는 참이거나 또는 Q는 거짓이다.
> ② Q가 거짓이면 P는 참이다.
> ③ P가 거짓이면 Q는 참이다.
> ④ Q가 참이면 P는 거짓이다.
> ⑤ Q가 참이면 P는 참이다.

물론 대안측정에서 이용할 수도 있으나, 이미 뻔한 수학의 공식 또는 개념을 단답형으로 이용하기 때문에 학생들의 사고전략, 추론과 이해, 문제 장면을 창의적으로 이끌어가는 기술 등에 매우 제한적이어서 대안측정으로는 부적절하다.

대안측정에서 사용하려는 문항은 25문항 정도를 이용하여 교사가 얻으려는 목표를 평가하는 것이 아니고 5문항이지만 이 속에 많은 관련개념, 관련추론, 관련문제 해결의 전략, 활용이 들어 있는 것이어야 한다. 꼭 실생활의 문제만 요구하는 것이 아니고 수학적인 소재 중에서 이 조건을 만족하는 문항은 많다. 다음은 순수수학적인 소재로 만들어진 문항이지만 훨씬 이 조건에 맞은 것이다.

> 원소 b, c가 정수인 순서쌍 $(b,\ c)$에서 $|b|,\ |c|<5$이고, 이들 순서쌍이 무작위로 선택이 된다. 또, 각 순서쌍이 부여되는 기회는 모두 같다. 이때, 방정식 $x^2+bx+c=0$이 서로 다른 양의 실근을 가지지 않을 확률을 말하여라. 또 그 이유를 설명하여라.

이 문항을 해결하기 위해서는 이차방정식의 해에 관한 정리, 단순규칙은 물론이고, 세기(counting) 같은 문제해결의 전략과 답을 이끌어가는 추론기술, 확실하지 않은 풀이과정에 대한 의사소통 등 많은 수학적 활동이 필요하다.

사실 이 문항은 전통적인 측정·평가에서 성취도를 알아보는 것으로 사용이 되어, 사지 또는 오지선다형으로 다음과 같은 그럴듯한 가지를 만들었다.

① $\frac{106}{121}$　　② $\frac{108}{121}$

③ $\frac{110}{121}$　　④ $\frac{112}{121}$

⑤ $\frac{111}{121}$

답은 ⑤이지만 학생들은 풀이과정을 교사 앞에서 설명할 필요도 없고 다른 사람과 수학적 아이디어를 의사소통할 수도 없었다. 이상과 같은 여러 사례를 검토하면서 대안측정·평가에서 사용하는 문항의 조건을 정리해보자.

- 문제 또는 과제는 모든 학생들에게 그들이 가진 수학적 지식, 기능, 이해, 사고 활동 등을 적절하게 표현할 수 있는 기회를 주는 것이어야 한다. 맞으면 만점, 틀리면 0점의 채점기준은 의미가 없다.
- 문제 또는 과제는 학생들이 추론과 다양한 사고전략을 이용하여 교사가 기대하는 것 이상의 성취를 얻을 수 있는 도전적인 것이어야 한다. 문제해결의 과정에서 오류가 발생했든지, 개념을 기억하기 어려웠든지 하는 현상은 그리 심각하지 않다.
- 문제 또는 과제는 학생들이 가지는 문제해결의 접근방법과 전략을 다양하게 응용할 수 있는 것이어야 한다.

언뜻 이들 조건을 이해하기로는 종전에 교과서에 보았던 문제와는 전혀 다른 소재인 것과 같은 착각을 하지만 꼭 그렇지만은 않다. 종전에 보았던 비정형적인 문제도 질문을 다르게 하며 위의 조건을 만족하고 문항으로 재생시킬 수 있다. 이를테면 초등학교에서 다음 문제는 중간수준의 난이도를 가진 것이다.

0.75×5를 계산하여라.

이 문항을 대안측정·평가의 문항으로 가능하게 다음과 같이 바꿀 수 있다.

- $0.75 \times 5 = 3.75$인가? 이유를 말하여라.
- 0.75×5와 같은 답이 나오는 계산문제를 두 개 만들어라.
- 0.76×5는 0.75×5보다 얼마나 큰가?
- 0.75×5의 대답을 얻는 과정을 그림으로 설명하여라.

위의 질문 중 하나 또는 두 개 이상을 사용해서 평가할 수 있다. 이와 같이 대안측정·평가는 교과서에 있는 문제도 질문을 바꾸어 가면서 다시 물어볼 수 있으며, 몇 가지 전통적인 문항에 변화를 줄 수 있다. 다음 문제를 생각해 보자.

> 어떤 남자가 한 지점에서 서쪽으로 $x$km 걸어갔고, 그곳에서 150° 왼쪽(시계 바늘 방향)으로 돌아서 새로운 방향으로 3km를 걸었다. 출발지점에서 $\sqrt{3}$ km 되는 지점에 멈춘다.

위의 소재는 중학교에서 흔히 연습할 수 있는 내용으로 대안측정·평가문항으로 바꾸려면 몇 가지 방법을 이용할 수 있다.

(1) 질문상황에 알맞은 질문을 만들어라. 다음에 그 문제를 동료들과 해결하라고 제안할 수 있다. 이 경우 문제 상황의 구조를 충분히 이해한 학생은 알맞은 질문을 만들 수 있다. 그리고 풀이를 통해 자기가 만든 질문이 적절하다는 것을 증명한다. 이를테면, 알맞은 질문으로 x의 값은 얼마인가?

(2) 주어진 문제에 있는 같은 데이터를 이용하지만, 문맥은 전혀 다르게 만든다. 다시 말하면 x, 150°, $\sqrt{3}$을 이용하여 다른 문제 장면을 도입한다. 즉 문제만들기에 해당한다.

(3) 교사가 답을 주고, 답에 알맞은 문장제를 만들게 한다. 이를테면 30을 주면서 30이 나올 수 있는 일차방정식 문장제를 만들어 보라고 지시한다.

위에서 (3)은 주어진 문제와는 상관이 없지만, (1), (2), (3) 모두가 해당하는 교과서 문제를 가능하게 생각할 수 있다. 위의 문제 (1)의 해답은 그림으로 간단히 해결할 수 있다. 즉, 출발지점을 그림과 같이 생각할 수 있으며, x는 유일하게 정해지지 않는다.

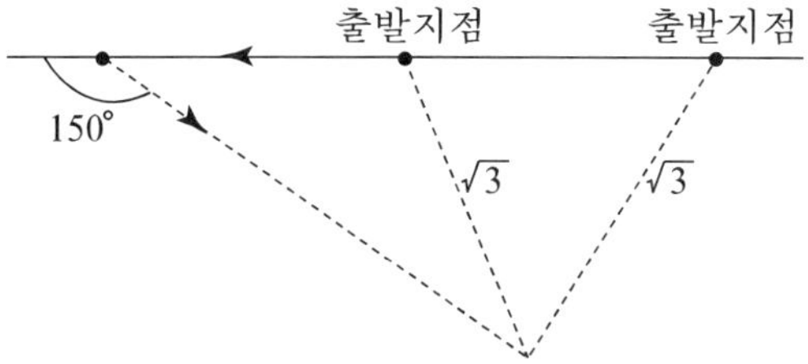

이와 같이 (2)안 측정·평가를 생각한다는 것은 교사가 이미 수업을 다른 차원으로 이끌어가기 위한 실험을 한다는 의미가 있다. 즉 교실에서 수학적인 사고가 활발하게 일어나기를 바란다든지 추론과 창의적 문제해결이 교실에서 활짝 피우도록 한다든지 등등 교사의 수업관점이 학생들의 고등정신 능력을 기르는데 있다는 것이다.

측정과 지도의 조화 – 앞에서 말한 바와 같이 좋은 측정·평가는 수업과 분리할 수 없는 수업의 한 부분으로 본다. 학생들의 어려움, 즉 수학불안, 태도, 낮은 성취도 등의 상당부분은 교실의 테스트와 관련이 있다. 자주 교실에서 다음과 같은 상황을 본다.

> 지금부터 1시간 동안 테스트를 실시한다. 책과 참고자료를 아래에 내려놓고 문제를 푼다. 남의 것을 보면 시험을 중단시킨다. 좋은 점수가 나오도록 최선을 다하여라.

주어진 시간에 엄격히 통제된 환경에서 참고할 만한 자료를 모두 내려놓은 상황에서 치르는 테스트 결과는 교사와 학부모에게 실망감을 주는 경우가 많다. 이러한 교실의 문제는 학생들을 일렬로 늘어놓아 순서를 정하는 일 외에 크게 수업에 도움이 되지 않다. 다시 말하면, 교육과정에서 교수와 학습에 동떨어진 테스트를 학생들의 기능, 연습, 채점을 학교교육에 지나치게 관련시킨 환경은 수학교육에 도움을 주지 않는다. 그러면 어떻게 현재 진행되고 있는 학교 테스트를 교육과정의 의미 있게 접목시킬까 하는 고민이 있다. 여러 방법을 도입할 수 있으나, 모두가 전통적 평가에 익숙한 교실환경에는 쉽지 않은 방법이다. 우선은 문제를 만들거나 조사활동을 강화하는 방법이다.

일정한 기간 동안 문제의 해를 탐구하고 문제를 다양하게 변형시키고 소집단별로 문제를 풀고 발표하며 그들이 배운 것이 무엇인지 토론하게 한다. 학생들은 개인별로 적당한 방법을 채점하고 성적을 자기의 노트에 보관한다. 이 결과는 개인이 앞으로 공부하는데 유용한 자료가 된다. 이 과정에서 교사는 학생들이 보인 특별한 기능과 추론과정, 문제해결의 과정을 점검한다. 마지막에 이 모든 작업의 결과를 점수로 정리한다. 교사가 이 과정을 잘 운영하면 교실에서는 교사의 지도, 학생의 학습, 테스트 간에 인공적인 벽이 없어진다. 학생들은 자연스럽게 자기가 성취한 수준이 점수로 환산됨을 이해하고 짧은 테스트의 시간이 주는 압력, 불안 그리고 한 번의 테스트가 주는 신뢰성 등을 많이 해소시킬 수 있다.

실험에 의하면 교실에서 수준 높은 수학적 능력(고등정신능력)이 나오기 위해서는 몇 가지 학습 환경의 특징이 있다는 것이다.

- 교사가 개념의 의미와 이해 초점을 맞춘 학습활동과 환경을 창조해 줄 때.
- 교사가 학생들에게 자율성, 인내심, 독립적 생각을 가지게 하는 분위기를 창출할 때
- 문제해결의 교육에 중점을 둘 때 등등이다.

따라서 교사가 교실에서 측정·평가를 좋은 지도에 결부를 시키려면 위의 특징을 고려해야 한다.

이 단원의 마지막 소재를 대안측정으로 학년별 알맞은 소재를 미국표준에서 살펴보자. 보통학교에서 실시하는 시험문항은 사지선다형, 단답형, 간단한 주관식 문항 등이다. 이들 문항은 주로 수학내용의 관련성을 개념과 문제해결로 나누어 측정한다. 표준에서는 학생들의 의사소통의 능력, 수학적 이해에 대한 능력, 문제 장면에서 수학적 아이디어를 이끌어 보기와 같은 능력을 평가하는 도구들이 소개되었다.

측정 – CGI 프로젝트는 학생들의 지식과 지도목표를 상세하게 분석한다(carpenter & Fennema, 1988). 이 프로젝트는 측정분야에서 표준을 잘 반영한 것으로 평가되었다. 이 측정의 특징은 각 학생들의 지식수준에 알맞고 다음 수준을 빨리 이해하고 들어갈 수 있도록 계획했다는 점이다. 또 학생들이 문항을 해결할 수 있는지를 알아보면서 그들의 풀이 전략까지 측정하도록 만들어졌다.

측정방법으로 세 가지를 선택했는데, 종류별로 보면 개인별 면담, 소집단 수업 성취, 체크리스트이고 이들 방법을 통해 학생들이 가리는 다양한 문제해결의 전략은 물론이고 문제분석에 관한 자료를 얻는다. 또 주관식 연필과 종이로 보는 시험의 범주를 넘어 개인별 면담과 관찰이 병행이 되기 때문에 학생들의 수학내용의 이해수준, 수학에 대한 성숙도, 개인이 가진 문제해결의 습관, 개인 수리능력의 발달정도 등을 측정할 수 있다. 다음은 아동이 모두세기에서 부분세기를 어떻게 진행하는지 측정과정을 보인 것이다.

교사 1 : 동전 6개가 유리병에 있다. 2개를 내가 더하려면 모두 얼마일까?
[아동 A는 손가락을 세기 시작하면서 1, 2, 3, 4, 5, 6을 지적하면서 6개라 한다. 다음 2개의 손가락을 더해서 8개라 한다.]
교사 : 좋아요. 손가락 8개를 모두 세지 말고 동전 수를 일 수 있을까요?
학생 : …
교사 : 셀 때 다음에는 어떤 수가 오지?
학생 : 7이지요.
교사 : 좋아요. 그럼 7개 동전이 병에 있다고 하고 내가 하나를 더한다면 모두 몇 개의 동전이 있을까? 7보다 1 더 많은 수는 무엇이지?
학생 : 글쎄요. …, 7, 8. 8은 7 다음에 오지요.
교사 : 좋아요. 다시 새로운 병에 7개의 동전을 내가 넣을게요. [동전 넣는 소리]

다음은 2개를 더 넣을게요.… 자! 모두 몇 개가 있나요?

학생 : 7, …, 8. 9. 모두 9개입니다.

이 대답은 학생이 7개를 하나의 집합으로 인정하고 2개를 더 세는 과정(coursing)을 소개한 것이다(carpenter, Fennema & Peterson, 1988).

우리나라 교실에서 대안측정으로 위와 같이 면담기법을 이용하여 아동(또는 청소년)이 어떻게 자기지식을 이용하여 새로운 지식을 발전적으로 얻는지 또 그들이 어떤 전략을 이용하여 새로운 과제를 해결하는지를 교사가 시행하기에는 쉽지 않다. 아마 학생 수가 너무 많은 것도 원인일 것이고 교육청과 같은 상급기관에서 시행을 적극 권장하지 않을 수도 있다.

그러나 우리는 사지선다형 또는 주관식 시험결과로는 학생들의 학업성취, 그들의 사고전략, 그들의 잠재능력 등을 파악하여 아동개인이 얼마나 자기능력을 발전시킬 수 있는지 알 수 없다. 만일 어느 학부형이 자신의 아들(딸)에 대한 이러한 정보를 알려할 때 학교에서는 어떻게 해야 할까? 하고 많은 고민을 한다.

5~8학년 측정: 학력 중심의 성취도는 한국의 교실이나 미국의 표준을 교육과정으로 선택하는 교실에서나 똑같다. 사지선다형, 주관식, 단답형 등의 문항을 섞어 시험을 보는 경우이다. 그러나 교육과정의 일반목표에 제시된 의사소통, 추론, 수학적 흥미, 태도보다 자세한 이해수준 등을 측정하려 할 때는 문항의 형태가 달라진다. 이를 이해하기 위해서 다른 나라의 사례를 이용하자.

(장면) 그래프는 자동차를 타고 지점 A에서 지점 B까지 이동하는 과정을 나타낸 것이다.
(그래프의 세로축은 간거리(km), 가로축은 걸린 시간을 선분으로 연결함. 예: 30분은 30km 1시간은 60km, …에 중간 쉬는 시간 등 표시)

(질문) 1. 그래프에서 자동차는 각 구간에서 어떻게 이동했는지 설명하여라(그래프 해석).
2. 위 그래프에 있는 정보를 분석하여 세로축에 속도(m ph), 가로축에 시간을 놓고 새로운 그래프를 그려라.

이러한 측정은 학생들의 지식의 다면평가를 시도한 것으로 한 형태의 표현(거리-시간)을 다른 형태의 표현(속도-시간)으로 변환하는 관계를 파악한다. 학생은 마지막 그래프를 그리면서 문제 장면을 모델링하는 기회를 가지며 약간의 비례개념을 체크하는 수학의 과정을 경험한다.

또 두 그래프를 그리거나 이해하면서 추론이 들어가고 정보해석의 능력을 가져야 한다. 앞에서 논의한 개념마당(Vergnaud, 1982)이 복잡하게 구성되었다. 교실에서 이러한 측정은 5~8학년 학생들의 성취도를 떠나 개인의 또 다른 인지적 특징을 얻어낼 수 있다.

9~12학년 측정: 앞의 측정보다 복잡한 수학적 과정으로 들어간다. 주로 추상화와 일반화 등에 관한 고등정신 능력으로 대안측정을 얻을 수 있다. 이들 문항은 어떤 문제 장면으로부터 몇 개의 아이디어(또는 질문)가 발전적으로 얻어지는 과정을 평가한다. 물론 질문은 처음에는 구체적이지만 갈수록 일반적이면서 포괄적인 성격을 지닌다. 관찰소재는 다음 형태를 띤다.

다음 그림은 정사각형 타일을 붙여나가는 과정을 나타낸 것이다.

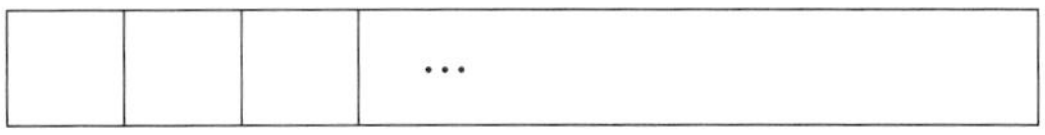

(1) 3개의 타일을 붙였을 때 직사각형의 총 개수는? 표를 만들어 각 개수를 조사하여라.

1×1타일 수, 1×2 타일 수, 1×3 타일 수

(2) 4개, 5개 타일을 붙였을 때 직사각형의 총 개수는? 마찬가지로 표를 만들어라.

(3) 앞의 질문을 답하면서 어떤 패턴이 있는지 말하여라. n개의 타일을 붙였을 때 직사각형의 총 개수는?

이와같은 대안측정은 학교에서 흔히 사용하는 표준화된 검사 방법으로 찾을 수 없는 학생들의 정보를 얻을 수 있는 좋은 방법이다. 이들 측정은 한결같이 수학적 과정의 지식으로 의사소통, 추론, 문제 장면에서 수학적 아이디어를 모델화하는 것을 이끌어낸다. 따라서 결과만 측정·평가하는 표준화된 검사방법이 가지는 약점을 보완해 주는 좋은 역할을 할 수 있다.

제 6 장

수학과 대안측정·평가

6.1 대안측정의 결과분석

(1) 대안측정의 결과

대안측정·평가에서 얻은 결과는 어떤 교육적인 효과가 있을까 하는 내용을 앞에서 잠깐 언급하였으나 좀더 자세한 것을 조사해 볼 필요가 있다. 우리가 목표로 하는 교육활동은 대안측정·평가에서 중요시하는 열린 질문, 조사활동, 실험, 저널과 포트폴리오의 활동인데, 이 활동은 전통적인 성취로 테스트의 보완개념으로 보면 된다. 이들 활동에 관련된 문항을 '파워문항'이라 하는데, 다시 말하면 이들 문항은 학교의 수학수업에서 개념의 이해과정, 수학의 아이디어의 통합, 효과적인 지도결과, 창의적인 특성 등을 재는 것으로 수학교육에서 중요한 능력을 측정한다(Pandey, 1983). 강조할 점은 대안평가는 전통적 성취도 검사의 부족한 점을 보완해 주는 역할을 한다는 점이다. 다음 문항은 성취도 측정을 위한 전통적 문항이다.

다음 문항을 학생들에게 풀게 하고, 그들이 사용한 개념을 잘 이해하는지 또는 창의적인 전략, 아이디어를 이용하는지를 알아보아라.

(1) 두 개의 시계가 시계 가게 벽에 걸려 있다. 한 시계는 정확하게 두 바늘이 움직인다. 다른 시계는 정확한 비율로 두 시계바늘이 움직이는데 앞 시계와 반대방향으로 움직인다. 오후 8시에 두 시계는 같은 시간을 가리켰다. 다음은 몇 시 몇 분에 두 시계는 같은 시간을 가리킬까?

(2) 4개의 수 1996, 1997, 1998, 1999, 2000 중에서 6개의 홀수의 각 곱의 합으로 이루어진 수는 어느 것인가?

이 문항을 사지선다형으로 제시하면 오직 결과만으로 성취도가 측정이 된다. 그러나 인터뷰 측정 또는 체크리스트 관찰 등으로 측정하면 학생이 아이디어 통합을 어떻게 하는지 문제 속에 있는 개념을 어떻게 이해하는지 해법이 매우 창의적인지 등을 쉽게 관찰할 수 있다. 이러한 관찰은 학생에게 장래 수학공부에 대한 유익한 정보이고, 교사한테도 자신의 지도에 대한 반성의 자료가 된다.

다음에서는 이들 문항에 관련된 여러 지식을 알아보자.

열린 질문 – 대집단 평가를 학교에서 도입한 이래 자연스럽게 수학교사는 사지 또는 오지선다형을 선호하였다. 그러나 어떤 지역에서는 대체적인 성취도 측정테스트의 경향을 무시하고 열린 질문을 강조하는 테스트를 시행한다(CMC, 캘리포니아). Stenmark(1989)은 열린 질문을 “주어진 문제 장면 속에서 문제의 답을 의사소통하도록 권장하는 것”으로 정의한다. 말 속에는 단순히 학생들이 푼 문제해결의 과정을 설명하는 활동에서 높은 수준으로는 그들이 사용한 사고과정, 일반화의 과정, 문제의 요점찾기, 문제정보를 해석하고 조직하기 등과 같은 것이 포함되어 있다. 학생들 쪽에서는 이런 종류의 답변을 하기 위해서는 수학적 언어와 기호, 표현 등에 익숙해야 한다. 이를테면, 앞 단원에서 소개한 문항을 다음에 다시 소개하여 보자.

이 문항을 학교에서 중간 또는 기말고사로 지금 출제할 수는 없다. 왜냐하면, 문항형태가 크게 다르고 채점기준을 정하는 일이 쉽지 않기 때문이다. 종전의 수능시험 또는 모의시험에서 수학의 과정을 평가하는 문항으로 소개된 적이 있었으나 학생들로부터 외면을 받았다. 때문에 학교에서는 비공식적으로 교사수업개선을 위한 자료를 얻기 위해 사용될 수 있다. 문제 속에서 교사는 그들 일반화를 이끌어가는 방법, 문자 또는 기호의 활용, 문제정보를 해석하는 태도, 수학을 보는 가치 등 관련된 정보를 접할 수 있다.

- 단위정사각형을 오른쪽에 5개 이어 붙일 때 직사각형의 개수는 모두 몇 개인가? 각자 어떻게 계산했는지 비교하여라.

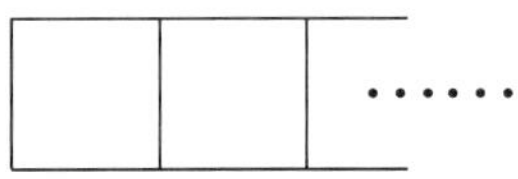

- 6개의 단위정사각형을 이어 붙였을 때는 어떠한가? 어떤 패턴을 발견했는가?
- n개의 단위정사각형을 이어 붙였을 때는 어떤 결과를 얻을 수 있을까? 동료들의 답을 서로 비교하여라.

이 문항 형태와는 다르지만 현대학교의 관점에서 수용하기 쉬운 열린 질문이 요구된다. 다음의 그림이 관련된 문항은 우리 현실에 어느 정도 수용할 수 있는 대안측정·평가이다.

ㅇㅇ시에서는 10000m^2에 해당하는 직사각형 모양의 수렵장을 설치하려 한다. 둘레에는 사람들이 접근하지 못하도록 철조망을 설치하고 직사각형 안에서 허가된 사람에 한하여 사냥을 하게 하려 한다. 철조망의 총길이는 몇 m인가? 비용을 가능한 적게 하려 한다. 풀이과정을 쓰고 이유를 말하여라.

이 문항에 대한 초등학교, 중학교 학생들의 의견은 여러가지다. 한 학생의 풀이과정을 적어 보자. 이들은 시행착오를 이용하여 정답을 구하려 했다.

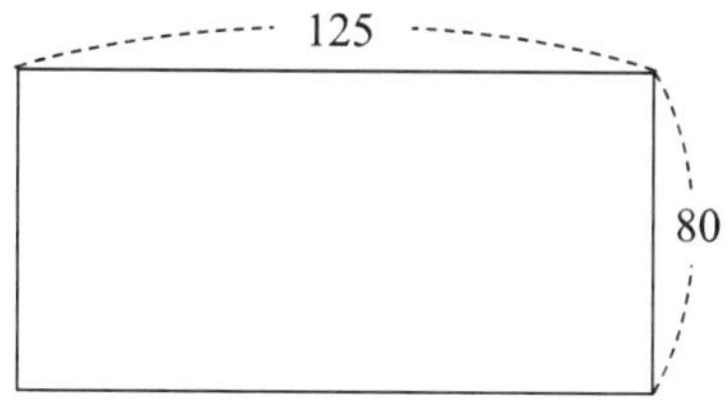

125	125	100	100	500	500
+ 80	+ 80	× 100	+ 100	× 20	+ 20
10000	205	10000	200	10000	520
	× 2		× 2		× 2
	410		400		1040

답 : 한 변이 100m인 정사각형

위의 문제풀이에서 보지만 효과적인 열린 질문은 단순히 학생들이 풀이과정 또는 열심히 푼 결과를 보이는 것으로 끝나지 않는다. 학생들은 탐구하고, 다양한 접근방법을 사용하고, 개념과 문제해결 또는 기능에 관한 지식을 통합하는 기회를 가져야 한다. 교사의 입장에서 열린 질문은 수업에 꼭 필요하다고 인정하지만, 열린문항을 만들기 위한 다양한 자료(문제 또는 과제)를 어디서 얻느냐 하는 의문을 가진다. 교과서에 있는 문장제도 좋은 자료가 될 수 있다. 이를테면,

(원래 교과서 문제) 두 어린이는 그들 부모님을 위해 5만 원짜리 선물을 공동으로 사려 한다. 두 사람 중의 한 사람이 1만 5천원을 오래전부터 저금통장에 가지고 있다. 그들은 이 선물을 사기 위해 얼마를 더 준비해야 하는가?

(바꾼 문제) 신문, 잡지 등에 있는 광고 또는 물품 목록을 이용하여 비용이 만원에서 1만 5천원 사이에 있는 선물을 골라라. 그리고 다음 물음에 답하여라.

(1) 이 선물을 사기 위해 어떻게 돈을 벌어야 하는지 계획을 세워라.

(2) (1)에서 조금씩 돈을 빌려고 할 때 액수와 모으는 기간을 써라.

위의 두 문제를 비교해보면 열린 질문을 강조하는 이유를 알 수 있다. 무엇보다 바꾼 문제는 원래보다 개별화되었다. 그래서 문제의 한 중심에 학생이 들어서 있게 만들었다. 따라서 학생은 활동의 중심에서 자기 생각을 살려 탐구하고 다양한 접근방법을 생각한다. 따라서 열린 질문을 위한 적절한 문제 또는 과제는 실생활 문제가 적합하다. 오래전에 초등학교에서 공개수업을 할 때 학생중심문제에 중점을 둔 수업은 다음 소재에서 시작이 되었다.

우리학교 앞에는 사거리가 있어 학생들의 등교시간이 항상 지체된다. 신호등을 어떻게 조작해야 효과적으로 학생들이 빨리 통과하는가?

성취도 검사문항 – 대안측정을 새로운 평가 혁신으로 생각하는 것은 학교가 아미 종전의 학생들의 성취 관점만 고집할 수 없다는 점이다. 우리 사회에서 50, 60년대는 주판을 사용하여 사칙계산만 잘하면 사회에서 적응하는데 별문제가 없었다. 그때는 학교에서 탐구정신, 문제해결정신, 추론정신 등 고등정신 능력에 해당하는 학습활동을 생각하지도 못했다. 지금은 컴퓨터가 주판 대신 학생들의 한 가운데 들어와 컴퓨터를 통해 세상을 이해하는 수준에 왔다. 탐구하고 발견하는 정신은 현대사회를 살아가는데 필수사항이 되었다. 대학을 졸업하고 무역회사에 들어가 영업을 담당하는 사람이 되었다면, 새로운 지역에서 어떻게 영업을 하는가?는 엄청난 지적탐구를 요구한다. 이와 같이 대안측정·평가는 학교 수업활동의 한 분야로 그 성격이 변화되어 왔다.

다음을 학생들에게 풀게 하고 그들이 보인 오류가 무엇인지 조사하여라.

$4\times4\times4$정육면체 모양으로 싼 나무 쌓기에서 64개의 단위정육면체가 있다. 이 더미를 페인트로 6개 면을 칠하고 다시 낱개로 흐트러 놓는다. 이들 중 하나를 임의로 추출하면 페인트가 칠해진 단위정사각형의 단위입체면이 선택될 확률은 얼마인가?

어떤 수학내용을 대안측정·평가의 대상으로 할까는 교사의 큰 관심이다. 이에 대한 답으로 종전에 강조했던 성취도 검사문항도 훌륭한 소재가 될 수 있다는 것이다. 현행 수학과 교육과정에는 전통적인 성취도 검사문항에 알맞은 개념, 문제해결 및 기능 활용에 관한 내용이 소개되었다. 따라서 초·중학교에서는 전통적인 성취도 검사문항으로 기하작도 등과 같이 물리적인 활동을 포함하는 과제(내용)를 선호한다. 초등학교의 경우 구체적인 보기로 기하보드를 이용한 도형그리기, 십진기수법, 나무토막으로 정수의 계산, 대수타일로 방정식 풀기 등 교과서에 평가문항으로 많이 볼 수 있다. 이러한 문항은 대안측정·평가에서도 좋은 소재가 되어 수학적 개념발달로 이어지는 통합적 학습활동을 잴 수 있는 문항이다. 이들 문항의 예를 들어보자.

- 기하보드와 레버밴드를 이용하여 밑변의 길이가 1, 높이가 3(단위)인 직각삼각형을 작도하여라. 또 점이 있는 기하보드에서 위의 직각삼각형을 그리고 넓이를 계산하여라. 넓이 $1\frac{1}{2}$(단위)인 이유를 설명하여라.
- 대수타일을 이용하여 x^2+3x+2를 인수분해하여라. 또 $2x+5x-3x=4x$을 설명하여라.
- 대수타일을 이용하여 12를 이진법의 수로 나타내어라.

종전에는 실시했던 이 문항들은 실제 실물도구를 놓고 테스트 문항을 주면서 평가를 하는 경우도 있었고, 모든 것을 종이에 그려가면서 그림으로 이들 도구를 대신하여 실시하는 경우도 있었다. 여기에서는 종전의 테스트 방식으로 할 수 있지만, 이 문항을 구두면접으로 테스트하는 경우를 고려한 것이다.

다시 강조하면 측정·평가는 수업의 한 부분으로 이것을 교사의 지도와 학생의 학습에 긴밀하게 연결되어야 한다는 것이다.

초·중학교에서 교사는 구체적 도구 또는 물건을 이용해 교과서 내용을 가르치다가 일정한 시간이 지나면 곧 수학적 기호(x, $=$, $f(x)$ 등등)와 그들 표현으로 넘어간다. 그리고 곧 테스트가 진행된다. 이 과정에서 거의 모든 수학교사는 학생들이 전통적으로 해왔던 수학적 기호와 표현을 사용하여 계산하거나 종이 또는 칠판에 써내려가지 못하면 개념 또는 절차를 알지 못한다고 생각한다.

그런데 여러 연구는 수학적인 기호 또는 표현을 익숙하게 보였던 학생도 좋지 않은 이해를 보였다는 결과를 보고한다. 이런 사례는 우리나라에서도 자주 관찰된다.

(과제) 함수 $y=f(x)=x^2$가 주어질 때 점 $(1,\ 1)$에서 미분계수 $f'(1)$을 구하여라.

(학생들이) 함수 $y=x^2$의 미분계수 $f'(x)$를 구하면

$$\lim_{\Delta x \to 0} \frac{(x+\Delta x)^2 - x^2}{\Delta x} = \lim_{\Delta x \to 0} \frac{x^2 + 2x\Delta x + (\Delta x)^2 - x^2}{\Delta x}$$
$$= \lim_{\Delta x \to 0} (2x + \Delta x) = 2x$$

점 (1, 1)에서 구하므로 $2x$, $x = 1$을 계산하면 2이다.

연구자 : 풀이과정을 설명하세요.

학생 : [자기의 풀이과정, 즉 알고리즘을 설명한다.]

연구자 : 약간 설명에 오류가 있지만 잘 설명했어요. 좋아요.

학생 : ….

연구자 : 그러면 여기 종이, 연필, 과학용 계산기가 있어요. 그림을 이용하면서 동시에 계산기를 수치해석을 하면서 계산한 답 2가 무엇을 뜻하는지 설명해봐요.

학생 : 계산기를 어떻게 설명해요? 그냥 교과서에 있는 풀이방식으로 풀었는데요.

이러한 현상은 현장연구 중에 거의 모든 학교에서 관찰되었다. 위 학생은 어려운 수학적 기호 lim, $\Delta x \to 0$, x 등과 표현을 정확히 사용해서 정답을 구했지만, 미분계수의 이해는 매우 부족했다. 위 학생은 학교에서 실시하는 전통적 측정·평가에서는 매우 좋은 성취를 보였지만, 가장 중요한 개념이해는 매우 부족했다. 이 점이 현대적인 측정·평가가 학교에 도입할 수밖에 없는 사정이며, 이 새로운 방법은 학생들의 알고 있는 지식을 더욱 풍부하게 발전시키는데 큰 도움이 된다. 다시 말하면 학생들의 성취도를 다른 시각으로 바라보아야 컴퓨터, 계산기 등은 이 성취도 속에서 매우 중요한 역할을 한다. 이들 도구는 교사가 개념, 문제해결의 시간에 칠판에서 보여줄 수 없는 역할을 해낸다. 다음 문항을 보고 계산기가 수업에서 어떤 역할을 했는지 생각하였다.

계산기 또는 컴퓨터를 이용하여 함수 $y = 2\sin 3x$를 그려라.
x, y의 범위를 넣고 Trace Key를 이용하여 이 그래프가 x축과 만나는 지점의 좌표를 찾아라.

전통적인 테스트 형식이든 현대적인 테스트 형식이든 성취도의 측정·평가는 수학교육에서 매우 중요하다. 그 이유를 다음과 같이 정리할 수 있다. 성취도 측정·평가에 사용하는 문항은 몇 가지 장점을 가진다. 첫째는 교사가 학생의 능력을 알아볼 수 있고, 둘째는 학생 개인이 문제해결이나 개념 형성에 보인 사고의 다양성을 알아 볼 수 있으며 교육적인 도구, 즉 계산기, 컴퓨터, 구체물, 비디오 등을 어떻게 사용하는지 또는 이것들이 수학학습에 왜 중요한지를 잴 수 있다.

이와 더불어, 수학내용의 지식을 재는 것에서 약간 빗나가지만 그들은 가설을 어떻게 설정하고 실험을 디자인하는지, 조사활동과 가설검증은 어떻게 하는지 등과 같은 정신적인 능력도 성취도 측정·평가에서 알 수 있다. 이와 같은 이유 때문에 성취도는 수학의 수업과 측정·평가에서 항상 중심에 서 있다.

조사활동, 실험 – 앞에서 성취도 테스트에서 사용하는 문항의 중요성을 강조하면서 조사활동, 실험 등과 같은 능력도 성취도 개념으로 보아 문항으로 개발할 수 있다는 점을 암시했다. 다른 나라에서는 수학내용(개념, 기능, 문제해결)도 측정대상이지만 조사활동, 실험을 수행하는 능력도 학교교육의 핵심으로 생각한다. 사실 학교를 졸업하고 직장생활을 하는 학생들에게는 학교에서 배운 개념, 즉 $\sin x$, 이차방정식, 인수분해 등은 중요하지 않고 자기 직장, 가정에서 일어나는 일, 즉 ○○ 곳으로 이사를 해야 할까 또는 공장에서 효율성을 높이는 방법은 무엇인가 등과 같은 생각하는 방법을 중시한다. 학교에서 수학시간에 "여러분 가족에 알맞은 효율적인 식단을 짜라."와 같은 숙제를 받았다면 학생들에게는 다소 생소한 과제지만 이것은 우리가 살아가는 방법과 긴밀하게 관련된 소재이다. 다음 측정·평가 문항을 보자.

- 너의 가족은 모두 네 사람, 즉 두 명의 어른, 6살 남자어린이, 13살 여학생이다. 최근에 나라(또는 전문기관)에서 권장하는 일일 3번 식사메뉴를 효율적으로 짜라. 단, 신문, 잡지 등에 소개되는 식품광고를 이용하여 가능한 최소비용을 생각하여라.
- 너는 유명 디자이너이다. 올 가을 유행하는 남자 또는 여자의 상하의를 만들어라. 이 옷을 만드는데 들어가는 모든 경비를 계산하고 이 계산이 카탈로그에 나오는 표준경비와 어떻게 다른지 비교하여라.
- 국제 지진정보 관리소는 세계 곳곳에 위치한 지진의 일어난 장소와 그들 데이터를 소개하고 있다. 컴퓨터에 접속하여 각 곳의 데이터를 비교하여 어떤 패턴이 있는지 보고서를 작성하여라. 여기서 패턴은 자신이 정의해야 한다.

이러한 측정·평가는 학교에서 배운 지식과 관련이 있고, 단순히 기능, 개념 등을 기억하는 수준을 넘어 평소 학생들이 연습한 사고방법 등이 이용된다. 이들 사고방법에는 학생들의 가설설정, 데이터 분석과 종합 등과 같은 성질이 들어간다.

뿐만 아니라 자신의 창의성, 탐구성, 습관 등이 꼭 필요하다. 다시 말하면, 학생들이 교실에서 경험하기 어려운 고등정신 기술이 필요하며, 잘못하면 초·중등학교 때 이런 기술을 익힐 기회를 가지지 못하고 졸업하는 경우가 발생한다. 현행 수학과 교육과정의 일반 목표에는 조사활동, 실험 등과 같은 활동이 교실에서 수행이 되도록 명문화되어 있다. 그런데 이들 활동을 교실에서 수행하기에는 너무 장애가 많다. 즉, 시간이 오래 걸리는 일이고, 필요하면 여러 현장을 답사하는 필드연구가 뒤따르며 많은 예산을 들여 기구와 자료를 구입해야 한다. 때문에 각 학교에서는 교실에서 배운 여러 내용지식을 실세계에 연결하는 교육때문에 항상 고민하고 있다.

이와 같이 조사활동, 실험등과 같은 토픽은 학생들의 학교수업을 더욱 발전시키고, 실세계와 자연스럽게 연결시키고, 학습내용을 더욱 풍부하게 하는 장점을 가진다. 어떻게 그들의 활동을 측정·평가, 채점하느냐 는 그렇게 어려운 문제가 아니다.

초등학교에서 "국제관계에서 한국의 역할"이라는 주제로 다음과 같은 내용을 수업하는 광경을 보고 이 수업에서 얻으려 하는 지식은 무엇인가 를 생각해 보아라.

- TV 또는 컴퓨터에서 한국군의 파견(이라크, 아프가니스탄) 활동 소개
- 비디오, TV 또는 컴퓨터에서 한국의 UN평화군대 활동 소개
- 한국대학생 또는 성인들이 빈곤국에 파견되어 의료활동하는 모습 소개

⋮

(이러한 자료를 본 후 학생들은 소집단으로 나누어 토론주제를 정하고 토론 후 보고서를 작성)

이러한 수업활동은 학교 교육에 의미 있는 연결인가?

학교에서 전통적 성취도 개념에 쉽게 접근할 수 있는 평가문항으로 쓰기 활동을 들 수 있다. 다시 말하면 쓰기 활동의 평가는 성취도 측정의 훌륭한 보완역할을 한다.

노트정리(쓰기) – 일부 수학교사들은 학생들의 노트정리 또는 쓰기활동을 측정·평가의 중요한 부분으로 생각하고, 일정한 점수를 성취도에 반영시킨다. 이와 같이 우리 교실에서도 자연스럽게 쓰기활동을 측정하고 학생들의 성취에 이들 점수를 더하는 방법이 도입되고 있다. 이 활동은 학생과 교사가 의사소통하는 중요한 수단이며, 쓰기활동의 범위를 넓게 활용하면 현행 교육과정의 측정·평가 정신에도 알맞다.

학생, 또는 학부형들 쪽에서 보면 대단히 환영할 만한 측정방법이다. 학생들 중에는 말보다 쓰기를 통해 자기 생각(또는 수학적인 사고)을 잘 표현하는 학생이 있다. 오래전 우리 교실에서는 컴퓨터를 자유롭게 활용할 수 없기 때문에 쓰기를 이용하여 교사와 동료들과 의사소통을 활발하게 한 적이 있었다. 그때는 조심스럽게 수학시험의 불안요인을 편지로 써서 교사한테 보이고, 교사는 도서관에서 면담을 하여 그것의 해소방법을 제시했다. 어떤 학생은 문제의 풀이를 며칠 생각한 다음에 노트에 정리하여 새로운 정리의 증명을 완성한 것처럼 자랑스럽게 친구(또는 수학교사)에게 설명하였다. 현재 교실에서는 이러한 활동이 계속 일어나야 한다. 전날 입시학원에서 정리한 공식 등을 까맣게 적어 틈나는 대로 암기하는 교육현상을 우리 주위에서 볼 때마다 슬프기만 하다. 쓰기활동은 학교에서 배운 기본개념, 원리, 법칙 등을 활용하는 교육의 장일 뿐 아니라, 의사소통의 장으로 훌륭하게 이용할 수 있다. 다시 말하면, 그들의 느낌, 태도, 가치, 이해하기 어려운 개념, 풀기 어려운 문제, 교사 설명의 효과 등을 자연스럽게 교환할 수 있다. 또 쓰기를 할 때는 조용한 곳에서 집중하면서 자신의 수학적인 능력, 문제해결의 전략 등을 자기 보고서 형식으로 쓰기 때문에 개념과 문제해결의 교육에 좋은 연습이 된다.

학생이 직장생활 또는 대학에 가서 전문분야를 공부할 때 보고서 쓰기는 필수분야이기 때문에 학생들은 자기생각을 명확하게 표현하고 논리적으로 정리하는 습관을 미리 길러야 한다. 또 쓰기의 중요한 학습요인으로 자기 모니터링을 들 수 있다. 일부 문제해결의 이론가들은 학생의 좋은 수학적 능력의 훈련이 모니터링에 달려 있다고 한다. 즉, 학생들이 경험 또는 배운 수학적 개념, 문제해결, 기능에 대해 이해된 것 또는 이해되지 않은 것, 잘된 것 또는 부족한 것, 잘 성취한 기능 또는 성취하지 않은 기능 등을 자기 스스로 점검하고 반성하는 메타인지 활동을 그들은 가지고 있다는 것이다.

앞에서 인용했던 어느 고등학교의 수학교사가 학생에게 준 활동을 참고해보자.

- 내일은 노트검사 하는 날입니다. 그 결과를 월말고사에 20% 반영할 것입니다. 일주일 동안 수업한 내용 중에서 가장 중요하고, 활용가치가 있다는 내용을 판단하여 ○쪽으로 요약해 오세요.
- 오늘 배운 도함수(함점, 구간)의 개념을 결석한 친구에서 설명하도록 잘 정리(쓰기)하여 내일 가져오세요. 실제 칠판에서 발표하는 기회를 가집니다.
- 일주일 동안 여러분은 시내에서 백화점, 마트, 공장, 시장 등을 가 보았습니다. 그곳에서 어떤 수학내용이 활용되고 있는지 정리(쓰기)해 오세요.

또, 이 교사는 매 시간이 끝날 즈음 "자기노트"라는 종이를 주고 간단한 숙제를 준다.

자기노트
이름 ○○○ 번호 ○○
(1) 오늘 배운 수학의 토픽 :
(2) 수업중간에 배운 중요한 아이디어 :
(3) 가장 잘 이해한 교사의 수업내용 :
(4) 내가 더 공부 또는 복습해야 할 수업내용 :
(5) 오늘 배운 내용이 실세계 어디에 활용되는가?

이러한 학생들의 쓰기결과를 채점할 때는 여러 주의가 필요하다. 만일 쓰기활동이 학생들의 느낌, 태도, 흥미, 가치 등에 관련이 있다면 채점은(만족, 미달)로 등급을 매기고 백분율과 같은 점수는 주지 않는다. 어려운 수학문제의 풀이를 A4용지 2장에 썼다 해도 학생들의 창의적인 작품 활동을 무시하고 실망시키는 채점을 해서는 안 된다. 쓰기활동은 기본적으로 의사소통의 교육으로 활용되기 때문에 학생들의 능력은 서열화하는데 사용하지 않는다.

포트폴리오 – 앞에서는 대안측정·평가에서 수행할 수 있는 토픽을 이야기하였다. 이들 내용은 열린 질문, 성취과제, 조사활동과 실험, 쓰기활동으로 현재 초·중고등학교에서 당장은 실시하기 어려운 측정·평가 내용이다. 그러나 초등학교와 중학교에서는 이들 대안측정·평가는 처음 대하는 내용이 아니고 교사의 노력에 의하여 얼마든지 실행할 수 있다. 이를테면 다음과 같은 상황을 생각해 보자.

○○월 ○○일 장소 : 상담실
수학교사 김○○는 한 학기를 마무리할 즈음에 학부형 ○○를 면담하기로 했다. 그녀는 자기 아들의 고등학교 진학에 관심이 많아 ○○ 고등학교를 목표로 하기 때문에 자기아들이 자연 과학적인 능력이 있는가 에 관심이 많다. 그래서 김○○는 학교에서 나온 전통적 성취도 테스트와 결과로는 알 수 없기 때문에 1학기 동안 자기보고서(쓰기), 면담과 관찰(조사활동, 실험), 대안측정으로 변형한 성취도를 보여주고 가정에서 느낀점과 학교에서 측정한 결과를 보여주기로 했다.

위와 같은 측정·평가 활동은 우리보다 좋은 교육환경과 시스템을 가진 나라에서 흔히 볼 수 있는 교육활동이다. 여기에서는 대안측정·평가에서 취급할 수 있는 마지막 토픽으로 포트폴리오를 논한다. 원래 포트폴리오의 개념은 예술 영화와, 영화와 사진, 디자인과 모델, 건축 등과 같은 영역에서 자기가 가장 잘한 활동을 표본으로 보이는 것을 의미한다. 포트폴리오는 학생의 다양한 재능을 설명하도록 디자인되어야 한다. 어떤 학생은 수업 중 공부를 뛰어나게 하는데 시험만 보면 낮은 점수를 보이는 경우가 있다. 이 학생은 시험불안 요인이 있어 주어진 엄격한 테스트 시간, 감독교사의 감시, 딱딱한 분위기 등에 적응을 하지 못하는 경우이다. 그들이 충분한 시간을 가지고 바람직한 환경에서 자기 생각을 집중하여 자기보고서 형식으로 과제를 해결하면 그들의 참 능력을 평가할 수 있다. 포트폴리오를 통해 교사는 비로소 학생들의 재능과 수학시간에 배운 수업내용 중 학생들이 중요하게 생각하는 아이디어, 수업을 받는 이유 등을 파악할 수 있다. 물론 학생과 학부형 입장에서도 후회없이 최선을 다했다는 만족감을 얻을 수 있다. 이 내용들은 학생들이 월반하거나 또는 그들의 장래 문제를 논의하는데도 꼭 필요한 자료이다. 그러나 교사 입장만 고려해보면 대안측정으로 포트폴리오에서 수립한 학생들의 정보는 학생을 이해하고, 이러한 이해에 바탕을 두어 더 좋은 수업을 할 수 있다는 장점을 가진다. 또, 학생들의 평가를 소극적으로 하는 차원(전통적인 성취도 평가)을 넘어 대역적으로 또는 입체적으로 한다는 자부심을 가질 수 있다. 다음과 같은 사례를 보자.

김○○는 수학시간에 선생님께서 풀어주신 해법과는 다른 방법을 사용하여 숙제를 해결하기로 했다.

함수 f는 방정식 $f(x)+f(y)=f(x+y)-xy=1$을 만족한다. 여기서 한 쌍의 x, y는 실수를 의미한다. 만일 $f(1)=1$이면 $f(n)=n$을 만족하는 정수 n의 수는 몇 개인가?

그가 한 달 동안 틈틈이 생각한 풀이는 다음과 같다. 기본 아이디어는 $x=1$로 고정해놓고 $f(1)=1$을 이용하여 사례적으로 접근하는 방법이다.

$$f(y+1)-f(y)=y+2$$

$y=0,\ 1,\ 2,\ \cdots,\ n,\ y=0,\ -1,\ -2,\ \cdots,\ -n$을 연속적으로 활용하면

$$f(1)-f(0)=2,\ f(0)-f(-1)=1$$
$$f(2)-f(1)=3,\ f(-1)-f(-2)=0$$
$$\vdots$$
$$f(n)-f(n-1)=n+1,\ f(-(m-1))-f(-m)=m-2$$

우선 왼쪽 식에서 모두 더하고 서로 반대 부호항을 삭제하면

$$f(n)-f(0)=2+3+\cdots+(n+1)=-1+\sum_{i=1}^{n+1} i$$

이다. 이 식에서 $f(0)=-1$을 이용하면

$$f(x)+1=\frac{(n+1)(n+2)}{2}-1$$
$$\therefore\ f(n)=\frac{1}{2}(n^2+3n-2),\ n\geq 0\text{인 정수}$$

가 된다. 또, 오른쪽 식에서 같은 방법으로 더하여 정리하면 위의 식 $f(n)$을 얻는다. 이때, $f(n)=n$을 이용하면

$$n^2+3n-2=2n,$$
$$n^2+n-2=(n+2)(n-1)=0$$
$$n=1\ \text{또는}\ n=-2$$

따라서 $n=1$과 다른 n은 오직 한 개이다. 다른 사람과 논의하는 과정에서 이 학생이 사용한 방법을 이후 다른 문제 영역, 즉 $\Delta f(x)=f(x+1)-f(x)$를 포함하는 함수방정식에서 유용하게 활용됨을 알았다.

위의 사례에서 교사의 평가에 주목을 할 필요가 있다. 이 학생은 그들 수준에서 새롭고 창의적인 발상을 했다. 보통 학교에서 실시하는 성취도 테스트로써는 이 학생의 새롭고 재능 있는 지질을 발견할 수 없기 때문에 이러한 기회는 그 학생 또는 학부형에게 소중하다. 이와 같이 포트폴리오는 전통적인 성취도 테스트에서는 발견하기 어려운 학생들의 숨은 장점을 찾아낼 뿐 아니라 교사에게도 수업의 방향, 개별진로상담, 진학지도와 같은 의사결정에 크게 도움되는 자료를 준다. 학교의 성취도 검사에서 얻은 자료는 주로 백분율로 환산한 점수여서 학생들의 능력에 대한 서열을 정하고 속진학습을 할 수 있는지 등에 대한 정보를 제공한다. 때문에 학교에서는 학부형과 입시관련 업무를 논의하는 자료로 많이 사용할 수밖에 없다. 학생들은 기회가 있을 때 자기생각을 차분히 정리하고 자기 속에 잠재된 능

력을 작품 등을 통해 표현하려는 메타인자의 능력을 가지고 있다. 그런데 이러한 메타인지의 능력은 일생을 살아가면서 개인에게 매우 필요한 정신활동이기 때문에 가정 또는 학교에서 수시로 강조되어야 한다. 이를테면, 수업시간에는 자기가 해결한 과제(오랜 시간을 요하는 과제)에 대한 자기 모니터링 또는 자기점검을 할 수 있다. 우리가 경험하는 전통적인 학교수업에서는 이러한 과제를 경험할 기회가 적다. 언뜻 보면 위에서 말한 포트폴리오의 과제는 학교수업과 멀리 떨어진 것으로 생각할 수 있으나, 포트폴리오는 개념적인 이해, 문제해결, 추론과 의사소통의 능력에 관련된다. 이들의 속성은 과정적이면서 창의적인 측면을 강조하기 때문에 사지선다형과 같은 테스트로는 이들 과제를 대신할 수 없고 오직 프로젝트, 자기 보고서, 비디오 저널 등과 같은 활동이 주가 된다.

이러한 활동은 학생개인의 성향과 밀접한 관련이 있기 때문에 학생들의 참여가 중요해서 초기 활동인 과제의 선정, 과제의 조직과 검토는 물론이고 보고서 쓰는 경험, 검토 등을 그를 스스로 할 수 있게 지도한다. 때로는 학생들은 자기가 선택한 과제가 수학시간에 얼마나 중요한지 이유를 설명할 수 있으며, 그의 결과에 대한 요약을 학생들에게 발표할 수 있다. 점수에 너무 제한이 된 교실교육은 많은 교육적인 부작용을 낳는다. 지나친 경쟁으로 인한 학생들 간의 갈등은 물론이고 수학을 보는 관점, 즉 수학의 가치 등이 왜곡이 된다. 학생들은 수학을 관련없는 개념과 아이디어, 원리와 법칙, 절차 등의 집합으로 본다. 포트폴리오는 이런 부정적인 시각을 고쳐주어 수학을 통합적으로 보는 눈을 길러준다.

(2) 개인의 수학적 성취

학교에서는 전통적으로 연필, 종이에 관련된 집단테스트를 이용하여 학교단위, 학급단위, 지역단위의 수학적 성취결과를 비교분석한다. 이들 정보는 교육계획을 세우고 학생들의 성취도를 올리는 수업을 구상하는 데 널리 사용한다. 그런데 개인의 성취도, 사고방법, 수학과 교수학습의 특징 등을 알아보기 위해서는 개인의 측정·평가를 새로운 각도로 바라보아야 한다. 개인의 수학적인 성향, 성취, 잠재능력 등에 대해 자료를 수집하는 것은 수학교사의 중요한 임무이다. 개인은 전통적인 관점의 성취도가 낮아도 수학적 공간개념만은 탁월한 센스를 가지는 경우가 많다. 공간은 기하연구의 대상이지만 무한히 수학개념을 활용할 수 있는 장이다. 또 이 공간은 대수, 계산 등과 결합하여 학생들에게 직장 생활이 관련된 많은 지식과 구체적 사고능력을 제공해준다. 다음 문제는 전통적인 성취도 테스트에서 자주 보는 문항이다.

김씨는 64m의 철조망으로 직사각형 모양의 동물농장을 지으려 한다. 동물들이 놀 수 있는 울타리 안의 넓이가 최대가 되게 하려면 어떤 모양의 직사각형을 만들어야 하는가?

① 답지 1 ② 답지 2

③ 답지 3 ④ 답지 4

교사는 학생이 문제를 잘 풀고 정답에 표시를 하면 만점, 그렇지 못하면 0점을 준다. 이때, 교사가 얻을 수 있는 정보는 이 학생이 이런 종류의 문제는 잘 풀 수 있는 학생으로 성취수준은 모의 또는 수능시험에서 ○○정도의 가능한 섬수를 얻을 수 있으며, 학교에서 대수분야의 성취수준은 무난하리라 짐작한다. 이 문항을 대안측정·평가문항으로 고쳐보라.

김씨는 64m인 철조망으로 직사각형 모양의 동물농장을 지으려 한다. 동물들이 놀 수 있는 울타리 안의 넓이를 고려할 때, 그는 어떤 직사각형을 만들 것 같은가? 왜 그렇게 생각하는가? 이유를 말하여라.

이런 문항을 실험한 쿰(Kulm, 1990)에 의하면 학생들은 여러 대답을 했지만 대표적으로 2가지 답을 말한다고 한다. 하나는 그림과 같이 적당히 가로와 세로를 표시하여 어떤 결론을 내린다.

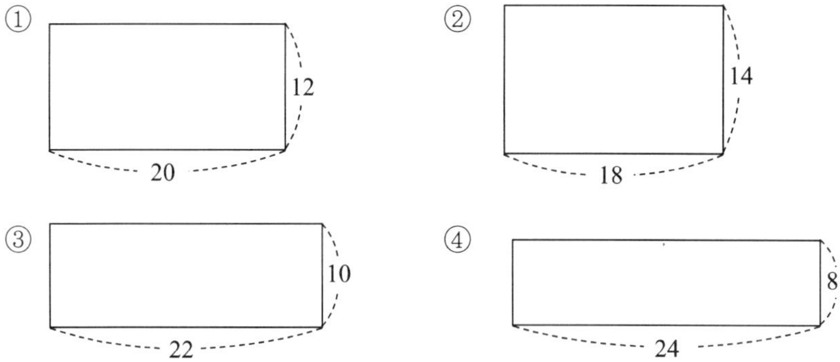

②번 정답. 왜냐하면 정사각형에 가깝고 가로와 세로 길이의 차가 4뿐이니까.

이 학생은 정사각형 모양이라는 것을 잘 알고 있으나 정사각형이라고 하면 직사각형이 아니기 때문에 답이 틀릴 것이라 생각을 했다. 이 경우 채점을 어떻게 해야 할까? 두 번째 답지를 생각한 학생은 이 문제의 답을 알고 있는 듯하나, 정사각형과 직사각형의 관계가 확실치 않다. 또다른 학생의 풀이는 그림과 같이 2개의 직사각형을 그리고 고민을 한다.

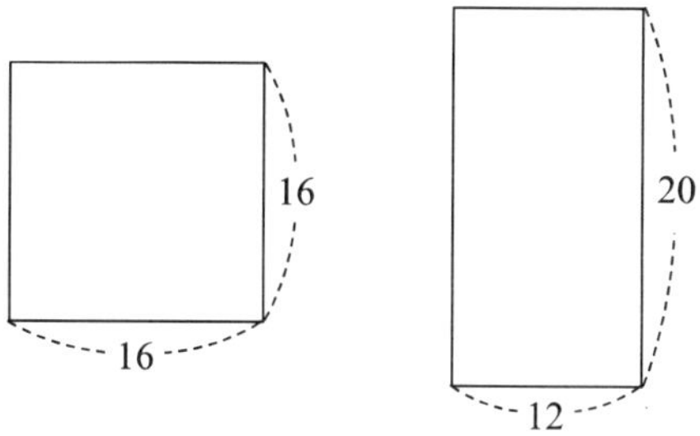

아마 그는 정사각형을 그려야 할 것 같다. 왜냐하면 다른 것보다 넓이가 더 크고, 그리기가 쉽기 때문이다. 앞의 학생보다 거의 만점을 받을 가능성이 있지만 여전히 몇 가지 개념이 확실히 그의 머릿속에 들어오지 못했다. 세 번째 유형의 답을 한 학생들은 여러 개념이 확실히 들어오고 그들 사이에 연결(관계)도 정확히 알고 있는 학생이다.

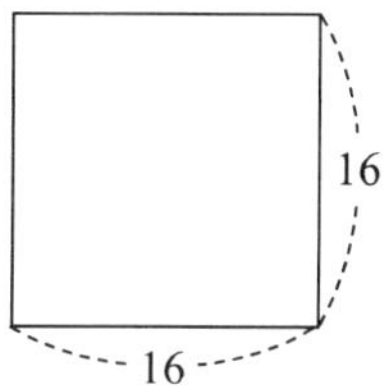

각 변은 짝수이어야 하고, 모든 철조망을 사용하여 정사각형을 만들어야 한다. 그래도 여전히 직사각형이다.

$$64 \div 4 = 16$$

즉 한 변이 4인 정사각형이다.

우리는 위의 대답에 몇 점을 주어야 할까? 그의 이유는 이 과제에 알맞은 대답인가? 등등 많은 생각을 할 수 있다. 연습으로 교실에서 세 종류의 대답을 보고 교사는 어떤 정보를 얻을 수 있는지 생각해 볼 수 있다(각자 토론하여라).

수학교사는 학교에서 각자 개인에 대한 많은 논의가 들어온다. 이를테면,

- 우리 아이는 수학을 많이 활용하는 직장으로 진로를 정해야 할까요? (학부형)
- 김선생님 우리 학생들 중에서 건물설계 등과 같은 공간개념에 대한 센스가 뛰어난 학생이 있어요? (교장)
- 수학 특수반을 따로 한 학급 만드는데 누구를 뽑아야 할까요? (동료교사)

• 이 학생은 현재 학년보다 1년 빠른 수학 코스를 택해야 할까? (상담교사)

이들 논의는 모두 학생 개인에 대한 정보를 바탕으로 의사결정을 해야 하는 것들이고, 교사들의 판단을 기다리는 질문이다. 앞에서는 전통적인 성취도검사에서 얻은 정보는 이들 대답을 하는데 충분한 정보는 아니라고 했다.

그래서 보완적인 정보를 얻기 위해 학교에서는 전통적인 성취도 테스트를 기본으로 이용하고, 확대해서 자기보고서, 프로젝트, 조사활동, 포트폴리오, 자기평가 등을 사용한다고 했다. 문제는 이 테스트들이 좁은 교실에서 이루어지기보다는 교실 밖에서 주로 일어난다는 것이다. 때문에 많은 수학교사들은 시간과 준비물 때문에 이러한 문항을 교실에 도입하길 꺼린다(Kulm, 1993).

(주식시장)

• 5천만 원을 가상적으로 주식시장에 투자하기로 했다. 주식시장에 구할 수 있는 모든 정보를 이용하여 하루 만에 액수에 해당하는 주식을 산다. 그리고 14일 동안 매일 투자액수가 어떻게 변하는지 기록한다. 마지막 날 기록된 자료를 정리하여 주식을 모두 처분하여라. 그동안 주식 투자자로서 자신의 생각을 보고서로 정리하여라.

(TV시청)

• TV프로그램 책자를 보고 오후 1시에서 7시 사이에 방송되는 한개 채널의 프로그램을 시청하여라. 그리고 프로그램 종류를 기록하여라. 코미디, 드라마, 게임, 교육, 스포츠, 뉴스 등등 이들 자료를 바탕으로 그래프를 작성하여라.

다음은 자가측정·평가에 대하여 이야기해보자.

교실에서 수학을 잘하는 학생의 수업활동을 관찰해보면 중요한 특징이 있다. 문제를 풀면서 자기스스로 질문하고 답을 한다든지 자기가 해결한 과제의 풀이과정을 보고 점검을 하면서 미숙한 부분을 고쳐나가는 활동을 볼 수 있다. 말하기를 좋아하는 학생은 큰 소리로 떠들지만, 대부분 학생은 조용하게 행동한다. 연구에 의하면 이러한 학생들의 활동은 매우 중요해서 성취도에 큰 영향을 미친다고 한다 (Schoenfeld, 1994). 특히 문제해결과 같은 고등정신활동에서는 이 활동이 매우 핵심적인 역할을 한다. 초등학생에게 다음 과제를 주었다.

마을에서는 병원에 있는 어린이를 돕기 위한 바자회를 계획한다. 장소는 마을 앞 공터를 이용하고 넓이가 $1000m^2$되는 직사각형을 만들고 테이프로 울타리를 만들기로 했다. 단, 테이프는 양쪽 사이드와 정면 가로에 해당하는 부분을 친다. 넓이가 1000인 여러 개의 직사각형을 만들어라. 각각에 대해 몇 m의 테이프가 필요한가? 어떤 모양의 직사각형을 권장하겠는가? 이유는?
[학생의 답] 많은 사람이 바자회에 참여하기 때문에 충분히 커야 한다.

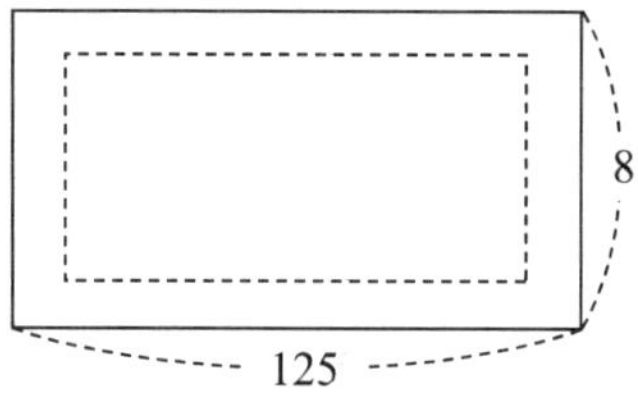

$$\begin{array}{r} 125 \\ \times \quad 8 \\ \hline 1000 \end{array} \qquad \begin{array}{r} 125 \\ \times \quad 8 \\ \hline 133 \\ \times \quad 2 \\ \hline 266 \end{array} \qquad \begin{array}{r} 8 \\ + \quad 8 \\ \hline 16 \\ + \ 125 \\ \hline 141 \end{array}$$

보기는 학생들의 자기평가를 통해 교사가 무엇을 볼 수 있는지 제시한 자료이다. 이 학생은 무대 양쪽 폭을 두고, 무대의 길이를 크게 늘이면 많은 사람이 입장할 수 있다고 생각한다. 수학에 대한 매우 긍정적인 시각을 가지고 있으며 수학의 활용에 대한 감각도 있다. 물론 이 과제에서 교사의 인터뷰를 생략했지만, 이 과정은 학생들이 자기 자신의 사고과정을 정확하게 관찰하도록 도와주는 것이다. 쇼엔필드(Schoenfeld, 1994)는 문제해결에 필요한 세 가지 능력을 기술한 바 있다.

- 수학지식: (예, 덧셈), 알고리즘(계산), 단순한 절차, 발견전략(heuristics)
- 통제: 이용 가능한 인지자원을 선택하고 적용하는 기술
- 신념조직: 수학적 과제에 접근하는 개인의 정의적 영역

이 중에서 통제는 모니터링하는 기술, 측정하는 기술, 의사결정하는 기술 및 메타 인지적 사실을 내포한다.

초등교실에서 학생들의 문제해결을 관찰해보면 많은 단순계산을 통해 연산(+, −, ×, ÷)을 잘 알고 있으면서 과제(또는 문제 장면)에 알맞은 연산이 어떤 것인지 몰라 문제를 놓치는 경우를 본다. 이 학생들은 발전전략의 훈련이 매우 부족했거나 또는 의사결정에 대한 통제가능이 취약한 결과이다. 이를테면 다음 문제에서

블록 다각형의 내각의 크기가 등차수열을 이룬다. 가장 적은 각이 100°이고 가장 큰 각이 140°일 때 그 다각형의 변의 수는 몇 개인가?

학교에서 일차방정식을 단순계산으로 많은 연습을 한다. 아마 중학교 1학년 학생들은 보통 수십 가지의 일차방정식의 계산 활동을 한다. 그러나 위의 문제가 일차방정식 $(n-2)180 = \frac{n}{2}(100+140)$을 적용할 수 있다는 것을 의사결정하는 데 많은 노력이 필요하다. 특히 문장제로 보이는 문제에 알맞은 인지자원을 머릿속에서 선택하고 적절한 발견전략 '문제정보를 분석하여 식 세우기'을 구하는 일이 쉽지 않다.

교실에서 $2x+4=4x-14$와 같이 단순계산 문제를 오랜 시간 훈련하는 학생은 인지자원(이항, 나눗셈, 덧셈, 문자항의 계산)을 활용하는 것은 잘하지만 자신의 여러 풀이 방법을 적용하는 것은 생각 없이 자동적으로 절차를 수행하는 경향이 있다. 이 경우 인지자원의 활용은 잘하나, 모니터링과 통제과정에 대한 경험을 얻을 수 없다. 따라서 위의 블록다각형과 같은 비정형적인 문제에 부딪쳐서는 해결 아이디어를 얻지 못한다. 또 이런 학생의 수학문제 해결에 대한 신념조직도가 빈약하여, 문제를 받고 전에 비슷한 문제를 해결한 경험이 없기 때문에 풀 수 있다는 기대도 포기하고 여러 방법을 동원하여 해결하려는 동기유발도 없다.

이러한 신념계는 교사에게도 항상 존재하여 다음과 같은 세 종류의 문제해결을 강조하고 성공을 위한 다양한 전략을 강조한다. 그런데 교사가 어떤 문제를 선택하느냐에 따라 학생에게 영향을 미친다.

- $y=(\log_2^3)(\log_3^4)\cdots(\log_n^{(n+1)})\cdots(\log_{31}^{32})$에 대하여 다음 중 알맞은 것은?

  ① $4<y<5$ ② $y=5$
  ③ $5<y<6$ ④ $y=6$
  ⑤ $6<y<7$

- 숫자가 1에서 6까지 있는 주사위 3개를 동시에 던져 맨 위 표면에 있는 수가 공차 1인 등차수열을 이를 확률을 구하여라. (답: $\frac{1}{9}$)

- $f(x)$가 실변수 x가 어떤 실가함수이고, $f(x)$가 0과 같지 않다. 모두 a, b에 대해

$$f(a+b)+f(a-b)=2f(a)+2f(b)$$

  이면 모든 x, y에 대해 다음은 어느 것이 알맞은가? (답: $f(-x)=f(x)$)

  ① $f(0)=1$ ② $f(-x)=-f(x)$

③ $f(-x)=f(x)$ ④ $f(x+y)=f(x)+f(y)$

⑤ $f(x+T)=f(x)$인 양수 T가 있다.

위에서 첫 번째 문제해결을 학교수학의 최선의 목표로 정해놓은 교사는 알고리즘이 수학에서 매우 중요하다는 것을 암시한다. 학생들은 자기성취도를 즉시 확인하고, 날로 발전하는 눈에 보이는 자기능력을 보고 즐긴다. 그러나 두 번, 세 번째 문제나 직장에서 부딪히는 실세계 문제를 보면 매우 당황해 한다. 이러한 태도는 그대로 그의 신념체계에 들어와 수학과 수학의 활용을 그런 식으로 본다. 나머지 두 문제를 각각 선호하는 교사는 첫 번째와 아주 다른 신념체계를 학생들에게 보인다(각자 논하여 보자).

우리가 가장 두려워하는 것은 자기가 선호하지 않은 또는 자주 경험을 하지 않은 문제 장면이 나오면 신념체계에서 부정적인 반응이 나오는 경우이다. 위 3종류의 문제를 오랫동안 경험한 3집단의 각각의 학생은 다음 문제를 주었을 때 어떤 반응을 보일까? 이를 관찰하는 것은 교사에게 전이에 대한 경험을 준다.

삼각형 ABC에서 E는 변 BC의 중점이고 D는 변 AC에 있다. 만일 변 AC의 길이는 1, $\angle BAC=60°$, $\angle ABC=100°$, $\angle ACB=20°$, $\angle DEC=80°$라면, 삼각형 ABC의 넓이와 삼각형 CDE의 넓이의 2배의 합은?

① $\frac{1}{4}\cos 10°$ ② $\frac{\sqrt{3}}{8}$

③ $\frac{1}{4}\cos 40°$ ④ $\frac{1}{4}\cos 50°$

⑤ $\frac{1}{8}$

여기서 말하려는 것은 앞의 문제는 대수에 관한 문제인 반면 이 문제는 추론의 훈련과 관련이 깊은, 공간 또는 기하의 문제이다. 보편적으로 대수의 문제해결의 능력이 기하문제의 해결에 전이가 잘 안 된다.

이러한 토론을 지면에서 자주하는 이유는 학생들이 문제해결에서 자신의 행위(풀이활용, 오류, 다른 사람과 아이디어 교환 등등)를 보고 스스로 자신의 특징을 자주 점검하면 할수록 잘못된 자기의 문제해결을 습관(오류, 동기유발, 특징 등등)을 좋은 방향으로 고칠 수 있기 때문이다. 교사의 입장에서 보면 학생들의 대안측정·평가는 교사에게 많은 정보를 접할 기회를 제공한다. 그러므로 교사에게는 학생을 어떻게 도와주어야 할지 도움의 문을 활짝 열게 된다. 특히 앞에서 말한 학생들의 기본지식보다 학생의 통제체계, 신념체계에 대한 이해를 깊게 할 수 있다. 다음 문제는 어떤 학생이 풀이 도중 생각한 것을 적은 것이다. 이 학생을 수학적인 계산을 넘어 자신감과 수학에 대한 좋은 신념체계를 가졌다(Kulm, 1993).

루크는 그의 방 벽에 페인트칠을 하려 한다. 벽의 넓이는 20×8이며, 한 통의 페인트로 넓이 80을 칠할 수 있다고 한다. 페인트는 한 통에 4.99달러이다. 루크는 어떤 행동을 취해야 할까? 무엇을 준비해야 할까?

[풀이]

```
      20                                2 …2통의 페인트
       8                          80 ) 160
    ----                               160
      16 …칠해야 할 넓이                  0

                                      4.99
                                  ×      2
                                  --------
                                      9.98 …필요한 액수
```

준비해야 할 물건 : 칠을 해야 할 도구 : 롤러

돈 10달러 정도

페인트 2통 그리고 페인트칠을 할 때 페인트 통이 넘어져도 흘리지 않도록 크기가 큰 빈 통

방바닥을 덮을 수 있는 두꺼운 종이 또는 천 조각

마스크, 테이프

헌 옷

피자 또는 간식을 위한 피자집 번호

이 학생은 기본지식에서 적절한 수학내용을 잘 꺼냈고, 문제해결을 위한 통제시스템도 좋았고 긍정적이고 잘 발달된 신념체계를 가졌다. 연구결과에 의하여 신념체계는 수학 성취도에 지대한 영향을 미친다고 한다. 뿐만 아니라 통제시스템과 동기유발에도 큰 영향을 준다고 한다. 수학은 창의적이며 구성이 된다는 신념을 가진 학생은 수학적 문제해결의 성취에 더 긍정적이라는 것이다. 앞에서 말했지만 문제해결에서 보인 학생들의 행동변화는 학생들의 많은 문제해결의 경험에서 나온다고 했다. 이 신념체계는 바람직한 문제해결에서 자신의 접근(풀이방법)이 성공적으로 작동하고 풀이과정에서 보인 자신의 체크 또는 모니터링이 효과적으로 도움이 될 때 더욱 완성된다. 그 결과 수학적인 불안요인이 감소되고 그들의 성취능력을 향상시킨다. 다음의 보기는 우리가 평소에 관찰하지 않는 학생들의 습관을

보인 것이다(Kulm, 1993).

바닐라 엔터테인먼트에서는 다음 주에 있는 콘서트의 장소를 만들어야 한다. 넓이는 1000인 직사각형 모양으로 사방에 비싼 자료로 안전띠를 설치해야 한다. 안전띠의 길이를 얼마나 해야 할까? 또 어떤 모양을 하겠는가? 이유는?

[풀이]

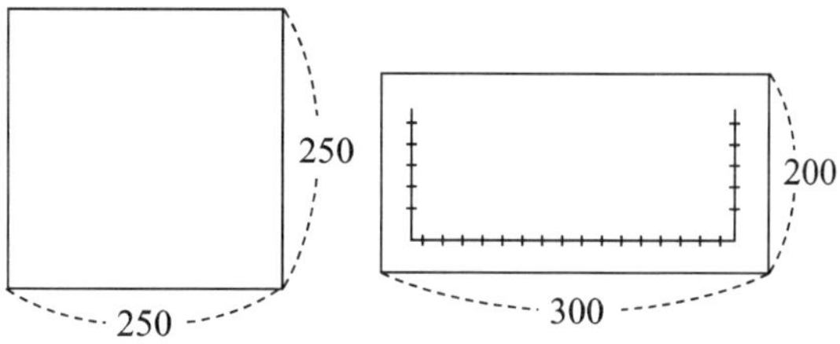

$2\overline{)1000}$ = 500　　$2\overline{)500}$ = 250　　250 + 250 + 250 = 750

어떤 모양이 좋을까? 아마도 200×300이 적당하다. 왜냐하면 공간이 넓어져 드럼 같은 물건도 충분하고, 춤을 출 장소로 충분하기 때문이다. 길이 700의 안전띠가 필요하다.

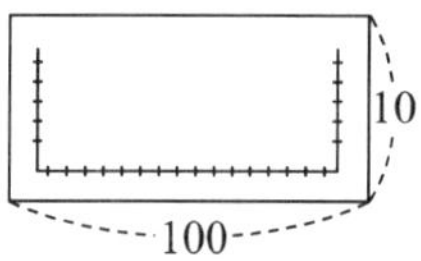

100 × 10 = 1000

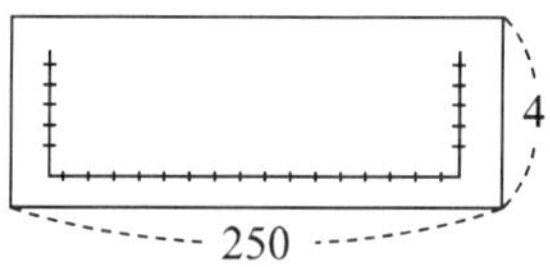

250, 4, × 4 = 258

내 생각에는 이 모양이 가장 좋다. 왜냐하면 드럼, 기타 및 밴드도 놓을 수 있는 충분한 땅이 있기 때문이다.

위의 학생 풀이과정을 검토해보면 특이한 점들이 발견된다. 이 학생은 자주 자기 자신과 대화를 하면서 문제풀이를 했다. 이를테면 "어떤 모양일까?", "계산은?" 등 자기에게 질문하고 대답하는 절차를 겪었다. 수학교육에서는 이 현상을 메타인지라 하고 구체적인 활동으로 자기질문, 모니터링 등이 있다. 자기풀이를 수시로 모니터링하면서 자기가 만든 오류도 체크하고 인내심을 가지고 적당치 않은 풀이를 버리고 새로운 시도를 하였다. 의사결정도 잘하려 노력했다. 그러나 풀이해결의 관점을 다양하게 정하는 시도는 포기했다.

학생들이 보인 메타인지는 우연히 일어난 현상이 아님을 이해해야 한다. 이것은 하나의 공부습관으로 꾸준히 수업시간 또는 숙제활동에서 얻는 경험과 습관으로 쌓인다. 연구에 의하면 수학지식 기본만으로 좋은 문제해결의 결과를 보인다는 것은 어렵다고 한다. 주어지는 과제가 어려운 고등정신 능력의 발달은 기본지식은 물론이고 메타인지 요소, 신념체계로부터 나온다고 한다.

여기서 기본지식은 다음 문제에서 말해준다. (어느 것일까?)

---

a가 양수이고 직사각형 모양의 좌표 $(x,\ y)$가 다음 조건 (1)~(5)를 만족한다. 이러한 점들의 집합 S에 대해 집합 S의 경계는 몇 개의 변을 가진 다각형인가? (도움말: 6개의 변)

(1) $\frac{a}{2} \le x \le 2a$　　(2) $\frac{a}{2} \le y \le 2a$

(3) $x + y \ge a$　　(4) $x + a \ge y$

(5) $y + a \ge x$

이 문제는 몇 가지의 수학내용(지식)을 가진 기본지식을 가지고 있지만, 역시 가장 중요한 기본의 원소는 식에 맞는 직선임을 알 수 있다. 물론 신념체계, 메타인지도 포함되어 있다.

6.2 대안측정의 채점방법

채점방법은 우리가 논하고 있는 측정·평가에서 어려운 문제로 결과의 공정성, 객관성을 항상 유지해야 한다. 이러한 채점방법은 전통적인 성취도 테스트에서는 큰 문제가 되지 못하였다. 왜냐하면 객관식인 문항에 대해서는 정답은 만점, 오답은 0점을 주고, 주관식인 경우에도 간단한 채점절차를 부분점수를 주면 공정성 논란이 일어나지 않았다. 그러나 대안측정·평가에서는 전혀 다른 상황이 일어날 수 있다. 지금까지 언급한 학생들의 성취도를 볼 수 있는 제도로 포트폴리오, 자기보고서 등은 정교한 채점체계를 요구한다. 포트폴리오는 학교에서 자주 사용하는 학생들의 작품활동(성취의 일종)으로 학생들이 자신의 또 다른 성취, 즉 학교에서 공식적으로 실시하는 전통적 테스트에서 발휘할 수 없는 잠재적 능력을 보일 수 있기 때문이다.

다음 문제풀이를 보고 이 학생의 이해과정을 분석하여 본다. 그리고 가능하게 몇 점을 주어야 할지 의사결정을 해보자. 또 끝까지 풀어보아라.

어떤 제곱수의 8진법 표현은 $ab3c$이다. 여기서 $a \neq 0$이다. 그러면 c는 다음 중 어느 것인가? (답: 1)

① 0 ② 1

③ 3 ④ 4

⑤ 유일하게 정해지지 않음

[풀이] 제곱수이면 n^2이고, n^2이 8진법의 수이므로 $n_8^2 = (ab3c)_8$일까? 이를 전개하면 $8 \cdot 8 \cdot 8a + 8 \cdot 8b + 8 \cdot 3 + c$일 것이다. n이 짝수이면 n^2은 4로 나누어지고 8로 나눌 때는 나머지 0이다.

다시 말하면 자신의 강점을 교사, 부모 및 타인에게 보일 수 있을 뿐 아니라 자기가 앞으로 가야할 진로를 결정하는데 좋은 정보를 제공해준다. 어느 학교에서 발견된 포트폴리오 제목을 읽어보자.

우리 마을(동, 구)에서 찾을 수 있는 방정식을 활용할 수 있는 실세계 문제 장면 - 장소, 시간, 논의되는 과제, 해결순서 등

마찬가지로 학생들의 자기보고서(Journal)도 학생들의 태도 및 흥미, 사고방법을 관찰할 수 있는 일종의 성취도 개념으로 볼 수 있는 시스템이다. 학생들의 자기보고서에 대한 교사의 전형적인 접근은 "문제해결의 과정 또는 개념이해의 과정에서 어떤 생각을 했는가를 말하거나 써라."로 요약할 수 있다. 이러한 질문에 대해 학생들은 자기 사고방법, 흥미와 태도를 쓴다. 또 다른 접근으로 위의 '우리 마을탐구'와 같이 오랫동안 학생이 관찰하고, 촬영하고, 소감을 쓴 결과자료를 제출하는 것이다.

다음 문제풀이를 보고 이 학생의 접근, 절차, 전략 단계의 진행을 채점하여 보자. 그리고 나머지 해의 과정을 완성하여라.

반원으로 된 영역의 둘레가 측정단위 cm로 재었을 때 그것의 넓이와 같다. 이때 넓이의 단위는 cm^2이다. 이 반원의 반지름은 cm로 재었을 때 얼마인가?

[풀이] 넓이와 둘레가 같으므로

$$\pi r + 2r = \frac{\pi r^2}{2}$$

이러한 복잡한 절차 및 일의 성격 때문에 이들 학생들 작품(성취)을 공정성 있게 채점하는 것은 어려운 문제이다. CAM(stenmark, 1989)이 추천했던 간단한 채점제도를 살펴보자.

블록다각형의 한 각을 제외하고 다른 모든 각의 합은 $2190°$이다. 이 다각형의 변의 수는 얼마인가? 또 제외된 각의 크기는? (도움말: 15)

4점 : 완전 이해

[풀이] n : 블록 다각형의 변의 수 — 2점 : 약간 이해

x : 제외된 한 각의 크기 — 1점 : 빈약 이해

(이해과정은 4점)

....

그러면 $180(n-2) = 2190 + x$ — 4점 : 올바른 해결

$$n-2=\frac{2190}{180}+\frac{x}{180}$$ 2점 : 거의 해결

그런데 볼록다각형이므로 $0 < x < 180$ 1점 : 시도

$$\frac{2190}{180} < n-2 < \frac{2190}{180}+1$$

(올바른 해결과정은 4점)

....

계산하면 $12\frac{1}{6} < n-2 < 13\frac{1}{6}$ 4점 : 완전 설명

그런데 n은 함수 2점 : 불완전 설명

$\therefore\ n-2=13,\ n=15$ 1점 : 빈약 설명

또, 제외된 각의 크기 $x=150°$ 2점 : 약한 설명

(완전한 설명 4점)

CAM에서 추천했던 채점제도는 종전의 만점과 영점 사이에 부분점수를 주기 위해 전 과정을 세 영역으로 나누어 채점했음을 알 수 있다. 이는 채점에 상당한 융통성을 부여하는 것으로 학생의 이해정도 및 의사소통 정도를 점수로 계산했다.

이와 같이, 부분점수를 주기 위한 단계별 접근은 문제해결, 의사소통, 추론 및 증명을 좀더 세분화하여 수학과 과정을 엄밀하게 점수로 환산하는데 있다. 이들 영역은 모두 문제해결에 포함되기 때문에 수학의 과정을 좀더 과학적으로 측정하려는 의도이다. 따라서 객관성을 증진시키기 위하여 CMC에서는 열린 문항에 대해 위의 보기보다 자세한 부분설명을 첨가하고 있다.

6진법의 수 554는 b진법으로 표시된 수 24의 제곱이다.
그러면 십진법의 수로 말해서 b는 얼마인가?

이 문제는 열린 문항은 아니지만 CMC 단계별 채점제도를 이용하여 다음과 같이 6점 만점에 완전한 대답(6점), 우수한 대답(5점), 만족스러운 대답(4점), 불완전한 대답(2점), 무시도(0점)로 나타낼 수 있다.

완전한 대답(6점) – 위의 문제를 명확하게 풀고, 설명할 수 있으며 교사의 질문을 포함하여 해를 구하는 과정을 설명을 할 수 있어야 한다. 개념의 이해에 관한

문항에서도 보기와 보기가 되지 않는 상황을 설명할 수 있어야 한다. 위의 문제에서는 가장 큰 아이디어 $(24_b)^2 = (2b+4)^2 = 55b$를 자유롭게 설명할 수 있고 이후 풀이하는 과정을 보여야 한다.

우수한 해답(5점) – 풀이계획에서 정확한 해의 과정을 설명할 수 있어야 하고 가장 중요한 수학적 아이디어를 말할 수 있어야 한다. 문제해결의 전략만 정확히 말하면 약간의 계산오류는 허용한다. 위의 문제에서 가장 중요한 아이디어

$$(24_b)^2 = (2b+4)^2 = 554_b = 5b^2 + 5b + 4$$

를 설명할 수 있어야 한다. 이후 전개과정에서 약간의 오류가 발생해도 우수한 해답으로 채점할 수 있다.

만족스러운 대답(4점) – 해의 길은 알고 있으나 완전하지 않은 논리적 추론과정, 식 또는 그림이 미완성이며 자신이 알고 있는 아이디어를 효과적으로 설명하지 못하는 경우이다. 위의 문제에서는 어떻게 식을 세우는지 설명을 할 수 있으나 실제 식은 세우지 못하거나 미흡한 경우이다.

이후는 가장 중요한 식 세우기에서 부분적으로 식을 세우거나(3점), 문제이해가 되지 않으나 b진법에 대한 상당한 지식을 가지고 있으면(2점) 이에 알맞게 부분점수를 얻을 수 있다.

다음은 춘천지역에 있는 ○○학교를 대상으로 실험한 결과이다.

○○마을에서는 그림과 같이 건물 코너를 도는 L자 모양의 철로를 만들기로 했다. 즉 E에서 A까지

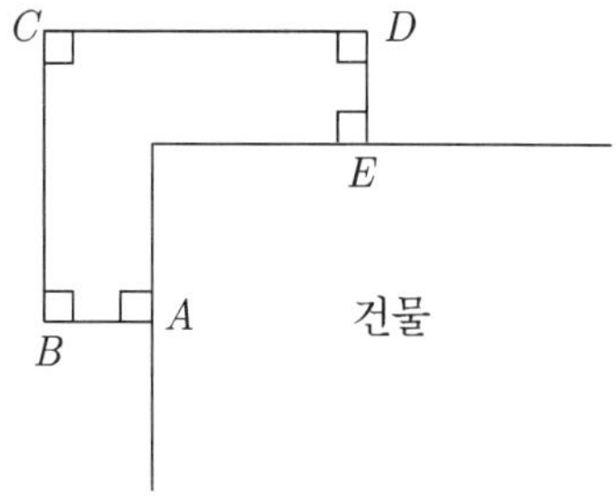

$$E-D-C-B-A$$

와 같은 철로길을 만든다.

철로의 길이는 30m, 선분AB=선분DE, 선분BC=선분CD. L자 모양의

넓이가 최대일 때 넓이는? 또, 이때 4개 변의 길이?

교사는 도서관에서 학생 A와 마주 앉아 문제를 풀도록 용기를 주었다. 학생 A는 힌트없이 문제를 풀기 시작했으나 중간에서 풀이를 중단했다. 다음은 이들의 작업 결과다.

교사 : 이 문제를 이해했지요.
학생 A : 예.
교사 : 풀어 볼래요?
학생 A : … [한참 생각 후에 A4용지에 풀기 시작했다.]

이쪽의 변을 xm로 하면, 저것은 $(15-x)m$
전체 넓이 $A(x)=x(15-x)+x(30-2x)$
⋮

학생 A : 아마 $A(x)$를 x로 표현하면 이차함수식이 될 것이고, $A(x)$가 최대가 되어야 하는데 ….

위의 채점시스템에 의하여 학생 A의 풀이에 부분점수를 주어라. 그리고 풀이 전체를 완성하여라.

일부 학교에서는 크게 수업내용을 세 가지 영역으로 묶어 채점방식을 정한다.

계산과 알고리즘 – 그래프 읽기, 표를 읽기, 그림 또는 작도하기, 어림하기 등이 있으며 구체적인 자료를 이용하여 계산절차를 말해야 한다.

4점 - 절차의 활용이 좋으며 절차의 각 단계를 구체적인 보기를 보면서 설명한다.
3점 - 절차의 정확한 기술과 단계의 이유를 말한다.
2점 - 단순한 오류가 발생했을 때 또는 각 절차의 설명이 부족한 경우이다.

위의 채점 방식을 이해하기 위해 문제 "다항식 $(1+2x-x^2)^4$의 전개에서 x^7의 계수는 얼마인가?" 에서 알고리즘은 x^7의 항을 정하고, 그 합을 구하여 x^7의 계수를 발견하는 것이다.

괄호의 4제곱을 모두 전개하는 것은 불필요한 활동이기 때문에 절차의 단계에 해당되지 못한다. 절차를 정확히 말할 수 있으나, 실제 많은 오류가 발생하면 3점으로 할 수 있다.

다음은 고등학생의 계산 문제이다. 이 문제를 풀고 4점, 3점, 2점을 주었을 때 학생들의 풀이상태는 어떤지 상상하여라.

함수 f는 정수 a, b에 대하여 다음과 같이 정의한다.

$$f(ab)=f(a)f(b)-f(a+b)+1989,\ a \text{ 또는 } b\text{는 } 1\text{이고 } f(1)=2\text{이다.}$$

(1) $f(n)=f(n-1)+1989$인가?

(2) $5(2001)$의 값은?

[풀이] $a=1$, $b=n-1$로 놓으면 …

개념의 이해 – 정의, 정리 등을 읽을 수 있고 문장으로 주어진 상황과 관련정보와 그 결과를 연결할 수 있어야 한다.

개념이해는 복잡한 요인이 작용하여 모델과 그림과 또 다른 표현을 관련시켜야 한다. 또, 관련 개념을 서로 비교하고 대조해주어야 한다.

다음 문제는 개념의 이해를 물어보는 문항이다. 이들에 대한 부분접수의 체계는 다음과 같다. 각 점수에 따라 학생들의 풀이를 예측해보자.

김○○는 컴팩트디스크를 만드는 공장을 새로 지었다. 그림의 x축은 개수를 나타내는 축이고, y축은 이익을 백만 원 단위로 나타낸 그림이다. 김씨는 자기 공장에서 만드는 모든 CD가 판매되리라 생각하지 않는다. 즉 많이 팔 때도 있고 팔지 못해 재생공장으로 보내지는 경우도 있다. 그러나 어떤 경우이든 손해는 보지 않을 것으로 조사되었다. 다음 그래프 중 이 상황을 적절하게 표현한 그래프는 어느 것인가? 이유를 말하여라.

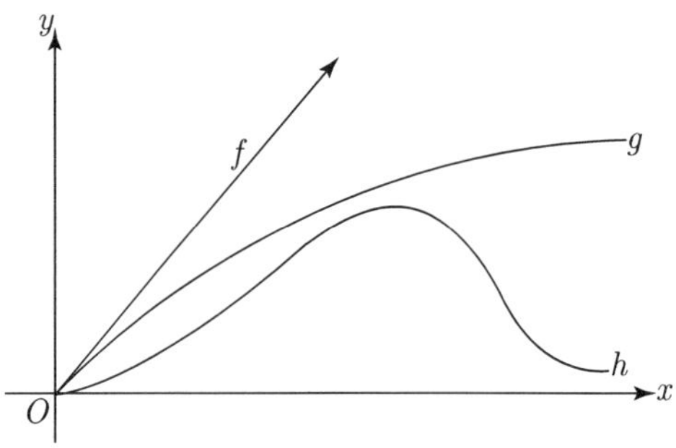

4점은 이해에 대한 확실한 증거가 있으며, 모델과 다이어그램, 기초 등을 자유롭게 사용하고 표현들 사이의 변환을 잘한다. 개념의 해석과 숨은 의미의 진술을 다양하게 할 수 있다. 3점은 약간의 오류가 있으나 개념이해에 대한 확신이 있고 모델과 다이어그램, 기호의 사용이 잘되며 개념의 해석이 잘되며 표현들 사이의 연결이 가능하다. 그 점은 오류가 개념이해 과정에서 발견되며 모델, 다이어그램, 기호의 사용에 어려움이 있다. 또, 개념해석을 설명하는데 여러 틈이 있다.

학생들에게 다음 조건에 맞는 풀이를 하게 하고 조건을 이해하여 해결하는지 채점을 하여라.

연속함수 f는 $x>-12$에서 정의되고 조건 (1)~(4)를 가진다. $y=f(x)$의 그래프를 대강 그려라.

(1) $f(-8)=2,\quad f(1)=5$

(2) $f'(x)<0\ (-12<x<-8),\quad f'(-8)=0,\quad f'(x)>0\ (x>-8)$

(3) $f''(x)>0\ (x<1),\quad f''(x)>0\ (x>1)$

(4) $\lim_{x\to-12^+} f(x)=+\infty,\quad \lim_{x\to+\infty} f(x)=8$

그래프 용지에 $y=f(x)$를 대강 그리거나 설명하여라.

대안측정·평가를 교실에서 고려하는 이유는 기본적으로 측정하는 기회를 제공하고, 교사와 학생들에게 수학적인 활동, 즉 추론, 문제이해, 의사소통, 계획하기, 의사결정 등에 대한 많은 정보를 제공하기 위함이다. 좋은 채점규칙은 학생들과 과제해결 또는 테스트 결과를 정밀하고 이유 있게 그리고 학생들의 의도를 존중하면서 평가해야 한다. 이를테면, 의사소통과 추론과정에 대한 채점방식을 살펴보자.

(의사소통)

3점 - 가장 정확하고 효율적으로 수학적인 언어, 즉 용어, 기호, 표시, 표현 등을 사용한다.

2점 - 위 사항을 부분적으로 정확하고 효율적으로 사용한다.

1점 - 그 점의 기준보다 약하다.

(추론)

3점 - 자신이 가지고 있는 지식정보를 이용하여 효과적이고 정확하게 예측과 결론을 정당화한다.

1점 - 예측을 시도하고 결론을 정당화하려고 한다.

다음 문제를 두 사람씩 짝을 지어 풀게 하고 의사소통(발표 또는 쓰기)하는 모습을 관찰하여라.

이러한 채점양식은 테스트의 신뢰성을 높이기 위해 점수별 또는 영역별로 전 과정을 세분화하는 특성이 있다. 또, 한 사람이 채점하는 것보다 여러 사람이 채점하고 그 결과를 종합하는 것도 채점을 신뢰성 있게 하는 방법이다.

또 다른 채점방식으로 VMPA프로그램(1990)으로 미국 버몬트 주의 교육 당국이 만든 프로그램을 들 수 있다. 이 프로그램의 특징은 앞서 메릴랜드 학교 프로그램에서 보인 각 영역을 보다 서술적으로 자세하게 기술했다는 점이다.

(문제해결)

과제를 이해하기 – 이해는 과제 속에 있는 관련 정보를 검색하는 활동을 포함한다. 그래서 문제를 해석(파악)할 수 있으며 때로는 용어 이해가 되지 않을 때는 질문을 한다. 낮은 수준의 학생들은 문제가 요구하는 목표(질문)를 정확하게 파악하지 못하는 경우가 있다. 대답이 없이 공란으로 남기거나 문제의 해석이 미숙하다는 것은 이해력이 부족하다는 증거이다. 높은 수준의 학생은 문제를 읽고 문제 정보를 가려내고 부족한 진보, 특별한 경우를 파악한다.

1점 - 총체적으로 잘못된 이해

2점 - 부분적으로 이해

3점 - 이해

4점 - 일반화, 응용, 확정이 가능함

고등학생(고2)에게 다음 원 문제를 읽게 하고, 그의 이해능력을 채점하여라.

다음 원의 방정식은

$$x^2 + y^2 = 4$$

이고, 선분 AB와 CD는 각각 A, C에서 x축과 y축을 만난다. 이때 A와 C는 선분 OD, OB의 중점이다. 점 P의 좌표와 검은 부분의 넓이를 구하여라.

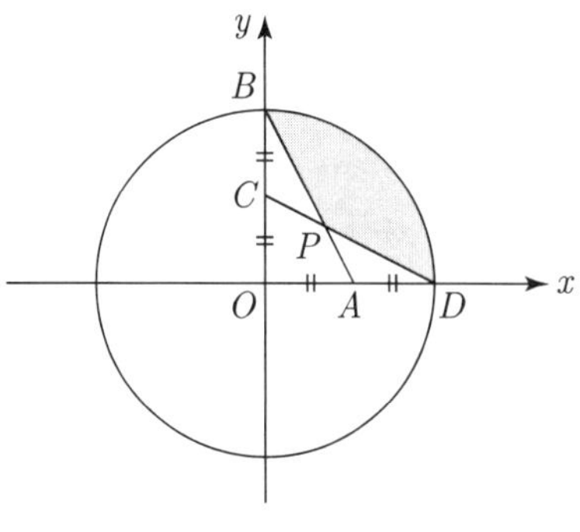

접근/절차/전략 – 다양한 해결전략은 매우 가치가 있으나 이들 중에서 곧바로 해로 갈 수 있는 것이 중요하다. 만일 접근/전략이 실제 해로 가는 효과적이 것이라면 3점을 줄 수 있으며, 높은 수준의 효율적인 접근/전략을 채점에서도 우선권을 가진다.

1점 - 적당치 않는 접근/전략의 사용, 작동이 되지 않음.

2점 - 결과에 약간 호응하는 접근/전략의 사용

3점 - 작동이 될 수 있는 접근/전략의 사용

4점 - 효율적이고 잘 다듬어진 접근/전략의 사용, 바른 결과에 직접 연결됨

선택/진행/실행 – 좋은 문제 해결자는 자기가 진행하는 과정을 스스로 점검하고 스스로 만든 의사결정을 실행하고 효과적인 전략을 선택하여 제외되는 경우를 생각한다. 또 여러 방법으로 결과를 점검할 수 있다.

이 체계에서는 낮은 점수를 받은 학생은 확신하는 의사결정 없이 문제해결을 시도하는 학생이다. 또, 어느 정도 참고정보를 이용하여 문제를 자기의사 결정 때도 진행할 때 3점을 줄 수 있다. 그러나 의사결정이 일정치 않고 참고정보도 확실치 않을 때는 2점도 준다.

1점 - 올바른 의사결정이라는 확신이 없음

2점 - 가능성 있는 의사결정과 추론

3점 - 올바른 정보이용 스스로 만든 의사결정의 추진

4점 - 명확하게 올바른 의사결정이 수립

다음 문제를 풀게 하고 선택/진행/실행에서 그들의 활동에 대한 평가를 1~4점으로 하여라.

> 원 내부에서 두 개의 현이 수직으로 만난다. 한 개의 현으로 수선의 발을 중심으로 3, 4로 나누어지고, 다른 현은 수선의 발을 중심으로 6, 2로 나누어진다. 이때, 원의 지름을 구하여라.

결과/결론/연결/일반화 – 문제해결의 기본목표는 개념간의 연결을 만들고 해 또는 해법을 다른 문제에 적용하고 자기 만든 결론을 반성하는데 있다. 학생이 문제를 읽고 적절한 접근을 고민할 때 2점을 준다. 이보다 한발 앞서서 단순한 관찰이 아니고 다른 문제해결에 연결을 만들고, 응용하려 하고, 다른 개념형성에 발견된 것을 활용하려는 의도가 있으면 3점을 얻을 수 있다. 또 일반화 추상화가 자신의 의사결정에도 순조롭게 이루어지면 4점을 받을 수 있다.

1점 - 활용 또는 발전하려는 의도 없음

2점 - 깊은 관찰이 동반됨

3점 - 활용 및 연결이 가능함

4점 - 일반화, 추상화

다음 문제풀이를 보고 채점체계를 활용하여 보아라.

폭이 W인 두 건물 벽 사이에 그림과 같이 사다리가 놓여 있다. 사다리 다리는 지상 위의 점 P에 있고 위는 지상에서 높이 K인 벽의 Q지점에 놓여 있다. 또 지상에서 높이가 h인 다른 벽에 그대로 놓으면 그림과 같이 사다리와 지상이 이루는 각은 $75°$이다. 여기서 W를 정하여라.

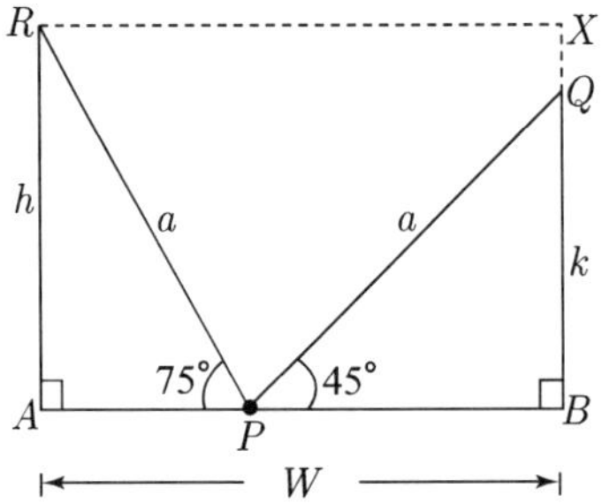

[풀이] 그림에서 선분 RX는 X지점에서 선분 QB에 수직이다.

$\angle QPR = 60°$, ΔRPQ는 정삼각형이고 $RQ = a$이므로

$$\angle ARP = \angle QRX = 15°$$

따라서 $\Delta RXQ = \Delta RAP$, 즉 $w = h$. 이 방법 말고 또 풀 수 있다.

$$w = AP + PB = a\cos 75° + a\cos 45°$$

그런데

$$\cos A + \cos B = 2\cos\frac{A+B}{2}\cos\frac{A-B}{2}$$

그러므로

$$w = a2\cos\frac{75° + 45°}{2}\cos\frac{75° - 45°}{2}$$
$$= a2\cos 60°\cos 15° = a\cos 15° = a\sin 75° = h$$

$\therefore\ w = h$

제 7 장

개념, 문제해결의 대안측정·평가

7.1 개념 및 문제해결학습의 대안측정

(1) 학습의 과정, 절차지식의 측정

교실에서 교사의 가장 큰 고민(도전)은 개념적 이해와 절차적 기능(skills) 사이에서 알맞은 균형을 찾는 일이다. 말하자면 좋은 개념이해 없이 기능은 기계적인 학습이 되어 곧 잊혀지지만 좋은 수학적 계산, 기능은 새로운 개념을 이해하는데 필수적이다. 둘 사이의 관계는 밀접하게 연결되어 있으며 서로 떨어질 수 없는 것이다. 다음을 보자.

좌표평면에서 한 점 $P(x,\ y)$, $|x|,\ |y| \le 4$, $x,\ y$는 정수가 무작위로 선택된다. 원점에서 점 P 사이의 거리가 많아야 두 단위일 확률은 얼마인가?

① $\dfrac{13}{81}$　　② $\dfrac{15}{81}$

③ $\dfrac{13}{64}$　　④ $\dfrac{\pi}{16}$

⑤ 없음

이 문제에서 중요한 개념적 이해는 확률인데 이를 위해서는 계산활동, 다시 말하면 모든 경우의 수와 해당되는 사고, 즉 원점에서 두 단위거리인 점의 수를 세는 활동이다.

세는 활동은 다시 좌표평면에서 $|x|,\ |y| \le 4$의 뜻을 이해하고 원점을 중심으로 원을 그리는 활동(문제해결의 전략)에 관련되어 있다.

중학교 2학년 우수학생의 풀이를 검토해보자.

(좌표평면에서 원점을 중심으로 한 반지름이 2단위인 원을 그리고)

우선 $|x|,\ |y| \le 4$에서 직사각형 모양의 점의 총개수는 $9 \times 9 = 91$(개), 원 안에 들어 있는 점의 개수는 11개이고 원에 걸쳐있는 점의 개수는 2개이다. 확률은 $\dfrac{13}{81}$이다. 답 $\dfrac{13}{81}$.

중학교 2학년 학생들에게는 확률의 정의를 배웠지만 주로 주사위 게임에서 확률을 계산하는 수업을 했을 것이다. 이 학생은 기하적인 문제 장면에서 계산 기능, 개념적 이해, 문제해결의 전략 등을 잘 연결하는 관계적 이해를 훌륭하게 수행했다. 이후 개념적 이해와 계산과 같은 기능의 숙달은 둘 사이 관계를 파악하는 수준을 넘어 문제해결에 이들을 활용하는 수준으로 곧바로 연결된다. 결국 마지막 수업목표는 이들 활용하는 방법을 익숙하게 연습하여 가장 어려운 새로운 수학의 학습에 연결하는 것이다. 새로운 수학학습에 잘 적응하는 학생이야말로 미래사회를 창의적으로 이끌어 갈 수 있는 학생이다.

이 과정에서 교사는 "학생을 어떻게 측정·평가해야 하는가?"라는 질문에 답해야 한다. 우리는 학생들이 계산 기능 또는 용어암기에 익숙하면, 그들을 숨겨 있는 개념적 이해를 잘 이해한 것으로 생각한다. 반대로, 이를 잘못하면 개념적 이해를 못한 것으로 보고, 이들 학생은 높은 수준의 수학과제를 해결하지 못하는 것으로 파악한다. 잘못하면 교실에서는 성취도를 올려야 한다는 생각에 낮은 수준의 학습활동이 자주 일어날 수 있다.

그런데 교실에서 대안측정·평가를 이용하여 이러한 기능중심의 학습을 억제하고 개념적 이해로 갈 수 없을까 하는 생각을 한다. 이야기를 좀더 깊이 논하기 전에 몇 가지 용어를 정리한다. 첫 번째 용어는 절차적 지식인데, 이는 종전의 수학적 기능을 의미한다. 여기서 기능을 종전의 계산활동을 넘어 기호적 표현, 기하의 도형 및 기타 수학적 표현을 포함하는 다단계 절차를 의미한다. 이를테면 0.54에서 소수점을 오른쪽으로 한 자리 옮기는 것도 기능하고, π의 값을 말하는 것, 이해 없이 근의 공식을 암기해서 이차방정식의 해를 구하는 것도 기능이다.

기능의 핵심 아이디어는 그 속에 활동 또는 변환이 들어 있다는 것이며, 카펜터(Carpenter, 1988)는 기능(Skills)을 절차적 지식, 즉 활동의 순서(sequence)를 만들어 단계를 따라가는 지식으로 이해했다.

$x \neq 0$ 또는 4이고 $y = 0$ 또는 6이면, $\frac{2}{x} + \frac{3}{y} = \frac{1}{2}$은 다음 중 어느 것과 같은가?

① $4x + 3y = xy$ ② $y = \frac{4x}{6-y}$

③ $\frac{x}{2} + \frac{y}{3} = 2$ ④ $\frac{4y}{y-6} = x$

⑤ 없음

다음 문장 중 어느 것이 거짓인가?
모든 정삼각형은
① 내각의 크기가 모두 같다.
② 이등변 삼각형이다.
③ 정다각형이다.
④ 서로 합동인 도형이다.
⑤ 서로 닮은 도형이다.

위의 두 문제는 기능의 연습에 해당하는 것으로 다단계 절차를 동반한다. 이를테면 첫 번째 문제는

$$\underbrace{2\times\left(\frac{2}{x}+\frac{3}{y}=\frac{1}{2}\right)}_{\text{1단계 계산}}\rightarrow\underbrace{\text{공통분모 } 2xy \rightarrow \text{계산 } 4y+6x=xy}_{\text{2단계 계산}} \text{ 또는}$$

$$\underbrace{4y=xy-6x}_{\text{3단계 계산}}\rightarrow\underbrace{\text{계산 } 4y=x(y-6)}_{\text{4단계 계산}}\rightarrow\underbrace{\frac{4y}{y-6}=x}_{\text{최종산출}}$$

그러나 두 번째 문항에 대하여는 아마 초·중학교 1학년 학생에는 개념적 이해에 관한 문제를 분류할 수 있으나 고등학생에게는 단순한 사실을 암기해서 선택하는 기능으로 분류할 수도 있다.

벨(Bell, 1984)은 개념을 두 가지로 분류한다. 하나는 마름모 또는 분수처럼 정의를 요하는 용어, 다른 하나는 문장 "ΔABC는 세 선분으로 둘러싸인 도형"과 같이 문장으로 표현된 관계이다. 앞의 유형은 문장으로 진술한 다음에 알맞은 보기가 뒤따른다. 개념적 구조는 여러 개념들과 관계의 망으로 구성되어 있으며, 새로운 개념이나 관계를 배운 다음에는 다른 노드(node) 또는 연결이 기존의 인지구조에 형성된다.

카펜터(Carpenter, 1988)는 개념적 지식을 여러 수학적 정보 사이에 존재하는 관계망이면서 정보를 사용하는 데는 유연성을 허락하는 것으로 정의한다. 이를 간단히 다음 과제에서 설명해보자.

사각형 $ABCD$는 정사각형이고 삼각형 CMN은 정삼각형이다. $ABCD$의 넓이가 1cm^2이면 삼각형 CMN의 넓이는 얼마인가?

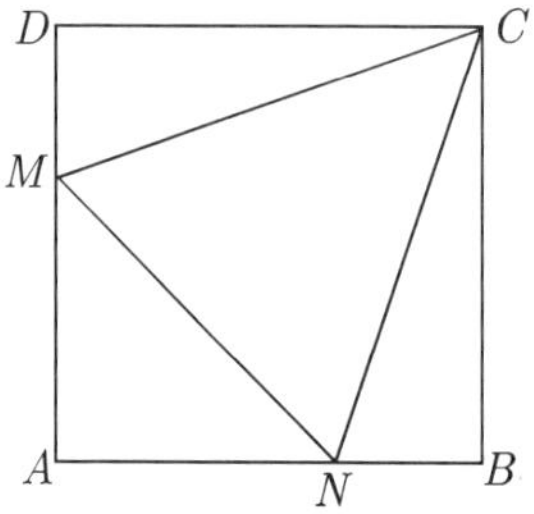

① $2\sqrt{3}-3$　　② $1-\frac{\sqrt{3}}{3}$

③ $\frac{\sqrt{3}}{4}$　　④ $\frac{\sqrt{2}}{3}$

⑤ $4-2\sqrt{3}$

우선 이 문제에는 여러 개념과 기능이 복잡하게 연결되어 있다. 다음 네트워크(망)는 계산 기능, 개념, 문제해결전략, 기타 정보들이 연결되어 문제구조를 나타내고 있음을 알 수 있다.

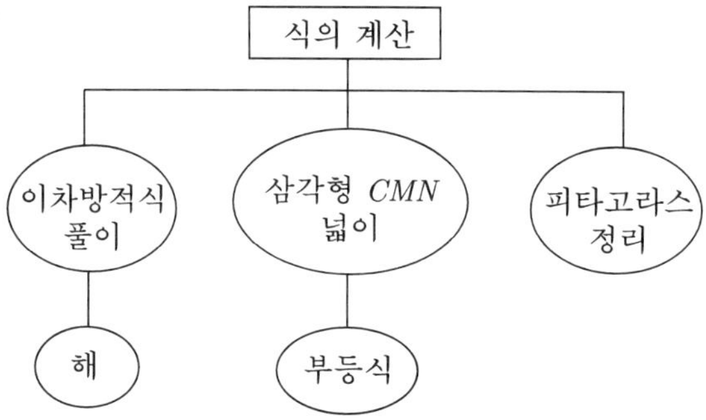

이들 네트워크(망)는 문제구조를 표현하는 수단으로 사용하며, 여러 직선의 관계를 나타내는데 유용하게 사용된다. 이를테면 개념에 대한 네트워크, 문제구조를 나타내는 네트워크 등등이다. 이러한 네트워크는 문제해결과정 또는 개념을 표현하는 정보를 분석하여 얻을 수 있다. 즉

$$DM=x,\ AM=1-x$$

삼각형 CMN의 넓이 $=1-\frac{1}{2}(1-x)^2-\frac{x}{2}-\frac{x}{2}=\frac{1}{2}(1-x^2)$

삼각형 CMN의 한 변을 y라 하면

$$x^2+1=y^2,\ (1-x)^2+(1-x)^2=y^2 \text{ (피타고라스 정리)}$$

간단히 하여

$$x^2 - 4x - 11 = 0$$

$$\therefore \text{ 삼각형 } CMN\text{의 넓이} = 2\sqrt{3} - 3.$$

위의 그림에서 보는 것과 같이 부등식 개념, 해의 개념은 첫 번째 개념에 해당하고 두 번째 개념은 넓이, 피타고라스 정리로 두 가지는 학자에 따라서는 피타고라스 정리를 원리, 법칙으로 따로 분류하기로 한다. 피타고라스 정리에 대한 개념적 지식은 네트워크를 가지고 있다. 단지 위의 그림은 "ΔCMN의 넓이"에 대한 개념적 지식을 나타내는 네트워크이다. 카펜터는 바로 네트워크를 파악하는 것을 개념적 이해라 한다. 즉 이해는 여러 개념과 정보들의 관계가 어떻게 연결되어 있는가를 파악하는 정신활동으로 본다.

따라서 교실에서 교사가 수업을 디자인할 때 문제해결 또는 개념적 지식을 학생들에게 주려면 네트워크를 만들어야 한다. 이것 없이 수업을 하면 가능하게 암기적 수업 또는 기능적 수업으로 흘러갈 수 있어 학생들은 연결 없이 서로 분리된 정보만을 기억하게 된다. 다음은 이들을 어떻게 측정하느냐의 문제이다.

학교에서 실시하는 성취도 측정·평가는 절차적 지식(수학적 기능)에 관한 문항을 자주 이용한다. 저학년으로 갈수록 교과서 내용이 절차적 지식을 강조하기 때문에 수학적 기능의 훈련은 당연하게 생각한다. 많은 테스트 문항의 개념적 이해에 관련된 문항을 묻기보다 효율적인 알고리즘을 묻는 계산문제가 많다. 초등학교에서는 이러한 문항을 자주 취급하는 것은 자연스러운 교육현상이다. 왜냐하면 초등학교와 중학교에서 계산과 같은 절차적 지식에 충분히 익숙하지 않으면 개념적 이해는 매우 어렵기 때문이다. 다음 초등학생의 풀이를 보자.

$$\begin{array}{r} 428 \\ +\ 346 \\ \hline 774 \end{array}$$

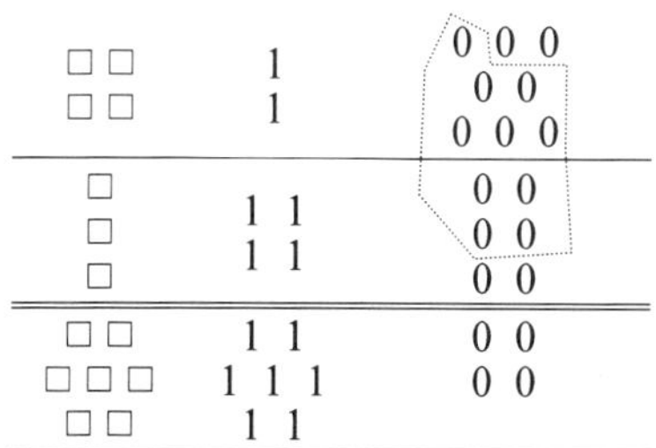

[학생] 수를 □, 1, 0으로 표시해서 0의 개수를 10개로 맞춘다. 그리고 하나의 1을 위로 올린다. 맨 마지막에 □, 1, 0을 모두 세고 숫자를 쓴다.

[교사의 해석] 12는 묶기과정을 잘 이해하며 10진기수법의 자료를 구체물로 잘

표현했다. 뿐만 아니라 10진기수법의 원리를 구체물로 쉽게 이해했고, 구체물의 조작결과를 기호(숫자)로 잘 표현했다.

여기서 논의하려는 것은 쉽다고 생각하는 계산과정에는 개념적 이해가 있다는 사실이다. 만일 아동이 계산문제를 다음과 같이 기계적인 절차로 처리했다면 바람직한 학습경험이 아니다.

$$\begin{array}{r|c|c}
 & {\scriptstyle 1} & \\
4 & 2 & 8 \\
+\quad 3 & 4 & 6 \\
\hline
7 & 7 & 4
\end{array}$$

각 자리에 맞게 줄을 긋고, 합이 10이면 바로 앞자리로 1을 빌린다.

실제로 학교에서 많은 학생들이 기계적인 절차를 선호해서 노트에 절차를 적고 외우는 광경을 자주 본다. 이런 현상은 고등학교로 갈수록 심해져서 쪽지에 규칙(공식)을 활용하는 방법을 적어 암기한다. 그러나 학생들은 어떤 종류의 계산문제를 풀어도 왜 절차가 작동하는지 그 이유와 어떤 개념이 계산 아래 숨어 있는지를 알아야 한다.

합 $3^{11}+5^{13}$을 나누는 가장 작은 소수는 어느 것인가?

학생이 계산을 기계적인 절차로 인식하는 습관을 가지면 이 문제는 3^{11}, 5^{13}를 계산기로 모두 풀어서 더한 다음에 소수 2, 3, 5, 7, 11, …로 나누려 한다. 그러나 계산활동 속에 개념이해를 중시한 학생은 3^{11}, 5^{13}은 각 홀수이고, 두 홀수의 합은 짝수이므로 $3^{11}+5^{13}$를 나누는 최소의 소수는 2라는 사실을 알 수 있다. 여기서 말하려 하는 것은 학생들의 공부습관을 고치는 일이 중요하고, 이를 측정·평가 활동에서 고쳐주어야 한다는 것이다.

이러한 절차적 지식을 학생들이 의미 있게 배우기 위해서는 교사의 측정·평가 활동이 달라져야 한다. 방법의 하나로 성취도 검사문항을 약간 변형하여 보고서 형식으로 정리하는 것이다. 일종의 측정·평가 방법이다. 앞의 초등학교 학생의 풀이과정을 교사가 관찰하는 것처럼 A4용지에 성취도 문항을 주고 그들의 풀이과정을 쓰게 한 다음에 교사의 해석과 피드백을 담는다. 피드백은 교사의 해석이 있는 다음에 교사가 교실에서 그 학생 또는 전체 학생에게 학생이 풀이과정 속에서 발

견했던 중요한 점, 오류 등을 말하는 것이다. 이를테면 위의 아동의 사례에서

(교사의 피드백) 구체물 조작과 계산절차의 과정이 훌륭하게 연결이 되어 계산 속 개념이해가 조화롭게 학습이 됨. 이후 풀이 과정을 소개하고 학생이 다른 학생에게 개별도움을 줌.

이러한 자기보고서 형식의 자료는 정기적으로 실시하는 종이와 연필의 성취도 테스트의 약점을 크게 보완해준다. 학생들은 좋은 수학적 경험을 하기 위해 교실에서 자기의 작품을 쓰고 교사 또는 동료에게 이를 설명하려 한다. 그(그녀)는 설명을 위해 또는 교사에게 보이기 위해 다양한 표현방법 또는 좋은 전략을 소개해 주려 한다. 교사에게는 이 자료는 학생들의 생각, 독특한 풀이전략 등을 관찰할 수 있는 거울이다. 또한 이 자료는 전통적 성취도 테스트의 약점을 크게 보완해준다. 이 학생의 관찰결과는 곧 채점으로 이어진다.

채점방법(10점)

- 구체물 조작을 개념, 계산 원리의 이해에 연결(3점)
- 10진기수법의 이해 능력(1점)
- 오류 없는 절차 수행 능력(2점)
- 학생의 다양한 표현 능력(1점)
- 학생의 의사소통 능력(3점)

우리가 계산 기능과 같은 절차적 지식의 측정(평)을 새롭게 보려고 하는 이유는 스스로 잘 알고 있다. 다시 말해서 절차는 기억과 기계적 방법에 의하여 학습되어서는 안 되고 관련된 개념적 지식의 이해 바탕에서 학습되어야 한다는 것이다. 학생들은 절차적 지식이 가지는 한계점과 절차적 지식과 개념적 지식이 조화롭게 교수·학습이 될 때 비로소 실세계 문제해결 또는 수학적 소재의 문제해결에 익숙해진다는 사실을 알아야 한다. 다음 세 문항의 절차적 지식은 개념적 지식과 강하게 연결될 때 문제해결에서 그 역할을 제대로 한다는 것을 보인다. 이 절차적 지식을 묻는 문항에서 핵심연결을 해주는 개념적 지식을 논하여라.

- 어떤 x의 3진법 표현은 다음과 같다.

$$1\ 2\ 11\ 22\ 111\ 222\ 1111\ 2222$$

이 수 x를 9진법으로 나타낼 때 왼쪽의 첫 자릿수(가장 큰 자릿수)는 얼마

인가?

① 1 ② 2

③ 3 ④ 4

⑤ 15

- 어떤 수 x를 6진법으로 나타내면 24이고, x^2을 6진법으로 나타내면 554이다. 이때, 6를 10진법으로 나타내어라.

- 어떤 제곱수를 8진법으로 표현하면 $ab3c$, $a \neq 0$이다. c는 얼마인가?

① 0 ② 1

③ 3 ④ 4

⑤ 유일하게 정해지지 않음

지금까지 여러 연습을 통해 절차적 지식과 개념적 지식의 연결은 매우 중요하다는 점을 강조했다. 이러한 특징은 종전의 계산연습에서 보는 것처럼 단순히 정답과 틀린 답으로 채점하는 것으로는 설명할 수 없다. 좀더 새로운 질문형태가 주어지는 대안측정을 활용해야 한다. 다음은 학생들의 절차적 지식을 측정할 뿐 아니라, 이들이 개념적 지식과 연결이 되게 하는 측정문항이다.

- 10보다 큰 두 수로써 그들 곱이 726인 수를 발견하여라.

- 수 1, 2, 3, 4, 5를 이용하여 □ 안에 알맞은 수를 써야 하며, 그 곱이 최대가 되어야 한다. 최대가 되는 값은 다음 중 어느 범위에 들어오는가?

$$\begin{array}{r} \square\square\square \\ \times \quad \square\square \\ \hline \end{array}$$

① 10000과 22000 사이 ② 22001과 22300 사이

③ 22301과 22400 사이 ④ 22401과 22500 사이

- 혜린이는 예쁜 강아지를 꾸미기 위해 부모님으로부터 10,000원을 받았다. 그녀는 이중으로 강아지 장난감, 접시, 강아지 리본을 사려 한다. 마트에 가보니, 제조회사마다 가격이 약간 다르게 나타났다.

	A회사	B회사	C회사
리본	3,500원	3,000원	4,000원
접시	4,250원	4,000원	4,500원
장난감	2,750원	2,250원	2,500원

(1) 혜린이가 선택할 수 있는 경우를 말하여라. 이때 가격은 얼마인가? 또 10,000원을 주었을 때 거스름돈은 얼마를 받는가?

(2) 선택할 수 있는 모든 경우를 만들어라. 이때 가격은 10,000원을 넘지 않았는가?

위의 문항은 개념, 기능, 문제해결의 전략을 가능하게 측정할 수 있는 학력중심 문항이다. 그러나 현행 교육과정은 일반 목표에 태도 및 흥미, 표현능력, 합리적 생각, 의사소통기술 등을 물어보기 때문에 학력과 연결된 비학력 분야의 지식을 물어야 한다. 이를테면

○○의 형제가 수를 배우기 시작하여 많은 질문을 한다. 어느 날 $4 \times 3 = 12$의 뜻을 잘 모르겠다고 한다. 어떻게 계산절차와 이유를 설명하겠는가?

위의 문항은 전통적으로 사용한 계산 분야의 성취도 문항과는 약간 다름을 알 수 있다. 이들은 모두 계산절차를 묻는 절차적 지식에 해당하지만 깊은 개념적 지식의 연결 없이는 해결하기 어렵다. 물론 다음과 같이 질문을 단순하게 해도 답은 나오기 마련이다.

$$\begin{array}{r} 325 \\ \times \quad 24 \\ \hline \end{array}$$

이 문제는 푸는 학생들은 상당히 기계적으로 한다. 4에 5, 2, 3을 곱하여 차례로 밑에 써내려가고, 다음에 5, 2, 3을 자리에 맞추어 써서 더한다. 왜 오른쪽에서 세 번째 자리에 3을 써야 하는지 2×5의 결과를 맨 오른쪽에서 한 칸 띄고 0을 써야 하는지 등 개념이해 없이, 개념과 연결 없이 답을 구하는 경우를 자주 본다.

초등학교에서부터 계산과 개념을 꼭 연결하여 절차적 지식을 얻으려 노력하는 학생은 고학년으로 올라가도 계산에 대한 좋은 태도를 가진다.

$r! = r(r-1)\cdots 1$이고

$$\binom{j}{k} = \frac{j!}{k!(j-k)!}, \quad r,\ j,\ k : \text{양의 정수},\ k < j$$

이다. $\binom{n}{1}$, $\binom{n}{2}$, $\binom{n}{3}$가 $n > 3$에서 등차수열을 만든다면 n의 값은?

어쨌든 보기를 든 위의 문항은 교실에서 많은 생각을 하게 한다. 보통 교실에서는 한 계산문제를 모든 학생이 똑같은 절차(방법)로 시간도 거의 같게 맞추는 전형적인 판에 박힌 알고리즘의 산출을 강조한다. 즉 모든 학생들의 생각하는 방법과 답지가 같아야 한다. 문제해결자가 이 계산문제를 푸는데 가치있고 유용하다는 느낌을 가지지 못한다. 위의 문항은 학생들이 자기가 사용하는 계산절차는 그 문항을 계산하는데 유용하고 효율적이고 문제 상황에 적절한지를 느끼게 한다.

대부분 교사들은 학생들이 기계적으로 계산하는 것을 몹시 싫어하며 학생들에게 "왜 계산절차가 의미를 가지는가?" 또는 "계산 속에 있는 개념을 연결하면서 계산절차를 완성하여라."라고 늘 강조한다. 그러나 학생 쪽에서 보면 '늘 하시는 말씀이겠지…'하며 교사의 강조를 무시한다. 다음은 춘천지역에서 고등학생이 이 점을 어떻게 생각하는지 필드 연구를 한 것이다.

연구자 : 미분계수를 배웠어요?

학생 : 예

연구자 : 그러면, 다음 식에서 미분계수를 구해보세요.

$$\text{함수 } f(x) = \frac{1}{4}x^2 + 1,\ f'(-1)?$$

학생 : 교과서에서 이런 보기를 배웠어요.

$$f'(-1) = \lim_{x\to -1} \frac{\left(\frac{1}{4}x^2 - 11\right) - \left[\frac{1}{4}(-1)^2 + 1\right]}{x-(-1)} \quad \cdots ①$$

$$= \lim_{x\to -1} \frac{\frac{1}{4}x^2 - \frac{1}{4}}{x+1} = \lim_{x\to -1} \frac{1}{4}(x-1) \quad \cdots ②$$

$$= -\frac{1}{2} \quad \cdots ③$$

연구자 : 좋아요. 그러면 ①의 의미가 무엇이지요? 또 ③의 의미를 계산기(수치

해석)로 설명하세요.

이후 많은 대화가 이루어졌다. 문제는 $-\frac{1}{2}$의 개념적 이해를 잘하지 못하였다. 즉 기하학적으로 어느 정도 설명을 하는 듯 했으나, 계산기를 활용하여 수치 해석적으로 의미를 설명하는 데는 손을 대지 못하였다. 이러한 기계적인 계산은 미분계수를 활용한 다른 문제해결에서 도움을 주지 못한다. 이후 우리는 물레방아 모델을 이용하여 구체적으로 삼각함수를 모델링하여 제시했다.

$$\text{함수 } y = f(x) = \sin x,\ x = \frac{\pi}{6},\ f'\left(\frac{\pi}{6}\right)?$$

학생에게 $f'(x)$의 공식을 주었기 때문에 학생은 지루한 계산절차를 피하게 하였다. 질문은 $x = \frac{\pi}{6}$에서 미분계수를 구하는 계산과정이 없으므로 가능하게 답의 뜻을 말하도록 했다.

연구자 : $f'(x)$에 관한 공식을 읽고, $f'\left(\frac{\pi}{6}\right)$를 구하세요.

학생 : 계산할 수 있어요. …[생략]

연구자 : 그 의미를 위에서 모델링한 물레방아 모델의 운동에 연결해서 설명하세요.

학생 : ….

물론 수학을 이 학생보다 훨씬 잘하는 학생을 표본으로 선정했다면 이런 간단한 질문에 잘 답했을 것이다.

지금까지는 절차적 지식과 절차 밑에 숨어 있는 개념적 지식의 연결은 매우 중요하며, 대부분의 수학교사는 이점에 동의를 한다는 것을 말했다. 그러면 "측정·평가는 어떻게 하는냐?"라는 의문이 있다. 이것의 답은 위에 나열한 4번째 문항 "… $4 \times 3 = 12$의 뜻을 잘 모르겠다고 한다. [생략]"이 잘 설명하고 있다.

절차적 지식 중에 가장 중요한 것은 계산절차임을 잘 이해하는데 이 계산과 밀접한 관련이 있는 지식이 어림활동(estimation)이다. 어림활동은 아무리 강조해도 부족하다. 일상생활에서 살아가면서, 수학을 더 공부하면서 매우 중요한 계산 기술을 제공한다. 앞의 문항 첫 번째, 두 번째가 어림활동을 잘 말해준다. 실생활에도

- 한 시간 식품가게에서 산더미처럼 식품을 산 다음 오늘 대략 얼마를 샀지?
- $1955 \div 19$를 계산해야 하는데 암산으로 대략 답이 몇 자리 정수일까?

• 고등학교 적분계산에서 학생들은 계산기로 근사값을 계산한다. 왜냐하면

$$\int_a^b f(x)dx$$

을 리만 합 $\sum_{k=1}^{n} f(t_k)\Delta x_k$로 어림해야 하기 때문이다. 이를테면,

$$f(x) = \frac{1}{x},\ 1 \le x \le 2$$

에서

왼쪽 합 $\int_1^2 \frac{1}{x}dx \approx \frac{2^{-1}}{10}\left[\frac{1}{1}+\frac{1}{1.1}+\cdots\ \frac{1}{1.9}\right] \approx 0.71877$

오른쪽 합 $\int_1^2 \frac{1}{x}dx \approx \frac{2^{-1}}{10}\left[\frac{1}{1.1}+\frac{1}{1.2}+\cdots+\frac{1}{1.9}+\frac{1}{2}\right] \approx 0.6877$

중간 합 $\int_1^2 \frac{1}{x}dx \approx \frac{2^{-1}}{10}\left[\frac{1}{1.05}+\frac{1}{1.15}+\cdots+\frac{1}{1.95}\right] \approx 0.6928$

이후, 어림으로 중간 합이 참값에 가장 근접한다는 것을 이해한다. 즉 소수점 열 번째 자리까지 계산하면 오차의 어림값은 다음과 같다.

$$0.0000031250$$

위의 세 가지 교실활동을 나열하였지만 이들 사례는 어림활동이 개념적 지식, 절차적 지식을 얻는데 얼마나 중요한지를 말해준다. 고등학교 학생들은 어림계산 없이 해석분야의 지식을 얻는 것은 어렵다는 것을 안다. 또다른 어림이 실생활에 활용이 되는 보기를 위의 '강아지 꾸미기' 문항에서 엿볼 수 있다. 10,000원 이하로 여러 가지의 조합을 생각하는데 어림기술은 효과적인 사고를 할 수 있게 한다.

위에서 절차적 지식은 개념적 지식을 얻는 데 중요하다는 결론을 얻었다. 마찬가지로 절차적 지식은 문제해결을 하는데 없어서는 안 될 기술이다. 이를테면,

소를 방목하고 있는 김○○씨는 직선형으로 동쪽으로 흐르는 강에서 남쪽으로 4km 떨어진 지점에 있다. 또 그의 집에서 보면 그의 위치는 서쪽으로 8km, 북쪽으로 7km 떨어져 있는 셈이다. 그는 소를 강에 데려가 물을 먹인 다음에 집으로 데려가려 한다. 그가 이동할 수 있는 가장 짧은 거리는? (답: 17km)

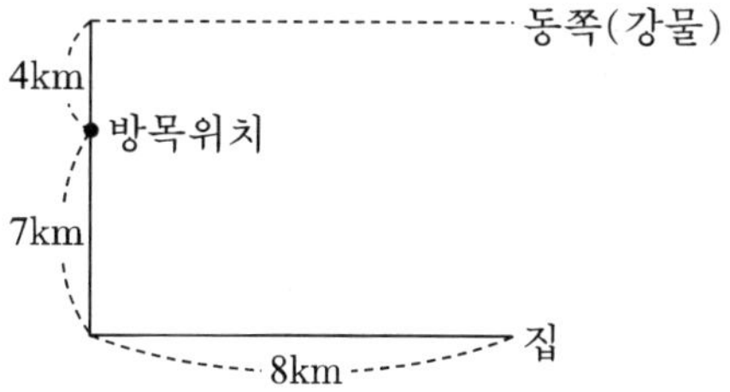

이 문제는 피타고라스 정리만 알면 개념적 지식 '가장 짧은 거리'를 이용하여 풀 수 있는 문제로, 우수한 문제해결의 전략을 활용하는 연습을 할 수 있지만, 이를 뒷받침할 수 있는 계산 기술이 문제이다. 학교현장에 가서 필드 연구를 하다보면 문제해결의 전략과 해결순서를 정확히 알고 있는 학생들이 계산이 어려워 답을 정확히 산출하지 못하는 경우를 자주 본다. 앞의 소를 방목하는 문제와는 다른 관찰을 할 수 있다.

실세계의 응용이 없는 순수 수학적인 문제해결에서도 이러한 현상을 자주 본다.

• θ는 상수이고 $0 < \theta < \pi$, $x + \frac{1}{x} = 2\cos\theta$를 만족한다. 임의의 양의 정수 n에 대하여

$$x^n + \frac{1}{x^n}$$

의 값은 다음 중 어느 것과 같은가? (답: $2\cos n\theta$)

① $2\cos\theta$ ② $2^n\cos\theta$

③ $2\cos^n\theta$ ④ $2\cos n\theta$

⑤ $2^n\cos^n\theta$

• 그림의 삼각형 ABC에서 $\overline{AD}$와 $\overline{AE}$는 각 BAC를 3등분한다. $\overline{BD}$, $\overline{DE}$, $\overline{EC}$가 각각 2, 3, 6이라면 삼각형 ABC의 가장 짧은 변의 길이는 다음 중 어느 것인가? (답: $2\sqrt{10}$)

① $2\sqrt{10}$ ② 11

③ $6\sqrt{6}$ ④ 6

⑤ 유일하게 정해지지 않음

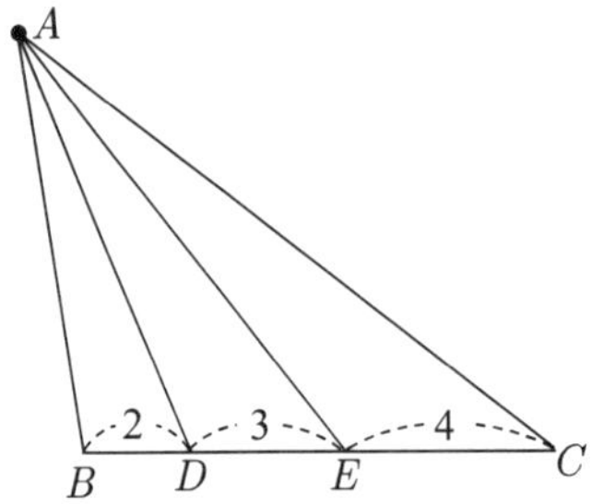

위에서 첫 번째 문제는 복잡한 계산절차가 필요함을 미리 예측할 수 있기 때문에 계산의 필요성을 스스로 느낄 수 있다. 드모르간 정리

$$x^n = \cos n\theta \pm i \sin n\theta$$

를 이용할 수 있는 계산문제이다. 그러나 두 번째 기하문제는 예상보다 훨씬 복잡한 계산절차를 요구한다. 이들 계산은 삼각형 ADB, AED, ACE에서 코사인 법칙을 이용하여 이루어진다. 이와같이 계산적 절차 지식은 개념적 이해나 문제해결에 대한 지식을 얻는데 매우 중요한 역할을 한다.

(2) 개념적 지식과 측정

새로운 성취도 측정·평가 – 월말고사, 기말고사, 모의고사, 수능고사는 개념적 지식에 대한 문항으로 개념의 정의 말하기, 개념의 예와 반례에 해당하는 보기선택, 개념에 해당하는 연습문제를 하나 또는 두 개 정도 사용한다. 그러나 주로 개념형성의 결과만을 재는 단답형 문제가 주가 된다. 학생의 개념적 지식, 즉 개념적 이해를 재는 데는 1개의 연습문제를 푸는 것으로 어림없다. 이들 이외에 개념에 알맞은 보기문제를 생성한다든지, 여러 개념들 사이의 차이점을 비교한다든지, 개념에 대한 다양한 소재로 해석을 해야 한다든지 다양한 표현(식을 기호, 그래픽, 언어로 표현)을 이용하여 개념을 설명해야 한다. 개념적 이해에 해당하는 이들 활동은 그 개념의 복합적인 활용(응용), 개념이 활용된 절차의 이해, 추론과 문제해결의 전략설계 등을 위해서는 꼭 필요한 능력이다. 이러한 깊은 개념적 이해는 수학적 지식을 효과적으로 의사소통하는데도 필요하다. 교실에서 교사는 자기 학생들이 개념을 넓고 깊게 이해해주기를 원한다. 왜냐하면 직장생활을 하거나 수학을 많이 활용하는 연구활동을 하는데 이런 태도는 매우 중요하기 때문이다. 다음 간단한 에피소드를 생각하자.

- 물리학자 앙페르(Ampère, 1775~1836)는 200년 전에 처음으로 "평균치 정리"라는 용어를 사용했다. 함수 $f(t)$를 t시간에 x축 위에 어떤 물체의 위치라고 하면 구간 $[a, b]$에서 그것의 평균속력은 다음과 같다.

$$\frac{f(b)-f(a)}{b-a}$$

따라서 이 정리에 의하면 구간 $[a, b]$에서 평균속력은 구간 (a, b)에 속하는 어떤 점 c에서 속력 $f'(c)$이다.

- 박○○씨는 서울에서 중부고속도로를 이용하여 대전 가까이 있는 ○○도시에 출장을 갔다. 서울 ○○지점에 있는 톨게이트에서 오전 11시에 티켓을 받고 대전 근방의 톨게이트에 정오 12시에 도착하여 온 거리 80마일에 대한 도로 사용료를 지급하였다. 바로 얼마 후에 그 자리에 있던 경찰이 속도위반으로 벌금티켓을 부과했다. 왜냐하면 규정 속도가 55마일이기 때문이었다. 박○○는 정말로 이 고속도로에서 속도를 위반했을까?

사실 위와 같은 사건은 우리 실세계에서 자주 겪는 일이다. 이 사건은 학생들의 평균치 정리에 대한 개념적 이해가 충분히 되었을 때 쉽게 풀 수 있는 것이다. 앙페르의 정리에 의하여 $f(t)$를 박씨가 오전 11시 이후에 t시간 동안 여행한 거리를 나타낸다고 하면

$$\frac{f(1)-f(0)}{1-0}=\frac{80-0}{1-0}=80$$

이다. 이 경우 f는 미분 가능한 함수라고 전제하지만 구간 $(0, 1)$ 사이의 어떤 지점 c에서 $f'(c)=80$, 즉 $f'(c)$는 시간 t에서 자동차의 속력이기 때문에 그는 80마일 속력으로 달렸다는 의미이다. 학생이 교실에서 교과서 있는대로 평균치 정리를 식으로 이해한다면 깊고 넓은 개념적 이해는 얻을 수 없다.

당연히 이런 특징을 가진 개념적 이해를 측정·평가하는 것은 교사의 중요 업무가 되었다.

- 5월 ○○일 외계인이 처음 지구를 방문하고 우리의 수 조직을 무척 신기해 한다. 그는 "5에다 29를 더하면 529인가?" 라고 질문한다. 이 질문에 답하여라. 이유는?

- 다음 그림에서 $\frac{1}{4}$를 표시하여라. 여러 그림을 그리면서 각 그림에서 $\frac{1}{4}$에 해당되는 넓이를 칠할 수 있다. 이때, 답을 한 이유를 말하여라.

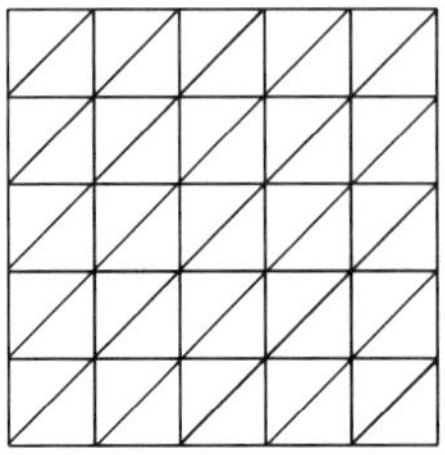

- 다음 두 도형의 비슷한 점과 차이점을 말하여라.

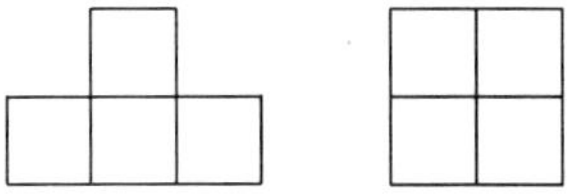

- 좌표평면에 직사각형의 한 꼭짓점이 원점에, 변은 x축, y축에 놓여있는 그림이다. 직사각형의 대각선이 합동임을 어떻게 보일까? 이유를 설명하여라.

위의 측정·평가문항은 대안측정에서 개념적 이해를 묻는데 이용되는 것이다. 두 번째 문항은 교과서에는 모눈종이 $\frac{1}{2}$을 색칠하고, 분수 $\frac{1}{2}$의 개념을 묻는 전통적 문항을 수정한 것이고, 네 번째 문항은 개념 "직사각형에서 두 대각선은 합동이다"를 단순하게 묻는 것을 지양하고 여러 방법으로 합동을 설명하는 것이다.

이러한 문항을 제시한 이유는 개념적 이해의 특성 때문이다. 학생들은 개념은 물론이고 그 개념이 절차적 지식, 추론과 문제해결까지 연결하는 활동을 보일 때 개념적 이해에 들어간다고 본다. 고학년으로 갈수록 이러한 개념적 이해를 묻는 문항을 만들기가 쉽지 않다. 다음 문항은 어떤 개념의 이해를 묻는 것인데, 가능하게 추론과 문제해결을 포함했다.

- 그림은 함수 f, g의 그래프이다. $\lim_{x\to 0^+} g(x) = \infty$일 때 다음 극한을 계산하여라.

$$\lim_{x\to 0^+}\frac{f(x)}{g(x)},\quad \lim_{x\to a}\frac{f(x)}{g(x)},\quad \lim_{x\to b^-}\frac{f(x)}{g(x)}$$

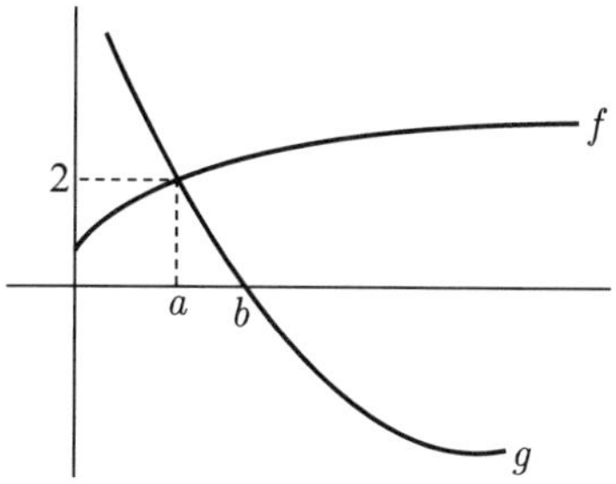

(1) 각 극한을 계산하여라. 이유는?

(2) 모눈종이에 $\lim_{x \to 1^-} \frac{h(x)}{j(x)} = 1$가 되는 두 함수 h, j의 그래프를 그려라.

• 아래 그림은 함수 f, g에 대한 그래프이다. $h(x) = g(x+c)$이고, c는 상수이다. 다음 관계가 성립하는 c의 어림값을 말하고 그 이유를 설명하여라.

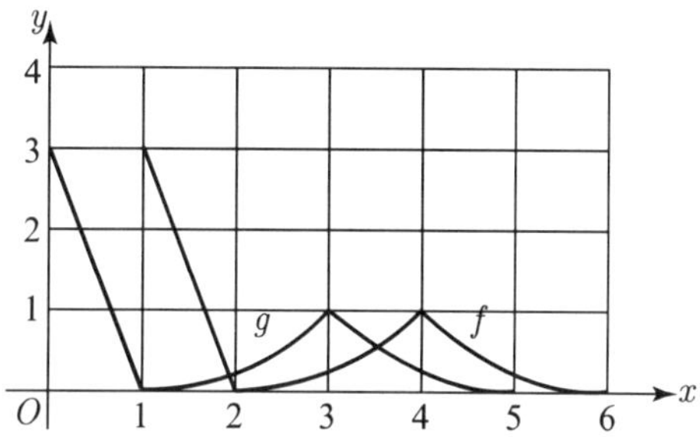

(1) $h = f$ (2) $h(1) = 2$

앞에서 지적한대로 고등학교의 고학년에서 볼 수 있는 개념을 단순하게 묻지 않고 다른 여러 개념, 절차, 추론, 문제해결과 연결하여 개념적 이해를 묻고 있다. 이렇게 해서 얻은 개념적 지식은 문제해결에 탁월한 기능을 발휘한다. 최근에 이해를 문제해결 속에서 찾아야 한다는 논리가 설득력 있다. 이를 위해 다음 문항을 풀어보자. 개념적 이해를 위한 추론과 문제해결이 포함되어 있는지 조사하여라.

a가 양의 정수이고, 집합 S가 다음 조건을 모두 만족하는 좌표평면 위의 모든 점의 집합이다.

(1) $\frac{a}{2} \le x \le 2a$ (2) $\frac{a}{2} \le y \le 2a$

(3) $x + y \ge a$ (4) $x + a \ge y$

(5) $y + a \ge x$

집합 S의 경계는 몇 개의 변을 가진 다각형인가?

① 변 3개 ② 변 4개

③ 변 5개 ④ 변 6개

⑤ 변 7개

이 문제해결(중 3학년 수준)에서 목표가 되는 개념적 지식은 변이 6개인 다각형이지만, 다각형을 얻기 위해선 A, B, C, D, E에 알맞은 식의 그래프를 그리는 절차적 지식, 수학적 개념 그래프, 두 그래프의 교점, $\geq$과 $>$의 차이, 집합 등 추론과 문제해결이 연결되어 있는지, 특히 이 문제에 알맞은 전략(그래프 그리기)창출 등이 연결되어 있다. 만일 교실에서 "다음 도형은 변이 ( )개인 다각형인가?" 라는 보기 하나로 다각형의 개념을 배웠다면 그는 많은 개념, 절차, 추론과 문제해결의 전략이 연결되어 있는 문제 장면을 대했을 때는 갑자기 모든 것이 새롭게 보여 "이런 다각형에 관한 것은 배우지 않았는데요."라고 답변한다. 즉 이 과제에서 다각형에 관한 질문은 알맞지 않다라고 생각한다. 그러나 우리 생활에서 대하는 어려운 문제(질문)는 단순히 교과서에 있는 개념적 지식을 묻는 질문이 아니고 추론과 문제해결이 포함된 과제이다.

또, 전통적인 개념적 이해의 수업에서 의사소통이 매우 부족하다.

교실의 수학수업에서 개념수업은 학생과 학생, 학생과 교사 간의 토론이 없이 진행될 수 없다. 혼자 조용히 교사의 설명과 지시활동을 수행하는 학생은 개념적 이해가 매우 더디게 나타난다고 한다. 자기 생각을 발표하고 확인하는 분위기가 있을 때, 수학적인 아이디어가 교환이 된다. 동료들과 다음 문제를 어떻게 풀까 를 토론하여라. 그리고 완전한 해를 얻을 때까지 어떤 대화가 이루어졌는가 를 정리해보자. 어떤 점이 관찰되었는가?

다음 그래프는 바다에서 $t=0$일 때 파도의 움직임을 나타낸 것이다. 1초 후 파도가 그리는 곡선은 다음 그래프로 나타내어진다.

$$f_t(x) = f(x-t)$$

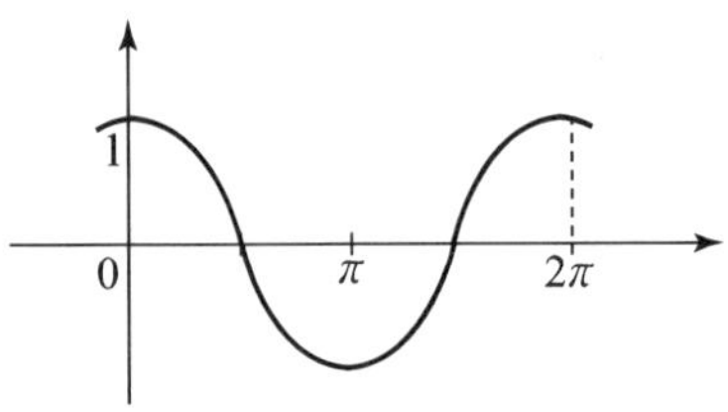

그래프 용지에 f_1, f_2, f_4를 그려라. 이 곡선(파도)은 왼쪽으로 이동하는가? 또는 오른쪽으로 이동하는가?

이 문제는 곡선의 평행이동이라는 개념적 지식을 단순하게 묻지 않고, 추론과 가능한 문제해결이 연결이 되도록 변형한 문제이다. 친구와 같이 의사소통을 하면서 문제를 푸는 동안 학생들은 자기가 부족한 아이디어를 보충받는다.

교실에서 인터뷰는 학생들의 개념적 지식과 문제해결의 추론 등에 대한 통찰을 얻는데 종종 사용된다. 연필 - 종이로 이어지는 문제해결에서는 학생들의 이해가 숨겨져 있어서 교사는 답지를 보고 아마 이해했을 것이라고 추측하거나 오류로 짐작한다. 특히 학생들이 오답을 했을 때 어떤 개념의 이해부족인지 판단하기가 쉽지 않다. 그들이 잘못된 추론을 하면서 정답을 산출했을 때 쓰인 답지만 보고는 정확히 사고과정 또는 개념이나 전략은 짐작할 수가 없다. 이와 같이 인터뷰는 학생들의 사고방법 또는 추론방법을 깊이 들여다보는 데, 그들의 이해수준을 알아보는 데, 잘못된 개념연결 또는 오류개념을 이해하는 데, 수학적인 지식을 의사교환 할 수 있는 언어적 능력을 측정하는데 매우 유용하다. 반면 인터뷰를 이용한 측정·평가는 시간이 많이 걸리는 약점이 있다. 그러나 이러한 방식으로 얻은 학생들에 대한 정보는 다음 수업에서 학생들의 지적 약점을 보완시켜주는데 이용된다.

다음은 이해에 관련된 문항이다. 이 문항은 전통적 성취도 테스트의 이해문항이기 때문에 이를 대안측정 문항으로 변경하여라. 또 문항에 포함된 개념적 지식을 말하고 추론과 문제해결이 들어 있는지 토론하여라.

- 다음 4개의 그래프는 f, g, $f+g$, fg를 나타낸다. 이 4개의 함수는 다음 그래프 중 어느 것인가?

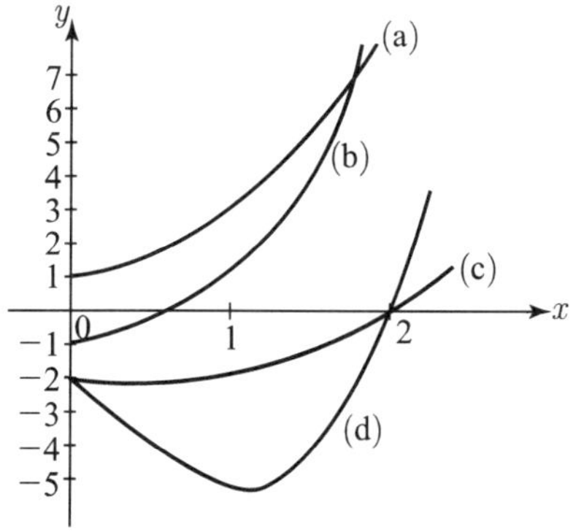

• 함수 f의 그래프는 그림과 같다.

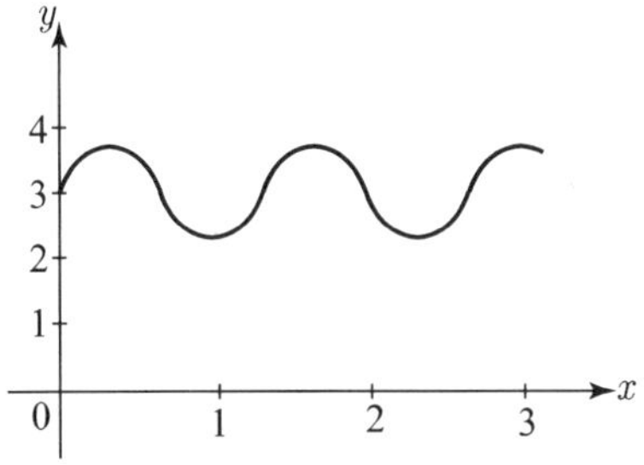

(1) 함수 $g(x)=f(2x)$일 때, $g(x)$의 그래프를 그려라.

(2) 함수 $h(x)=f\left(\dfrac{x}{2}\right)$일 때, $h(x)$의 그래프를 그려라.

다음 문항은 개념적 지식에 연결된 추론의 특이한 형태를 나타내고 있다. 이 문항은 개념적 지식을 묻는 문항이라기보다 문제해결에 관한 문항으로 분류함이 마땅하다.

두 개의 합동인 직각삼각형$(30°-60°-90°)$이 빗변을 공통으로 하고 부분적으로 겹쳐 있다. 각 삼각형의 빗변의 길이가 12이면 두 삼각형의 겹친 부분의 넓이는 얼마인가?

교사 : 그림을 그려 생각할 수 있어요?

학생 : 예. 빗변이 겹치고, 또 부분적으로 겹치니까

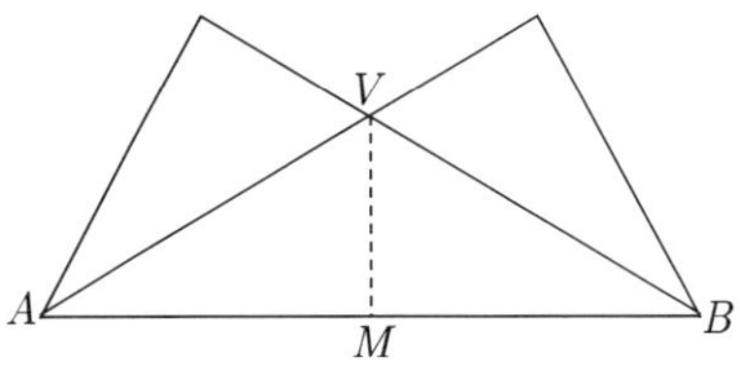

이렇게 되지요.

교사 : 잘 그렸어요. ΔABV의 넓이를 구하는 문제인데….

학생 : 높이 VM을 구해야 하는데, … M이면 변 AB의 중간일 것 같아요. 그러면 변 VM의 길이$=2\sqrt{3}$이고, 넓이는 $\dfrac{1}{2}(12)2\sqrt{3}=12\sqrt{3}$이지요.

이 학생은 대부분 좋은 추론을 하면서 정답을 얻었으나 점 M이 변 AB의 중간임을 추론하지 못하였다. 왜 변 AB의 중점일까? (생각하여라.)

인터뷰를 하기 전에 어떤 학생을 선택할 것인지는 인터뷰 목적에 따라 다르다. 측정·평가일 경우에는 하루에 3~4명으로 모든 학생을 인터뷰하는 데 시간이 걸리지만 교사가 오늘 가르친 내용을 학생들은 어떻게 이해할까 에 관심이 있다면 우수학생, 중간수준의 학생, 부진학생 중 자기의사표현을 즐기는 학생 1~3명을 선택한다. 또 인터뷰 시간과 장소는 정해진 바 없고, 도서관이나 교사 연구실에서 시간과 장소를 정하여 하는 경우는 공식적이지만, 대부분 학생을 수업 중 또는 자율학습 도중에 그들의 문제풀이 과정에서 자연스럽게 인터뷰한다. 주의할 점은 다른 학생이 볼 때 교사의 인터뷰는 그 학생에게 가치 있는 것으로 인식이 되게 처신해야 한다. 인터뷰 중에는 학생이 생각하고 있는 것이 무엇인지 "생각을 크게 말하여라."와 같은 말은 자주하면서 질문을 던진다.

일단 질문을 던진 다음에는 학생이 깊이 생각할 수 있는 시간을 주어 참된 생각을 하도록 한다. 때로는 그들은 빨리 그 자리를 피하기를 원해서 대강 답변하는 경우가 많다. 학생이 대답을 할 경우 "왜 그렇게 생각하는가?"를 꼭 묻도록 한다. 인터뷰 목적은 학생들이 깊이 생각하는 것, 이해하는 방법 등을 묻기 때문에, 가르치려 하지 말고 답을 주지 말고 너무 구체적인 힌트를 주는 것을 피해야 한다. 학생이 말하는 것을 녹음해두면 여러 가지 편리한 점이 많다. 학생이 그림, 표, 계산기 사용을 했다면 회수하여 참고자료로 삼는다. 인터뷰가 끝난 다음에는 자료를 정리하여 부족한 정보는 다른 학생을 다시 인터뷰하는 계획을 세우고, 여러 정보 중에 일관성 있는 대답을 정리하여 수업에 활용한다.

(토론) ○○교사는 학생들이 문장제를 해결할 때 어떤 그림, 표, 구체물을 동원하여 문제구조를 파악(이해)하는지 알려고 한다. 다음 문제풀이를 인터뷰하고 교사의 목표에 대한 정보를 수집하여라.

원형의 육상트랙이 있어 두 사람 A, B는 트랙의 한 지점 P에서 방향을 반대로 돌기로 했다. A의 달리기 속도는 1초당 5m, B는 9m이고, 두 사람은 같은 시간에 점 P를 출발하여 다시 점 P에서 만날 때 경주를 끝마치기를 하였다. 출발지점과 끝나는 지점을 제외하고 그들이 만나는 회수를 말하여라.

보통 개념적 이해, 즉 함수 경우를 들어보면 세 가지 요소가 긴밀하게 연결이 될 때 개념적 이해가 이루어진다고 한다. 이를 간단히 표현하면 다음과 같다.

함수개념(수학내용) ↔ 기호표현 ↔ 직관적 표현(그림, 표 등)

↕

문제응용 또는 활용(실세계 문제 장면, 기하대수적 문제 장면)

이들 네 요소는 서로 밀접하게 관련되어 있기 때문에 어느 하나를 소홀히 생각할 수 없다. 그런데 문제응용 단계는 단순한 응용장면과 복합적인 응용장면으로 나누어지며, 사실 복합적인 응용장면은 문제해결에 해당된다. 보통 학교에서 개념적 이해를 했다하면 단순한 응용까지를 말한다. 이를 테면 극한에서 보기를 들면 다음 그림이 적당하다.

다음 그래프 중에서 $x=2$에서 극한을 가지는 함수는 어느 것인가?

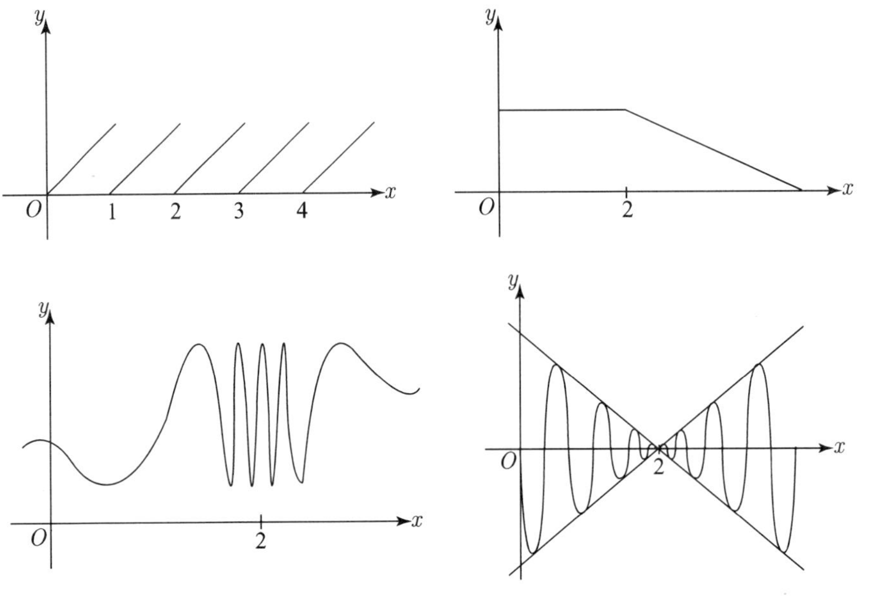

마찬가지로 극한에 대한 개념적 이해에서 복합적인 응용장면은 많이 있지만 다음은 그들 중 하나일 것이다.

- 강에서 20m 높이에 있는 다리에서 공중으로 돌을 던졌다. 초기속도가 1초당 4m일 때, 1초, 2초 후 돌의 속도를 계산기로 계산하여라.

- 집의 잔디밭 위 40m의 높이에 있는 발코니에서 공을 던졌다. 던진 후 1초 후에 속력을 재어보니 −9.8m/초였다. 만일 발코니 높이가 80m라면 처음과 두

번째 던지는 사건의 초기 속력은 서로 다른가? 필요하면 계산기를 사용하고, 답의 이유를 말하여라.

위에서 극한의 개념적 이해를 측정하는 문항으로 두 문항을 제시했지만, 이를 문항으로는 부족함을 느낄 것이다. 두 문제 모두 중요한 원리 "갈릴레오의 속력실험"을 알아야 하고, 미분의 개념, 속도의 개념, 함수값의 개념 등 여러 가지 노드(node)를 긴밀하게 연결하지 않으면 극한 개념을 이해하기 어렵다. 여기서 계산기 사용은 극한을 이해하는데 필요한 도구였다. 다시 말하면 개념적 이해를 하는 데는 계산기 도움이 매우 크기 때문에 계산기 이용은 학생들의 계산활동을 위축시키고 수학적 사고를 방해한다는 생각은 지나친 것이다.

한 초등학교에서 실험한 연산(나누기)의 개념적 이해과정을 알아보는 인터뷰 내용을 알아보자.

교사 : 나눈다는 의미를 알고 있어요?

학생 : 잘 모르겠어요.

교사 : '21 ÷ 3 = □'을 읽어보세요.

학생 A : 21개의 사과를 3사람이 나누어 가진다는 뜻인데요.

교사 : 여기 구체물 나무토막이 있어요. 답을 어떻게 계산했는지 이걸로 보여줄 수 있어요?

A : [그는 나무토막으로 8개씩 두 집합으로 5개를 한 집합으로 분리한다.]

교사 : 답은 얼마에요?

A : 8.

교사 : 어떻게 알았어요?

A : 왜냐하면 이쪽 집에 8개 들어 있으니까 답은 8입니다.

교사 : 이 계산에 관련된 문제를 상황을 말해봐요.

A : 네, 21개 조각에 있고 나눈 3개를 가집니다.

이번에는 다른 학생 B와 인터뷰를 시도한다. 인터뷰 소재는 학생 A가 했던 과제이다.

교사 : 나눈다는 뜻을 알아요?

B : 음…. 곱셈과 비슷한 것이지요.

교사 : '21 ÷ 3 = □'를 읽어보세요.

B : 이십일 나누기 삼.

교사 : 여기 나무토막이 있어요. 이 나무토막을 사용하여 답을 하든지 또는 암산으로 해보세요.

B : 7.

교사 : 어떻게 답을 구했어요.

B : [손가락으로 세면서…] 세 개, 여섯 개, 아홉 개, 열두 개, 열다섯 개, 열여덟 개, 스물한 개.

교사 : 다른 학생에게 나무토막을 이용하여 어떻게 답을 구했는지 보여주세요.

B : 잘 몰라요.

교사 : 실생활에서 21÷3을 이야기 문제로 만들 수 있어요?

B : 영희는 21개 사과를 가지고 있고, 영수는 3개를 가지고 있다.

위의 인터뷰에서 몇 가지 질문을 조사해보자. 다시 말하면, 이 두 학생은 실세계 소재, 구체물(또는 그림), 상징적인 표현들 사이의 연결을 만들었는가, 그들 지식을 충분히 의사소통할 수 있는가 등이다. 두 어린이 모두 좋은 연결을 만들지 못하였다.

[토론] 다음은 실세계 문제 장면이다. 이 문제 장면에 연결되는 수학적 개념을 하나 말하고 물음에 답하여라.

경기도 ○○지역은 1970년에 인구가 34703명이었다. 1980년에 44485명이었다. 인구학자들은 이 지역의 인구증가는 모델 $p(t)=ae^{bt}$, a, b는 상수를 따른다는 결론을 얻었다. $t=0$일 때, 인구를 1970년의 인구로 생각한다면 2000년의 인구를 어림하여라.

(1) 학생은 이 문제 장면과 직접 관련이 있는 수학적 개념과 이 장면과 연결을 잘하는가?

(2) 학생은 그 개념을 그림 또는 표등으로 잘 연결하여 설명하는가?

(3) 학생은 그 개념을 기호로 표현했을 때 기호를 구체적 활동으로 설명이 가능한가?

[토론] 다음은 이해에 관련된 문항이다. 어떤 개념에 대한 이해인가?

• 높이 h_0인 곳에서 모래에 떨어진 공의 높이는 다음 그림에 있다.

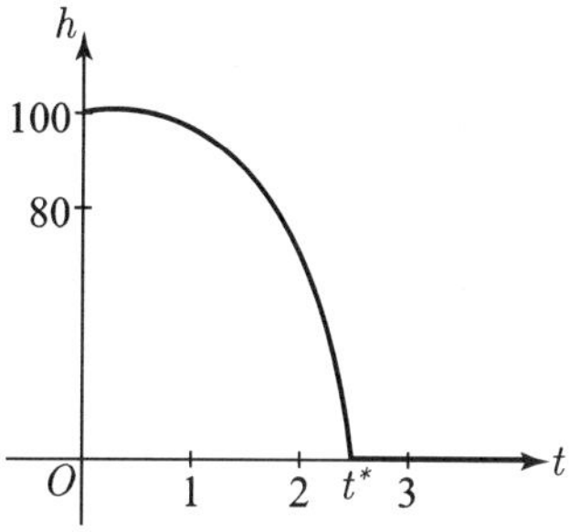

(1) h_0의 값을 어림하여라.

(2) 왜 시간 $t \geq t^*$에서는 그래프가 t축에 평행한가?

(3) 만일 테니스 공이 같은 높이 h_0에서 판자로 된 마루에 떨어진다면 공의 떨어지는 높이는 어떤 그래프 모양인가? 대강 좌표평면에 그려라.

• 다음에는 2개의 함수 그래프가 있다(그림 a, b)

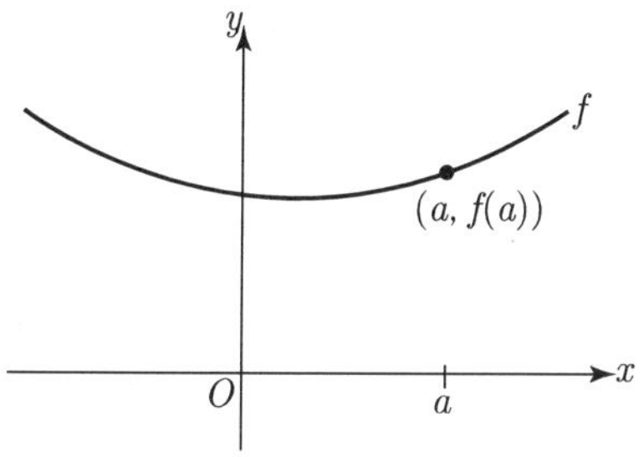

그림 a

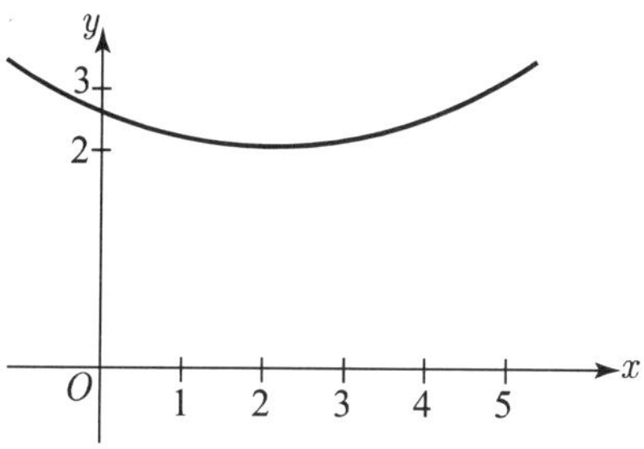

그림 b

(1) 그림 a에서 점 $(0, 0)$과 점 $(a, f(a))$를 연결하는 직선의 기울기를 식으로 나타내어라.

(2) 그림 b에서 두 값 $\dfrac{f(2)}{2}$, $\dfrac{f(5)}{5}$ 중에 어느 것이 큰가? 이유를 설명하여라.

(3) 문제해결과 전략의 측정

보통 교실에서는 문제해결의 시간을 일 년의 수업활동에서 60% 이상을 배정한다. 몇 개의 수업 장면을 검토한 결과 대략 다음과 같이 진행함을 알았다.

(개념활동) 미분계수

계산기를 이용하여 다음 함수에 대해

$$\frac{f(x)-f(2)}{x-2}$$

의 값을 $\begin{cases} x=1.9,\ 1.99,\ 1.999 \\ x=2.1,\ 201,\ 2.001 \end{cases}$에서 계산하고 점 $(2,\ f(2))$에서 f 그래프에 대한 접선의 기울기를 예측하려 한다.

(1) $f(x)=\tan\left(\frac{\pi}{2}x\right)$

(2) $f(x)=\frac{x^2-4}{x^2+1}$

(문제해결활동) 미분계수

인공위성을 실은 로켓이 수직으로 공중에 쏘아 올렸다. t분 후 로켓의 높이 $f(t)$는

$$f(t)=2t^2+1,\ 0\le t\le 3$$

과 같이 나타낸다. 구간 $(2,\ t)$에서 이 로켓의 평균 속도를 나타내어라. 그리고 $t=2$에서 그것의 속도를 예측하여라.

두 문제는 같은 개념인 미분계수를 학생들이 얼마나 이해하는지 그리고 첫 번째 문제의 이해를 바탕으로 두 번째 문제해결에 어떻게 영향을 주는지 관찰할 수 있는 문제군이다. 만일 학생이 재대로 미분계수의 개념적 이해를 했다면 뒤의 문제해결은 쉬워질 것이다. 다시 말하면 앞의 이해에서 반영적 활동과 좋은 개념망을 경험한 학생은 뒤의 문제해결에 쉽게 이들을 전이할 수 있으리라. 두 과제에서 안정적으로 학습한 미분계수 $f'(x)$는 다음 도전적인 문제

2m 길이의 철사를 두 조각으로 잘라 한 조각은 정사각형을 만들고 나머지 조각은 원을 만들었다. 정사각형의 넓이와 원의 넓이의 합이 다음과 같을 때 원의 반지름을 계산하여라.

(1) 최소 (2) 최대

에서 비로소 그 가치를 가진다. 그러나 학생들은 미분계수의 개념을 알고 있다 해도 변수 x, 함수 $f(x)$를 식으로 나타내지 않으면 해결을 할 수 없다. 또, 이 문제해결에서 '계획세우기'도 이 문제의 해결에 중요한 역활을 한다. 이 문제의 해결

은 두 가지의 정신모드와 관련 있으며, 하나는 계획세우기(일종의 전략)로 "철사로 정사각형과 원을 만들어 넓이를 구한 다음에 알맞은 넓이의 식을 세워 $f'(x)$를 구한다."이고, 다른 하나는 "$f'(x)$를 구하여 최소와 최대에 관련시킨다."일 것이다.

고등학교 2학년 수준에서 위 문제해결은 단순한 수준인지 또는 고난도 수준인지 학교마다 기준이 다르기 때문에 이 문제를 교과서 타입이 아닌 비교과서 문제로 생각하는 학교에서 우리의 논의가 진행된다.

교사는 처음에 이해활동으로 들어가서 학생들과 함께 문제해결에 가장 핵심이 되는 개념을 복습한다. 학생들이 개념의 이해를 잘했을 때는 문제해결이 쉬워진다. 문제해결에 들어와서는 교사 자신이 의식하지 않아도 '문제이해 – 계획세우기 – 해결과정 – 반성(검토) 과정'을 거친다.

위의 두 번째 문제는 속도개념만 이해하면 바로 "어떻게 풀어야 하는가?"라는 계획이 나온다. 즉 속도 $v(t)$에서

$$v(t) = \lim_{t \to 1} \frac{f(1) - f(2)}{t - 2}$$

으로 계산이 되기 때문에 이 문제해결에서는 크게 계획을 세울 필요는 없다. 그러나, 세 번째 문제는 문제구조가 복합적이면서 계획세우기는 문제해결의 핵심이다. 학교에서 세 문제와 똑같은 문제를 만들어 측정·평가를 했다면 객관식 또는 주관식으로 처리하고 만점 또는 영점을 줄 수 있다. 대안평가 입장에서 보면 교사는 학생들의 문제해결의 전략, 구조 파악의 능력과 방법, 풀이과정에서 자신의 모니터링하는 과정 등을 놓칠 수 있다. 이러한 평가자료는 앞으로 수업과 평가를 하는데 없어서는 안 될 소중한 정보이다. 또 평가시스템을 개선하기 위해 다른 문제를 보자.

> $1l$의 물이 소금과 물의 혼합물에 더해지고, 이때 농도는 20% 소금물이다. 또, $1l$의 소금이 더해진 소금물에 넣으면 농도는 $33\frac{1}{3}\%$이다. 처음 혼합물에서 소금물의 농도는? (답: 25%)
>
> ① 22% ② 24%
>
> ③ 25% ④ 30%
>
> ⑤ $11\frac{1}{3}\%$

이 문제는 중학교 2학년이 풀 수 있지만 문제구조가 복잡하여 문제이해에 이어

계획세우기가 어렵다. 원래 농도 문제는 문제해결 중에서도 문제구조가 복잡하여 이해하기 어려운 면이 있다. 때문에 계획세우기가 쉽지 않다. 전통적 성취도 측정에서는 위 농도 문제는 정답은 1점, 오답은 0점을 준다. 그러나 학교에서는 주관식 문제를 도입하여 부분점수를 준다. 그런데 부분점수를 어떻게 정의하는지는 교사의 주관적인 판단에 의하여 결정되지만, 다른 교사들과 협의를 해보면 부분은 다음과 같이 정함을 알 수 있다.

문제 3의 파악능력(이해) -20%

계획세우기 -40%

계산오류 없이 풀기 -30%

검토하기 -10%

그러나 문제해결이 강조하는 점이 다를 때 다른 방법으로 과정평가의 항목을 수정할 수 있다. 다음 두 문항은 아마도 고등학생에게 문제해결로 볼 수 있다. 처음 문항은 학생들이 개념망의 이해를 통하여 문제해결을 시도하기를 바라며, 두 번째 문항은 문제구조를 파악하고 해결 계획을 세우며 적절한 발견 전략을 활용하는 문제이다.

- 모든 x, y에 대하여 함수 $f(x+y)=f(x)f(y)$이고, $x \to 0$일 때 $g(x) \to 1$인 함수 $f(x)=1+xg(x)$이다. 모든 x에 대해 $f'(x)=f(x)$가 성립함을 보여라.

- 세 개의 정사각형이 그림과 같이 있다. 변 AB의 길이는 1, 변 AC의 길이는 x, 변 DE의 길이는 y이다. 점 D가 변 AB를 따라 움직이면 x와 y값은 변한다. x^2+y^2의 값이 최소가 되도록 x의 값을 결정하여라. 이때, 최소값은?

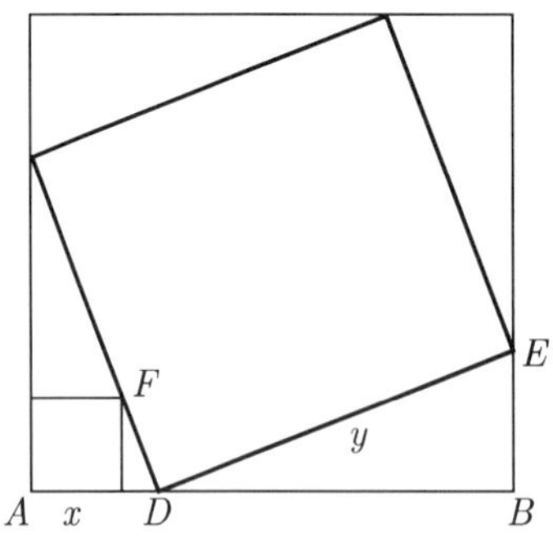

교실에서 두 문제해결의 수업목표는 크게 다르다. 처음 문제는 이미 문제해결의 전략이 문제 자체 다 들어나 있고 개념망은 평범한 구조를 가진다. 다시 말하면

$f'(x)$의 정의, 문제의 조건을 이용하여 계산 실수없이 진행하면 된다. 그러나 두 번째 문제해결은 변수설정, x^2+y^2을 한 개 변수를 통일하여 $g(x)$로 나타내고, $g'(x)$를 구하여 문제조건에 알맞게 처리해야 한다. 이 문제의 구조를 파악하는 일이 쉽지 않다.

따라서 4단계 채점절차를 다르게 표현할 수도 있다.

문제를 파악하기(변수, 구조)
문제전략의 수립
결과해석, 증명, 실행
해의 일반화

4단계 중 어느 것이 가장 중요한 문제해결의 과정인지는 여러 교사들의 협의에 의하여 정한다. 어떤 교사는 종전과 마찬가지로 두 번째 문제전략의 수립을 가장 중요시하고, 어떤 교사는 마지막 해의 일반화를 가장 중요시한다. 이를테면, 다음 문제의 평가는 4단계에서 어느 것을 가장 강조해야 할까 에 따라 채점기준이 달라진다.

$(\log_3 x)(\log_x 5)=\log_3^5$를 만족하는 양의 수 x는 다음 어느 것인가? (답: $x \neq 1$ 인 모든 양수)

① 3, 5 뿐이다.

② 3, 5, 15 뿐이다.

③ 5^n, 3^m 형의 수이고, n, m은 양수이다.

④ $x \neq 1$인 모든 양수이다.

⑤ 아무것도 해당이 안 된다.

이 문제는 문제파악하기, 문제전략의 수립이 거의 드러나 있기 때문에 해의 일반화에 더 많은 점수를 줄 수 있다. 일반화에는 적절치 않지만 학생들이 해를 다양하게 구사하는 것도 여기에 속한다. 위 문제는 비록 선다형문항이지만 실제로는 열린 질문과 같이 다양한 해의 사고를 요구하는 문항이다. 학생들에게 조건에 알맞은 것을 체크하는 활동은 또 다른 능력을 요구한다.

이와 같이 기존의 성취도 문항을 주고 위의 4가지 질문, 즉 문제를 파악하기에는 “문제를 읽고 문제를 어떻게 이해했는가?” 또는 “문제가 무엇을 요구하는지 설명하여라" 등의 질문을 할 수 있다.

우리나라 교실에서 문제해결의 대안측정·평가는 성취도 측정·평가에 보완역할을 하는 평가준거를 마련하는 것이 바람직하다. 많은 연구가 측정·평가를 위한 적절한 준거를 마련했다. 다른 나라들도 연구에서 나온 준거들을 참고하고 있다.

- 자기가 생각한 고유한 문제해결 방법은 있는가?
- 수학내외적인 상황에서 문제를 설정할 수 있는가?
- 비교과서 문제에서 문제해결에 사용된 전략은 있는가?
- 원래 문제가 요구한대로 자기의 풀이가 진행되었는가?
- 주어진 문제에서 새로운 문제 장면으로 일반화가 되는가?

대안측정·평가로 세부 질문을 던지고 채점을 하는 양식은 아직 우리교실에서 개발하지 않았다.

앞에서 언급했지만 전통적인 성취도 평가에서 선다형 또는 주관식 문항을 사용하든 대안측정에서 더 열린 질문을 이용해서 학생들의 비공식적인 지식을 물어보는 테스트를 기본전략으로 한다.

(1) 테스트는 학습과정의 통합적 부분이어야 한다. 따라서 테스트는 학습의 질을 높이는데 사용되어야 한다.
(2) 테스트는 학생들이 알고 있는 것을 측정하는 도구이지 그들이 알고 있지 않을 것을 측정하는 도구가 아니다.
(3) 테스트는 교육과정에 있는 모든 목표를 측정해야 한다.
(4) 테스트의 질을 논하는데 꼭 객관적인 측정방법을 전제로 할 필요는 없다.
(5) 테스트는 학교 교육목표를 실현하는데 충분히 가치가 있어야 한다.

위 5가지 테스트 원리는 우리나라 학교 교육에 의미하는 바가 크다. 모두 전통적인 테스트와 대안측정·평가와 관련이 깊다. 그리고 개념적 이해보다 통합적인 문제해결의 테스트와 관계가 있다. 먼저 다음 문제해결을 해보자.

- 다음 분수의 값을 골라라.

$$\cfrac{1}{2-\cfrac{1}{2-\cfrac{1}{2-\cfrac{1}{2}}}}$$

① $\frac{3}{4}$ ② $\frac{4}{5}$

③ $\frac{5}{6}$ ④ $\frac{6}{7}$

⑤ $\frac{6}{5}$

• 다음 연립방정식은 적어도 한 쌍의 순서쌍 (x, y) 해를 가진다. m의 어떤 값에 대하여 가능한가?

$$y = mx + 3$$
$$y = (2m-1)x + 4$$

① 모든 m ② $m \neq 0$인 모든 m

③ $m \neq \frac{1}{2}$인 모든 m ④ $m \neq 1$인 모든 m

⑤ m의 어느 값도 해당이 안 됨

• 10진법의 세 자리 수(양의 수) N이 무작위로 선택된다. 각 세 자리 수는 선택될 기회가 똑같다. 이때 $\log_2^N$이 정수일 확률은 얼마인가?

① 0 ② $\frac{3}{899}$

③ $\frac{1}{225}$ ④ $\frac{1}{300}$

⑤ $\frac{1}{450}$

위의 문제해결은 현행 수학과 교육과정의 수행과 관련이 깊은 문항으로 위의 5가지 테스트 기본 전략 또는 원리를 논하는데 알맞다. 우선 “학습과제의 통합적 부분”의 테스트는 학생의 능력을 줄 세우기 위한 도구가 되지 않고 학습의 질을 높이는 도구이어야 한다는 말이다. 위 문항 중에서 첫 번째 문항은 기본전략 (1), (2), (3)에 위배된다. 수학과 교육과정에 이러한 분수를 학습목표로 제시된 적도 없고 교육과정의 연장에서 학생들의 창의적이고 비판적인 사고를 기르는 역할도 하지 못한다.

간혹 학습참고서에서 소개된 적도 있지만, 우수 학생들의 수학의 산책에 약간 도움이 될 뿐이다. 두 번째 문항은 수학과 교육과정을 의미 있게 수행하는데 가치가 있는 문항들이다. 중학교 2학년에서 매우 강조하는 연립방정식의 해와 풀이 알고리즘 등을 개념적으로 깊게 이해하는데 좋은 문항이다. 세 번째 문항은 로그함수의 개념, 확률의 개념, 그들의 계산 기능, 양의 정수의 성질 등 이미 학생들이 충분히 알고 있는 개념과 계산 기능 등을 다시 기억하고 그들 연결성을 의미 있게 검토할 수 있다. 일부 수학교사들은 어떻게 로그와 확률을 통합한 문항을 교실에 도입할 수 있는가, 예외적인 일이 아닌가 라고 의문을 제기할 수 있으나, 개념적 이해는 한 개념이 다른 영역(수학에 또는 수학 외적인 물리, 공학, 환경 등)의 개념들과 긴밀하게 연결될 때 가능해진다. 이들 학생들이 일생동안 살아가는데도 이러한 개념적 이해는 필수적이다. 이 정신을 가진 문항을 개발하고 연습하는 것은 학교교육의 목표를 진정으로 실현하는 길이다.

그런데 다음 문항은 고등학교 3학년에서 간혹 취급하는 문항일 수 있다(우수학생). 이러한 문항은 테스트의 기본 전략에 크게 벗어나는지 생각할 수 있다.

우리는 교과서 또는 참고서에서 중간치의 정리를 간혹 읽을 기회가 있다. 이 정리는 다음과 같다.

함수 $f(x)$가 폐구간 $[a,\ b]$에서 연속이고, 실수 p가 $f(a) \le p \le f(b)$ 또는 $f(b) \le p \le f(a)$라면

$$f(c) = p$$

가 되는 실수 c가 구간 $[a,\ b]$에 존재한다.

(1) 실세계 물리적인 현상으로 비슷하게 정리를 설명하려 한다. 즉, 일자형으로 무한하게 흐르는 강이 있다. 어떤 곡선 위를 달리는 마라토너가 이 강을 건너야 한다. 이 상황을 위의 정리를 가능하게 설명하여라.

(2) 함수 $f(x)$가 연속이라는 조건을 매우 중요하다. 다음 함수는 위 정리를 설명할 수 있는가?

$$f(x) = \begin{cases} 0, & -2 \le x < 0 \\ 1, & \ \ 0 \le x \le 2 \end{cases}$$

이유를 설명하여라.

(3) 다음 물음에 답하여라.

반경 10cm를 넘지 않는 모든 원 중에는 넓이가 200cm^2가 되는 원이 존재함을 이 정리로 설명하여라. 또, 높이가 10m이고 밑변의 반지름이 1m를 넘지 않는 모든 직원기둥 중에 부피가 25cm^3인 것이 하나 있음을 이 정리로 설명하여라.

이 문항은 연필 – 종이를 이용하는 전통적인 성취도 문항으로 살 수도 있지만, 대안측정·평가로 사용할 수 있는 문항이다. 이 문항의 특징은 큰 개념(중간치의 정리)에서 개념적 이해와 관련된 문제해결도 측정하는 것으로 대안측정으로 계획한 경우에는 인터뷰를 통해 그들의 이해가 어려운 부분과 그 이유, 그들의 문제해결이 어려운 이유 등을 노트에 메모할 수 있다. 또 재능이 풍부한 학생과 보통 우수한 학생의 대답을 비교하여 우수학생들의 사고패턴을 읽을 수 있다. 이 문항을 소개하는 이유는 학교장의 의사결정에 대한 논의 때문이다. 테스트 전략 중학교 교육목표를 실현하는 가치 있는 테스트 문항은 다소 애매모호한 표현이지만 학교장 또는 수학교사가 해야 할 의사결정의 문제이다. 학교장은 수학교사와 장래면담에서 위의 문항은 비록 현행교육과정을 벗어나는 것이지만, 수학적 재능 있는 학생들을 위한 프로그램을 위해 기초정보를 얻을 수 있다고 권고한다면 수학교사로 어떤 판단을 내리겠는가 등등이다.

대안측정·평가를 선호하는 학교는 테스트 환경도 다른 곳과 크게 다르다. 전통적 성취도 개념을 선호하는 학교는 다음 항목에 대해 취약한 면을 가진다.

- 다양한 해법을 강조하는 문제해결에 개방적인 입장이다.
- 고등정신의 능력 또는 기능에 자주 접근한다.
- 학생들은 각 수준에서 자유롭게 문제해결을 분위기를 경험한다.

왜냐하면, 제한된 테스트 시간, 대역적 목표를 문항으로 표현할 수 없는 교실상황, 채점의 문제 등으로 학교는 교육적으로 바람직한 테스트 실시에 어려움이 있다.

그러나 위의 세 가지를 국가 수준 성취도 평가에 반영시키려는 여러 노력도 있다(Lange, 1987). 물론 채점의 신뢰성에서 많은 어려움을 겪었다.

아래 표는 x^2+x, $\dfrac{1000}{x}$를 계산할 수 있게 x값을 준 것이다(성취도 부진학생 문항).

x	x^2+x	$\dfrac{1000}{x}$
1	2	1000
2		
5		
8		
10	1010	100

(1) $x = 2,\ 5,\ 8$에 대한 두 함수값을 계산하여 표를 완성하여라.

(2) $x = 100$에서 두 함수값을 차이를 계산하여라.

(3) 좌표용지에 두 함수의 그래프를 그려라.

(4) 두 함수값이 똑같은 x값이 있는가?

(5) 두 함수값의 차이가 (4)에서 구한 x값보다 작은 x값들은 어떻게 발견할 수 있는가? 이유를 설명하여라.

참고문헌

1. 강대성 (2004). 삼각함수의 그래프 구성(수업 비디오), 강원대학교 수업자료실, 춘천.
2. 강원대학교 (2002). 필드연구: 학생들의 개념 표현 방식, 연구보고서, 강원대학교 수업자료실, 춘천.
3. 박석훈 (2009). 수학일기 쓰기와 학업 성취도 관계, 석사학위논문, 강원대학교 수업자료실, 춘천.
4. 신진희 (2004). 수학 수업에서 의사소통의 역할, 석사학위논문, 강원대학교 수업자료실, 춘천.
5. 신현성 (2005). 구성관점에서 다면적 평가방법의 고찰, 교원연수 프로그램, 강원대학교 수업자료실, 춘천.
6. 전보람 (2003). 이해수업의 수업모델(수업 비디오), 강원대학교 수업자료실, 춘천.
7. 정희순 (2006). 등비급수의 수업모델(수업 비디오): 교육실습 연구발표, 강원대학교 수업자료실, 춘천.
8. 조영익 (2007). 학생들의 문제해결에서 추론의 수준 설정, 석사학위논문, 강원대학교 수업자료실, 춘천.
9. Baron, J., Forgione, P., Rindone, D., Kruglenski, H., & Davey, B. (1989, March). *Toward a new generation of student outcome measures: Connecticut's Common Core of Learning assessment*. Paper presented at the annual meeting of the American Educational Re-search Association, San Francisco, CA.
10. Bell, A. (1984), Choice of Operation in Verbal arithmetic problem ESM, 15.
11. Biggs, J. B. & Collis, K. F. (1982). *Evaluating the quality of learning: The SOLO Taxonomy*. New York: Academic Press.
12. Bloom, B. S. (Ed.) (1956). *Taxonomy of educational objectives: The classification of educational goals*. Handbook I: Cognitive domain. New York: Longman.
13. Bloom, B. S., Hastings, J. T., & Madaus, G. F. (1971). *Handbook on formative and summative evaluation of student learning*. New York: McGraw-Hill.
14. California State Departent of Education (1989). *A question of thinking: A first look at student performance on open-ended questions in mathematics*. Sacramento: Author.

15. Collis, K. (1983). *Development of a group test of mathematical understanding using superitem SOLO technique*. Journal of Science and Mathematics Education in South East Asia. 6(1), 5-14.

16. Carpenter. T. P., Fennema, E., & Peterson, P. L. (1988). *Assessing children's thinking*. Unpublished working paper for the Cognitively Guided Instruction Project. Wisconsin Center for Education Research.

17. Davis (1984). *Learning Mathematics; The Cognitive Science Approach to Mathematics Education*. Croom-Helm, London.

18. de Lange, J. (1987). *Mathematics, insight, and meaning: Teaching, leaming and testing of mathematics for the life and social sciences*. Unpublished doctoral dissertation, Rijksuniversiteit Utrecht, The Netherlands.

19. Ernest, P. (1988). *Constructing Mathematics Knowledge: Epistemology and Math*. Education, Studies in Math. Education, Vol. 4.

20. Freudenthal, H. (1983). *Didactical Phenomenology of Mathematical Structures*. D. Reidel P. Company Holland: Dordrecht.

21. Freudenthal, H. (1983). *Major problems in mathematics education*. In M. Zweng, T. Green, J. Kilpatrick, H. Pollack, & M. Suydam (Eds.), Proceedings of the Fourth International Congress on Mathematical Education. Boston: Birkhauser.

22. Friel, S. J., Mokros, J. R., & Russell, J. (1992). *Used numbers: Real data in the classroom*. Palo Alto, CA: Seymour.

23. Gardner, H. (1992). *Assessment in context: The alternative to standardized testing*. In B. Gifford & M. O'Connor (Eds.), Changing assessments: Alternative views of aptiude, achievement, and instruction. Boston: Kluwer.

24. Gronlund, N.E (1968). *Constructing Achievement Tests*. Engleweed Cliffs, N. J.: Prentice-Hall, Inc.

25. Honig, W. (1985). *Last chance for our children*. New York: Addison-Wesley.

26. Johansson, B., Marton, F., & Svensson, L. (1985). *An approach to describing learning as change between qualitatively different conceptions*. In L. H. West & L. A. Pines (Eds.), Cognitive structure and conceptual change. Orlando: Academic Press.

27. Kulm, G. (Ed.). (1990). *Assessing higher order thinking in mathematics*. Washington, DC: American Association for the Advancement of Science Press.

28. Kulm, g., Telese, J., & McMullen, B. (1993). *Innovative mathematics assessment project.* (Final Report). College Station: Texas A&M University. Maryland State Department of Education, Division of Instruction. (1992). Maryland School Performance Assessment Program. Annapolis: Author.
29. Larkin, J. H. (1983). *The role of problem representation in physics.* In D. Gentner & A. Stevens (Eds.), Mental models, Hillsdale, NJ: Erlbaum.
30. Lave, J. & Wenger, E (1993). *Situated learning in communities of practices, I Resnick* (Eds.) Perspectives on socially shared cognition, Washington DC.
31. Millman, J. (1974). *Criterion-referenced measurement.* In W. J. Popham(Ed.), Evaluation in Education (309-397). Berkeley: McCutchan Publishing Company.
32. Mcknight, C. C., Crosswhite, F. J., Dossey, J. A., Kifer, E., Swafford, J. A., Travers, K. J., & Cooney, T. J. (1987). *The underachieving curriculum.* Champaign, IL: Stipes.
33. National Assessment of Educational Progress. (1987). *Learning by doing: A manual for teaching and assessing higher-order thinking in science and mathematics.* Princeton, NJ: Author.
34. National Council Teachers of Mathematics. (1993). *Assessment standards for school mathematics: Working draft.* Reston, VA: Author.
35. NCTM (1989). *Curriculum and Evaluation Standards For School Mathematics.* Virginia: Reston Asso.
36. Pandey, T. N. (1983). *Structure for the assessment of problem slowing.* Paper presented at the annual meeting of the American Educational Research Association, New Orleans.
37. Polya G. (1973). *How to Solve it?.* Princeton: Princeton University Press.
38. Romberg, T. A., Collis, K. F., Donovan, B. F., Buchanan, A. E., & Romberg, M. N. (1982). *The development of mathematical problem.*
39. Pandey, T. (1990). *Power items and the alignment of curriculum and assessment.* In G. Kulm (Ed.), Assessing higher order thinking in mathematics (pp. 39-51). Washington, DC: American Association for the Advancement of Science Press.
40. Romberg, T. (1983). *A common curriculum for mathematics.* In G. D. Festermacher & J. I. Goodlad (Eds.), Individual differences and the common curriculum: Eighty-second yearbook of the National Society for the Study of

Education. Chicago: University of Chicago Press.

41. Romberg, T. A. (1987). *The domain knowledge assessment strategy*. Working Paper 87-1, School Mathematics Monitoring Center. Madison: Wisconsin Center for Education Research.
42. Schank, R.C (1997). *Virtual learning*. New York: McGraw-Hill.
43. Schoen H (1985). *Problem Solving and Evaluation*. Annual Meeting, Iowa City: Iowa.
44. Schoenfeld, A. (1994). *Reflections on doing and teaching mathematics*. In A. Schoenfeld (Ed.). Mathematical Thinking and Problem Solving. (pp. 53-69). Hillsdale, NJ: Lawrence Erlbaum Associates.
45. Steen, L. A. (1978). *Mathematics Today*. Twelveinformal Essays, Springer-Verlay, 1978.
46. Steen, L. A. (1978). *Mathematics Today*. 2000.
47. Stenmark, J. K. (1989). *Assessment alternatives in mathematics*. Berkeley: University of California.
48. Thorndike, E. L. (1904). *An introduction to the theory of mental and social measurements*. New York: Teachers College, Columbia University.
49. Vergnaud, G. (1982). *Cognitive and developmental psychology and research in mathematics education: Some theoretical and methodological issues*. For the Learning of Mathematics, 3(2), 31-41.
50. Vermont State Board of Education. (1990). *Looking beyond the answer: Report of Vermont's portfolio assessment program*. Montpelier: Author.
51. Weinzweig, A. I., & Wilson, J. W. (1977). *Second IEA mathematics study: Suggested tables of specifications for the IEA mathematics tests*. Working Paper I. Wellington, New Zealand: IEA International Mathematics Committee.
52. Young, M. F. D. (1975). *An approach to the study of curricula as socially organized knowledge*. In M. Golby, J. Greenwald, & R. West (Eds.), Curriculum design (pp. 101-27). London: The Open University Press.

찾아보기

31 중등수학교육

새로운 대안평가를 고려한
수학과 측정 · 평가

지은이 신현성
펴낸이 박문규
펴낸곳 KM 경문사
펴낸날 2011년 9월 1일 1판 1쇄
등 록 1979년 11월 9일 제 9-9호
주 소 121-818, 서울특별시 마포구 와우산로 174
전 화 (02)332-2004 팩스 (02)336-5193
이메일 kyungmoon@kyungmoon.com

값 12,000원

ISBN 978-89-6105-430-0
ISBN 978-89-7282-760-6 (세트)

경문사 초등수학 교육학시리즈

1. 초등수학교육의 이해 (제2판)
   김수미 외 지음

2. 수학 학습 심리와 교수-학습전략
   박성택 지음

3. 초등수학교육의 이해 (개정판)
   최창우 지음

4. 수학교육론
   린 D. 잉글리시·그레엄 S. 핼포드 지음
   고상숙 외 옮김

5. Piaget의 발생론적 인식론을 적용한
   수학수업 1학년
   Constance Kamii 지음/강완 외 옮김

6. Piaget의 발생론적 인식론을 적용한
   수학수업 2학년
   Constance Kamii 지음/강완 외 옮김

7. Piaget의 발생론적 인식론을 적용한
   수학수업 3학년(증보)
   Constance Kamii 지음/강완 외 옮김

8. 테크놀로지와 함께하는 수학교육(제2판)
   권성룡 외 지음

9. 수학의 힘을 길러주자
   권성룡 외 지음

10. 구성주의에 입각한 초등수학 학습·지도
    나카하라 다다오 지음/임문규 옮김

11. 문제해결을 통한 수학적 경험(개정판)
    이대현·최승현 지음

12. 구성주의 수학교실-나눗셈
    마리안 위켓 외 지음/김진호 외 옮김

13. 어린이의 마음을 알면 교육이 보인다
    -임상면담의 첫걸음-
    Herbert P. Ginsburg 지음/신준식 외 옮김

14. 초등수학 교육론
    강완 외 지음

15. 예비교사와 현직교사를 위한
    학교수학과 교구
    김남희 지음

16. 수학교실에서 어린이를 이해하기 위한
    융통성 있는 면담
    허버트 P. 긴스버그 외 지음/남승인 외 옮김

17. 거리수학과 학교수학
    Terezinha Nunes 외 지음/박만구 외 옮김

18. 구성주의 수학교실-곱셈
    메릴린 번스 지음/김진호 외 옮김

19. 수학교실에서 말하기
    수잔느 H. 채핀 외 지음/김진호 외 옮김

20. 수학을 어떻게 가르칠 것인가?
    존 반 드 월르 지음/남승인 외 옮김

21. 초등수학교육론 I
    남승인 외 지음

22. 초등 교사를 위한 레크리에이션 수학
    강완·백석윤 지음

23. 초등학교 수학의 중요한 지도 내용
    이용률 지음

경문사 중등수학 교육학시리즈

1. 새 교수·학습이론에 의한 수학교육론
신현성 지음
2. 수학과 교재론 (제3판)
석용징·신현성·이준열 지음
3. 수학적 문제해결
신현성·김경희 지음
4. 고등수학적 사고
데이비드 톨 지음/류희찬 외 옮김
5. 수학과 학습지도와 평가론 (제2판)
강옥기 지음
6. 문제해결의 수학적 전략
스티븐 G. 크란츠 지음/좌준수 외 옮김
7. 증명의 본질
Harold P. Fawcett 지음/장경윤 외 옮김
8. 수학수업 Know-how
쿠조 쯔네죠 지음/김부윤·이영숙 옮김
9. 퇴플리츠의 미분적분학
Otto Toeplitz 지음/우정호 외 옮김
10. 예비교사와 현직교사를 위한 수학교육과정과 교재연구(개정판)
김남희 외 지음
11. 한 줄에 꿰는 수학이야기
Lewinter·Widulski 지음/장경윤 옮김
12. 중등수학 교재연구
강옥기 지음
13. 수학의 철학과 역사
Anglin 지음/류희찬 외 옮김
14. 간추린 수학사
Struik 지음/장경윤 외 옮김
15. 학교수학을 위한 원리와 규준(제2판)
NCTM 지음/류희찬 외 옮김
16. 수학걱정 뛰어넘기
Shiela Tobias 지음/허혜자 옮김
17. 우리나라의 수학교육과정
이중권 지음
18. 세계 여러 나라의 수학교육과정
이중권 지음
19. 수학을 하려면 엑셀을 밟아라(제2판)
고상숙 지음
20. 수학수업 know-how 2
쿠조 쯔네죠 지음/김부윤·이명숙 옮김
21. 수학과 수업모델 및 설계
신현성 지음
22. 통계교육(제2판)
김응환·이석훈 지음
23. 예비교사와 현직교사를 위한 수학교육에서의 컴퓨터 활용
김남희·박영미 지음
24. 수학교육학 연구방법론
우정호 외 지음
25. 비주얼 매스
장경윤·박진희 지음
26. 통계적 사고의 의미와 교육
대니 벤 즈비·조안 가필드 지음/
이경화·지은정 외 옮김
27. 수학교육학 정론
강옥기·허난·조현공·박경은·이환철 공저
28. 중등수학교육학
유윤재 지음
29. 수학 수업의 현재와 미래
NCTM 지음/류희찬 외 옮김
30. GSP와 함께 하는 평면기하탐구
장경윤·나숙정·김진아 지음
31. 새로운 대안평가를 고려한 수학과 측정·평가
신현성 지음